喬 晋建
Qiao Jinjian

経営学の開拓者たち
その人物と思想

Frederick Winslow Taylor
Jules Henri Fayol
Henry Ford
George Elton Mayo
Fritz Jules Roethlisberger
Abraham Harold Maslow
Douglas Murray McGregor
Frederick Irving Herzberg
Chester Irving Barnard
Herbert Alexander Simon

日本評論社

はしがき

「学問の歴史が学問そのものである」とは文豪ゲーテの言葉であり、この表現は経営学の学習に非常にふさわしい。歴史的な現実のなかで起きているさまざまな経営問題を解決するために、多くの経営技法と経営理論が開発され、実践指向性の高い学問として、経営学は誕生して発展してきたのである。そのため、経営学を学ぶときに、さまざまな経営理論の内容を理解するだけでなく、経営学が発展してきた歴史を把握する必要がある。

20世紀の初頭に誕生した若い学問である経営学の歴史は経済学などの近隣科学と比べてかなり浅いものであるが、その発展するスピードはめざましいものがある。多くの有能な研究者、実務家、知識人がこの新しい学問分野に積極的に身を投じて、経営学の「科学」としての体系を作り上げた。経営学が発展する歴史的な流れには3つの大きな波があった。

① 第1の波：テイラーの科学的管理法、ファヨールの管理原則論、フォードのフォード・システムなどから構成される古典派。
② 第2の波：メイヨーの人間関係論、マスローの欲求階層理論、マグレガーのX理論・Y理論、ハーズバーグの動機づけ・衛生理論などから構成される新古典派。
③ 第3の波：バーナードの公式組織論、サイモンの意思決定論などから構成される近代派。

テイラーやファヨールおよびフォードら初期の管理論に共通しているのは、管理者の立場から経営管理の問題をとらえ、現場従業員の作業効率の向上、組織部門内の統制や組織部門間の調整などに重点を置いていた。それとともに、従業員を金銭的利益のみを追求する「経済人」としてとらえ、従業員の非金銭的な欲求や人間性や人間感情をほぼ無視していた点も共通している。そのため、初期の管理論が独立した理論分野として形成された1910年代以降、生産効率の飛躍的な成長にともない、労働者の賃金収入は多少なりとも上昇したにもかかわらず、労働者の勤労意欲は一向に高まらず、むしろ労働者の人間性の疎外、労使対立といった問題がますま

す深刻になり、解決する糸口さえみつからないままであった。

そういう時代的背景のもとで、従来の管理理論に対する批判と反省にもとづき、従業員の立場から経営管理の問題をとらえ、従業員の欲求や感情や人間性などを尊重することを前提に、従業員が自発的、積極的に仕事に取り組むような管理手法を開発しようと考える一群の研究者が1930年代以降に多く現われた。メイヨー、マスロー、マグレガー、およびハーズバーグらがその代表者である。彼らの主張はそれぞれ異なり、従業員を人間関係や自己実現などを追求する「社会人」や「自己実現人」などとしてとらえ、人間関係論や人本主義心理学や人的資源論などの名前で呼ばれているが、従業員の欲求内容や行動メカニズムなどを分析し、非金銭的欲求を満たすことによって勤労意欲を引き起こそうとする点では一致している。この意味で、彼らの主張をひとつにまとめて動機づけ理論あるいは行動科学と呼ぶことができる。

行動科学の人間中心的な視点は経営学の学問的な発展に大きな活力をもたらすとともに、提案制度、社内福祉、職務拡大、職務充実、スキャンロン・プラン、経営参加、目標管理といったさまざまな実務的な管理施策も一時的に盛んに試行されていた。しかし、性善説から出発したY理論や自己実現人などの人間仮説の適用範囲が限定的なものであり、産業界全体への適用は無理であった。企業組織が抱えているさまざまな現実問題を解決するために、バーナードとサイモンによる組織論的、社会システム論的、意思決定論的な視点が1950年代前後に大いに注目されるようになった。彼らの理論では、人間は自由な意志と判断力と選択力を持ち合わせている「全人」あるいは「経営人」であり、従業員は公式組織の構成メンバーであるととらえられている。さらにこの人間前提にもとづき、個人と組織間の相互影響によって意思決定が行なわれ、複数の個人の協働によって組織の行動様式が決められることが強調される。

本書は、こうした流れに沿った形で、経営学の地平を切り拓いた偉大な先駆者たちの人物像を紹介しながら、彼らの思想体系を中心に据えて議論を展開していく。実際、彼らの思想体系に関する経営学関係図書は数知れないほど多く出版されている。それでも筆者があえて自著を出す理由は、経営学関係科目を約20年間教えている筆者自身の経験と理解をふまえ、経営学の発展に大きく貢献した数多い先駆者のなかからさらに対象範囲を絞り、その人物像と思想体系をより徹底的に調べたという自負があったからである。結果的に、本書に出てくる人物はファヨールを除けば全員がアメリカで活躍した人であるが、それは筆者の偏見ではなく、経営学の歴史的発展の流れのなかで、アメリカは、常に理論と実践の両面において、主戦場かつ

最先端であったためである。本書に出てくる人々の思想と著作は、今日、世界中のほとんどのビジネス・スクールでテキストとして教えられているし、また研究論文の参考文献として頻繁に引用されている。ある意味では、本書に出てくる人とその思想を正確に知らなければ、世界中の研究者とビジネスパーソンとの対話さえも難しくなるのである。

　本書の最大の特徴は、人物・理論・原著の三位一体を追求しているところにある。従来の書物は理論の解説を中心とするものであり、読者の親近感と知的好奇心を引き起こすことはできない。また書物によっては内容の説明が一致せず、学問の信憑性が疑われる場合もしばしばある。したがって、本書では、さまざまな重要な理論が生まれた時代的背景と偉大な先駆者たちの人物像を紹介して読者の興味を呼び起こそうとする。また、それぞれの先駆者の経営思想の体系をできるだけ正確に、かつ丁寧に解説するように心がけている。そして、一部の重要なコンセプトについては、原著の文章表現を引用する形で内容の充実と信憑性の補強を図っている。

　経営学を勉強していくプロセスのなかで、多くの経営学者の名前ならびに多くの著作の題名に出会うことになるが、原著の邦訳版を丁寧に読んだ人はそう多くない。まして英語原著となれば、手にとる機会も少ないであろう。しかし、本書を読めば、原著のもっとも重要な内容の一部を原著者の文章表現（日本語と英語の両方）で理解することができる。学問の輝きをみせると同時に、興味ある読者のさらなる探究に便利な手がかりを提供している。また、こういう理由から、日本語図書は英語引用部分を必要最小限に抑えるという慣例を知っていながら、本書はあえて英語引用部分を増やしている。原則として、英語表現の部分を飛ばして日本語の訳文を読むだけでも内容の理解に支障はないが、英語の原文を丁寧に読めば原著の意味をより正確に理解することができるはずである。

　なお、本書は論理展開の明快さと一貫性に特別な注意を払い、各章の内容が断片的・羅列的・相互矛盾的なものにならないように、すべての章を生い立ち、主要著作、思想体系、意義評価という形に統一している。また、各章は独立したものになっており、前の章を読まなければ後ろの章の内容が理解できないというわけではない。しかし、年代順に記述されているので、各章を順に追って読んでいただくほうがよりわかりやすくなるはずである。

　さて、本の内容に関する説明はここで一段落としよう。私のプロモーション文章を読むより、本を開いて読んでいけば、読者自身が正しい評価を下すことになるであろう。以下は恐縮だが、個人的なことに触れさせていただきたい。

筆者は1980年に母校の天津大学で、生まれてはじめて外国人とじかに対面する機会を得た。その人は本書第9章で取り上げているサイモン教授であった。講演会の内容はなにひとつ理解できなかったが、それ以降、サイモンの著作を読むようにつとめた。1985年に来日したのち、紆余曲折を経て、サイモンの名作である『経営行動』の邦訳者のひとりである高柳暁教授の門下生になった。バーナードの理解なしにサイモンの理解はありえないと諭され、バーナード理論との格闘が始まった。しかし、バーナード本人が述べたように、「数学の書物と同じように私の書物についても変わらないと思います。人にもよるでしょうが、5回から10回、批判的に読まなければならない」（本書177頁を参照）。挫折感を味わいながら、中国国有企業関係の学位論文を執筆するために、バーナード理論もサイモン理論も中途半端のままで放置されてしまった。

　1993年から九州共立大学の教員となり、主担当は企業形態論であったが、年度によって経営管理論と経営組織論を担当することもあった。1998年に熊本学園大学に転職し、経営管理論が主担当科目となった。この間、いろいろな教科書を使っているうちに、経営学への理解が深まるとともに、著者たちの間で個人的な好みも理解もかなり異なっており、また、誤解とミスもときどきあるという事実に気づいた。そして、人々の著作に異論を唱えるより、自分の1冊を出すべきだと考えるようになった。

　本書のような、先人たちの理論を紹介、説明する書物を書くためには、まずその人たちの著書を訳書と原書の両方で読まなければならない。しかし、筆者の英語力が最大の障害であった。2005年から英語の学習にとりかかり、10代の高校生にも負けないほどに時間をかけて頑張ったが、上達度は満足できるものではなかった。そして、2007年9月からカリフォルニア州立大学ポモナ校管理学院（College of Business Administration, California State Polytechnic University, Pomona）に1年間留学することになった。留学中、特定テーマについての研究より、さまざまな英語学習プログラムに時間と精力を優先的に使った。ひとり暮らしのなかで多くの困難があったが、大変充実した、しあわせな1年間であった。

　2008年9月に勤務復帰してから、原著との格闘を始めたが、学内業務の負担と家庭内の事情により、執筆するまでには至らなかった。やっと2010年春から状況が好転し、読書と執筆に専念するまとまった時間がとれるようになった。執筆作業自体は比較的順調に進んだとはいえ、昼夜を問わず、年中無休の1年間でもあった。いよいよ、喜びと安堵、不安と緊張を併せ持ちながら、筆者はじめての単著となる本書を読者のみなさまに届ける時期を迎えたが、忌憚のない批判とともに、寛容な精

はしがき

神をもった励ましも期待したい。

　実際、本書の刊行に至るまで、多くの方々のお世話になった。まず筑波大学大学院生時代に恩師の故高柳暁教授に出会い、研究指導と私生活の両面において大変お世話になった。本書を先生の霊前に捧げ、深く感謝を申し上げたい。また、本書はアメリカ留学による成果でもあるので、留学の機会を与えてくださった熊本学園大学と商学部同僚、ならびに Cal Poly でお世話になった Henry Xue、Shijun Wang、Susan Peters などの諸氏に対して、この場を借りて感謝の意を表したい。日本評論社の武藤誠氏には、出版計画の段階から校正段階まで一貫して熱心に対応していただき、ほんとうにお世話になった。なお、本書刊行にあたり、熊本学園大学出版会の助成を受けたことを付記して謝意に代えたい。そして、もっとも感謝すべきは、ほかでもなく、熊本学園大学の図書館とその職員の方々である。大量の蔵書の長期占用を黙認してくれたり、ほかの大学図書館から貴重な図書を取り寄せてくれたりすることがなければ、本書の完成はまったくありえなかった。そして、以上で言及した方々のほか、さまざまな形で指導、協力、お世話くださった方々は多数にのぼるが、そのお名前をここで挙げることは控えたい。ともあれ、みなさま全員に対して、とにかく、ほんとうにありがとうございましたという一言をお伝えし、擱筆する。

喬　晋建

2011年7月19日

経営学の開拓者たち
その人物と思想

目　次

はしがき　i

第1章　テイラーの科学的管理法————————————— 1

　　1．テイラーの人物像　1
　　2．テイラーの著作　5
　　3．テイラーの経験と実験　6
　　4．課業管理の原則　13
　　5．作業研究　15
　　6．科学的管理法の基本原理　16
　　7．科学的管理の本質：精神革命　17
　　8．テイラーの職長論　18
　　9．管理者の仕事　19
　　10．科学的管理法への評価　20

第2章　ファヨールの管理論————————————— 25

　　1．ファヨールの人物像　25
　　2．ファヨールの著作　27
　　3．経営活動の分類　28
　　4．管理的活動（管理職能）の内容　30
　　5．14の管理原則　34
　　6．管理者の条件　39
　　7．ファヨール管理論への評価　40

第3章　フォード・システム————————————— 43

　　1．フォードの人物像　43
　　2．フォードの著作　47

3．フォーディズム　48
4．フォード・システム　53
5．T型車の凋落　58
6．フォード社の管理体制の特徴　60
7．ポスト・フォーディズム　68

第4章　メイヨーの人間関係論 ― 71

1．メイヨーの人物像と著作　71
2．レスリスバーガーの人物像と著作　74
3．ホーソン実験　79
4．ホーソン実験の主な成果：人間関係論の誕生　88
5．メイヨーの臨床実験室的な研究方法　90
6．レスリスバーガーの社会システム論　92
7．人間関係論にもとづく経営管理：動機づけ理論の発端　93
8．メイヨーの人間関係論への評価　94

第5章　マスローの欲求階層説 ― 97

1．マスローの人物像　97
2．マスローの著作　101
3．欲求の階層　102
4．欲求階層説の要点　105
5．欠乏欲求と成長欲求　107
6．自己実現的人間　109
7．マスローの人間主義心理学　112
8．欲求階層説にもとづく動機づけ　115
9．マスロー理論への評価　119

第6章　マグレガーのX理論・Y理論　　　　　　　121

1．マグレガーの人物像　121
2．マグレガーの著作　124
3．X理論とY理論：2通りの人間像　125
4．経営管理に関する諸概念：権限、統制、統合、影響　128
5．自己統制の理論　133
6．リーダーシップ論　135
7．Y理論にもとづく動機づけ施策　139
8．マグレガー理論への評価　145

第7章　ハーズバーグの動機づけ・衛生理論　　　　　　　149

1．ハーズバーグの人物像　149
2．ハーズバーグの著作　153
3．満足要因と不満要因　153
4．人間状態の分類　157
5．アダムとアブラハム　158
6．精神的成長　160
7．動機づけをどう行なうべきか　162
8．職務充実の理論　164
9．ハーズバーグ理論への評価　169

第8章　バーナードの組織論　　　　　　　173

1．バーナードの人物像　173
2．バーナードの著作　178
3．公式組織と非公式組織　179
4．組織成立の3要素　182
5．組織存続の2要件　186

6．組織均衡論　189
　7．権限受容説　191

第9章　サイモンの意思決定論　　　　　　　　　　　　　　　199

　1．サイモンの人物像　199
　2．サイモンの著作　204
　3．意思決定論における基本概念　205
　4．制約された合理性　208
　5．意思決定における人間モデル　210
　6．代替案の選択基準　211
　7．逐次的探索　215
　8．意思決定における価値前提と事実前提　217
　9．意思決定の分類　220

参考文献　225
索引　231

第1章

テイラーの科学的管理法

1．テイラーの人物像[*1]

　テイラー[*2]（Frederick Winslow Taylor: 1856.3.20〜1915.3.21）は、1856年3月20日にペンシルバニア州フィラデルフィア市のジャーマンタウン（Germantown of Philadelphia, Pennsylvania）の裕福な家庭に3人兄弟の次男として生まれた。両親はともに熱心なクエーカー教徒（Quaker）である。母親（Emily Annette Winslow）のウインスロウ一族は1629年にメイフラワー（Mayflower）号でアメリカに渡ってきた名門である。プリンストン大学（Princeton University）で法律の学位を取得した父親（Franklin Taylor）はフィラデルフィアで法律事務所を営んでいたが、実際、大部分の時間を外国語と歴史の研究、チャリティ活動、そして相続した家族資産の管理に使っていた。

　フレッド・テイラーは両親から豊かな感受性、規律、柔軟さ、スポーツマンシップ、謙虚さ、実践の大切さといった人間としての大切な精神を受け継いだ。幼児期の教育はとても自由で、言語学に熱心な母親のもとで古典とフランス語やドイツ語を習い、1868年に家族とともにフランス、ドイツ、オーストリア、イタリア、スウ

---

*1　Gabor［2000］, pp.3-43. Wren and Greenwood［1998］, pp.134-140. http://en.wikipedia.org/wiki/Frederick_Winslow_Taylor　http://en.wikipedia.org/wiki/Scientific_management　写真出所：http://en.wikipedia.org/wiki/File:Frederick_Winslow_Taylor_crop.jpg
*2　Taylor の日本語訳として、テーラーとテイラーの2つがあるが、本書では、引用部分を除いてすべてテイラーに統一している。

ェーデンなどを約3年間にわたって旅行し、ヨーロッパの小学校教育を受けた。ヨーロッパ旅行後の1872年に、子供たちを弁護士にするという両親の意志に従い、フレッドは兄（Win）と一緒にフィリップス・エクセター・アカデミー（Phillips Exeter Academy in Exeter, New Hampshire）に入学した。厳格な校風と超一流大学への高い進学率で有名なこの寄宿学校に、フレッドは順調に適応していた。2年目にクラスの首席になっただけでなく、漕艇、スケート、ベースボールなどのスポーツも楽しみ、いわゆる頭脳優秀かつスポーツ万能な好青年であった。

エクセター在学中にフレッドは技師（engineer）になろうと考えはじめた。しかし、当時では、彼の家柄からみればその考えはやや異常であった。なぜかというと、当時の技師は現場仕事が中心で、上流階級の人はそれをやりたがらなかった。その後は原因不明の頭痛に悩まされ、やがて深刻な視覚障害に発展した。弁護士への道を父親が強くすすめたため、1874年6月に18歳のフレッドはハーバード大学法学部に合格したが、視力問題で入学を断念することになった。*3

1874年の暮れに19歳になったテイラーは、両親のたびかさなる説得を断り、ポンプ製造工場（Enterprise Hydraulic Works、通称 Ferrell and Jones）に入り、鋳型工の見習い（apprentice patternmaker）として働きはじめた。鋳型工の仕事は大変高度な技術を必要とするため、裕福な暮らしをしてきた若きテイラーは労働者への既成観念を大きく変え、熟練労働者（skilled worker）へ敬意の念を抱くようになった。その一方、熟練労働者が高度な技能を独占している状況は工場全体の労働生産性の向上を妨げており、より科学的な方法を開発してその状況を変えなければならないとテイラーは実感した。

聡明なテイラーは普通の見習いにとどまらなかった。約2年後に彼は鋳型工を辞め、機械工（machinist）の見習いになった。さらに2年後の1878年に23歳のテイラーは、ミッドベール・スチール社（Midvale Steel Works）に入社し、旋盤工となった。テイラーの勤勉さと才能が大いに手伝い、工場内で速い昇進を実現した。1880年に旋盤作業の組長（gang-boss）に、1882年に職長（foreman）になった。また在職中にスティーブンス工科大学（Stevens Institute of Technology in Hoboken, New Jersey）の通信教育を受け、1883年に機械工学（Mechanical En-

---

*3 のちの1881年にアメリカ・アマチュア・ダブルス・テニス選手権（U.S. Lawn Tennis Association Doubles Championship）の優勝ペアのひとりになったことから、彼の視力は大した問題ではなかったのではないかと思われる節もあり、ハーバード大学への進学を辞退したのは視力の悪化ではなく、両親の期待を嫌ったからだという説もある。

gineer）の学士号を取得した。1884年5月3日にスプーナー（Louise M. Spooner）と結婚し、[*4] 1887年に設計事務所長（research director）から技師長（chief engineer）に昇進した。

1890年に35歳のテイラーはミッドベール社の技師長から製紙会社（Manufacturing Investment Corp.）の総支配人に転職したが、資本側との意見対立で3年後の1893年に辞職した。同年にフィラデルフィア市で能率技師事務所を設立し、初期の経営コンサルタントのひとりとして、多くの会社とかかわりを持つようになった。また1893年に「ベルト作業の研究（Notes on Belting）」という論文をアメリカ機械技師協会（ASME: American Society of Mechanical Engineers）の機関誌に発表し、大いに知名度を高めた。さらに1895年に管理論に関する最初の論文「出来高払制私案（A Piece-Rate System）」をASMEの機関誌に発表し、1898年に高速度鋼（High Speed Steel）に関する重要な研究で成功を収めた。

1898年にベスレヘム・スチール社（The Bethlehem Steel Works）に招かれ、労働者の作業実態の観察と分析に際して、銑鉄運びやショベル作業などに関する時間研究と動作研究を行ない、作業量のノルマを科学的に設定することを試み、その結果から「科学的管理法（Scientific Management Method）」が生まれた。しかし、テイラーは優れた才能の持ち主であったが、過剰というほどの自己中心の性格が災いし、対人関係がうまくいかず、「敵を作る天才」といわれた。ベスレヘム社での実験は多くのトラブルに見舞われ、労働者の理解を得られなかっただけでなく、資本家側との対立も深まったため、テイラーは仕事の意欲を失い、1901年にベスレヘム社を去ると同時に、コンサルタントの現場業務からも引退した。

テイラーはテニス、スケート、クリケット、ゴルフなどのスポーツを楽しみ、オペラではテノールのパートを歌うこともあったが、アルコールもタバコもコーヒーもお茶も一切好まないほど自律心の強い人であった。また、テイラーは蒸気ハンマーや金属切削などに関する多数の特許を持つ有名な発明家でもある。特許使用料、コンサルティング報酬、過去の貯え、および相続した家族の遺産などによって生活は豊かで安定していたため、ベスレヘム社を去った後のテイラーは科学的管理法の研究と普及に専念していた。

その後の重要な出来事として、まずリーダーとして、弟子のバース（Carl G. Barth: 1860～1939）、ハサウェー（Horace K. Hathaway）たちを率いて、テーバー社（Tabor Manufacturing）とリンク・ベルト社（Link-Belt）で科学的管理法の実

[*4] のちの1901年にKempton, Robert, Elizabethという3人の孤児を養子にした。

践を指導した（1904〜06）。労使対立解消、生産性向上、労働者収入増加などの結果が得られたため、典型的な成功事例となった。また1904年以降、全米各地からテイラーの自宅を訪れるたくさんの熱心な人々に講義をした。さらに1906年にテイラーは、「金属切削の技術について（On the Art of Cutting Metals）」という論文をASMEの機関誌に発表するとともに、権威あるASMEの会長に選任された。また同年10月にペンシルバニア大学（University of Pennsylvania）から名誉博士の称号を受けた。そして、もっとも注目すべき出来事として、『工場管理（*Shop Management*, 1903）』と『科学的管理の諸原則（*The Principles of Scientific Management*, 1911）』という2冊の単著を出版し、経営管理に関する「科学（Science）」をはじめて世に出した。

1909〜14年の間、ハーバード大学のビジネス・スクール（正式名称はHarvard Graduate School of Business Administration、通称HBS、1908年9月開校）の初代院長（dean）ゲイ（Edwin Francis Gay: 1867〜1946, 院長在任1908〜19）の招きで定期的に講義を行ない、テイラーの弟子たちもハーバード大学で実習科目の指導を担当した。HBSの教授陣に加わってほしいというゲイの要請をテイラーは断ったが、のちにダートマス大学のタック・ビジネス・スクール（Tuck School of Business at Dartmouth College）の教授になった。

当時は、労使対立から労使協調への転換というテイラーの主張はむなしく、労働者にはとうてい受け入れられなかった。とくに労働組合は科学的管理法の導入に強く反発し、ストライキも多発していた。それにもかかわらず、テイラーの科学的管理法がアメリカ全土に広がるきっかけとなったのは、1910年に起こったアメリカ東部の鉄道会社が貨物輸送運賃の値上げを要求した事件である。値上げ要求に反対するために、荷主側に雇われた「人民弁護士（the people's lawyer）」と呼ばれるブランデーズ（Louis D. Brandeis: 1856〜1941）はテイラーの科学的管理法を紹介し、鉄道会社の非効率な運営を改めると、運賃値上げの必要はなくなると指摘したのである。

また1911年8月にマサチューセッツ州のウォータータウン兵器工場（Watertown Arsenal）でテイラー・システムの導入に反対するストライキが発生し、それをめぐって下院の特別調査委員会が設置された。1912年1月25日にThe Taylor and Other Systems of Shop Managementをテーマとする下院特別委員会（Special House Committee）が公聴会を開き、テイラーは証言台に立たされ、科学的管理法と怠業、課業、一流労働者、労働組合といったものとの関係について厳しく追及されるようになった。しかし、幸運にも、テイラーの粘り強い説明によって、この公

聴会は科学的管理法とテイラーの名声を世間に大々的に広げることにつながった。[*5]
またこの公聴会に先立ち、ギルブレス（Frank Bunker Gilbreth）、ガント（Henry Laurence Gantt）、ブランデーズ（Louis D. Brandeis）といったテイラーの支持者たちの提案によって、テイラーの管理論がはじめて「科学的管理法」と命名されるようになった。

テイラーの晩年はつらかった。世間からの理解が得られず、妻の病気にも悩まされ、テイラーは怒りっぽくなっていた。1915年3月21日という59歳の誕生日の翌日に、テイラーは肺炎のためにフィラデルフィアの病院で永眠した。彼の墓には、"Frederick Winslow Taylor, 1856-1915. Father of Scientific Management" という彼自身が決めた碑文が彫られている。この表現にちなんで、The Blue-blooded Father of Scientific Management と揶揄されることもあるが、科学的管理法が普及するとともにテイラーの名声が世界中に高まった。テイラー本人が1911年に創設した「管理科学促進協会（Society to Promote the Science of Management）」は、彼の死去にともなって「テイラー協会（The Taylor Society）」と改称され、科学的管理法のみならず、経営学全般の発展に大きく寄与してきた。

2．テイラーの著作

技術者とコンサルタントとしてのテイラーは、技術専門誌などに論文を多数出していたが、経営学に関する主な著書は以下の数点である。

- Taylor, F. W. [1903], *Shop Management*, BiblioBazaar, 2007. これの邦訳は2つある。①都筑栄訳 [1958]、『工場管理論』理想社。②上野陽一訳 [1969]、『科学的管理法』産業能率短期大学出版部。
- Taylor, F. W. [1911], *The Principles of Scientific Management*, Akasha Publishing, 2008. このテイラーの主著には複数の邦訳がある。①星野行則訳 [1913]、『学理的事業管理法』崇文館書店。②山田佐八訳 [1921]、『科学的経営の原理』文雅堂。③坂本国三郎訳 [1922]、『能率増進科学的経営管理法』下出書店。④上野陽一訳 [1932、1957、1969、1983、1995]、『科学的管理法』産業能率短期大学出版部。⑤中谷彪ほか訳 [2009]、『科学的管理法の諸原理』晃

[*5] この公聴会は25日の午前と午後、26日の午前と午後、27日の午前、30日の午後と夜という4日間に7回開かれ、延べ12時間の証言のやりとりに関する英文記録は287頁の長さにのぼったものである。

洋書房。⑥有賀裕子訳［2009］、『(新訳) 科学的管理法』ダイヤモンド社。
・Taylor, F. W. [1947], *Scientific Management*, Westport, Connecticut: Greenwood Press, Publishers, 1972. これはテイラーの著作集で、① Shop Management、② The Principles of Scientific Management、③ Testimony Before the Special House Committee という3つの部分によって構成される。この本の邦訳にほぼ該当するものは、上野陽一訳『科学的管理法』(産業能率短期大学出版部、1969年版) である。

3．テイラーの経験と実験

時代的な背景

①産業社会の到来：管理理論の展開は、つねにその時代の歴史的、経済的諸条件と密接不可分の関係にある。テイラーの科学的管理法が形成された19世紀末から20世紀初頭にかけてアメリカでは、南北戦争（1861〜65）後の経済復興と産業革命による工業化が進行中であった。企業間競争が激しく、技術革新による進歩が著しかった。機械の操作がより容易になるにつれて、熟練工を必要とする職場が少なくなり、しかも大量にやってくる新移民が安い労働力として利用できる。鉄道網の建設と産業の機械化が急速に進み、機械使用による大量生産を特徴とする巨大企業も登場するようになった。

②内部請負制度の崩壊：雇用、生産、売上高の増大をともなった企業規模の拡大は、統制や調整などの管理業務をより複雑化させ、従来から依存してきた万能熟練工である親方的な職長（foreman）を現場管理の責任者とする内部請負制度（sub-contract system）が行きづまり、会社側が自ら生産現場の管理問題に直接に乗り出し、より体系的、科学的な管理方法を探ることが客観的に求められるようになった。この背景のもとで、「能率増進運動（Efficiency Improvement Movement）」、「無駄排除運動（Waste Elimination Movement）」、「体系的管理運動（Systematic Management Movement）」といった産業実験が大企業を中心に盛んに行なわれていた。

【補足】内部請負制度と派遣労働制度

　内部請負制度（sub-contract system）とは、経験豊富な親方職人が工場主と一定数の製品を一定期間に一定の価格で製造することを契約する制度である。請負作業に必要な作業場、機械、工具、光熱、動力、原材料、半加工材料などは工場主によ

って供給されるが、請負作業の遂行に必要な労働力の雇用と訓練と監督、賃金の支払いと解雇の権限を持つのは内部請負人である。請負人の親方は被雇用者であると同時に雇用主でもあり、労働報酬を得ながら請負利潤も得ている。工場主にとって、現場労働者を管理する手間が省かれ、自分自身の管理能力の不足が補われ、経営リスクが軽減されるといったメリットはあるが、現場の実情を把握できず、能率向上の対策を講じることはできない。

　この内部請負制は18世紀前半に炭鉱や製鉄業を中心に行なわれ、産業革命以降は繊維工業や金属工業などのさまざまな分野に広がった。20世紀に入ってから、テイラーは内部請負制が持つ間接管理の弊害を厳しく批判し、親方職人に代わって工場専属スタッフによる直接管理の重要性を力説した。その後のアメリカで内部請負制度は凋落し、ほとんどの工場から姿を消した。しかし、近年の日本企業の国内工場の生産現場では派遣労働者が大量に増え、その雇用と管理は人材派遣会社によって行なわれている。つまり、いまの派遣労働制度は昔の内部請負制度の新種である。

基本的な課題：賃率切下げと怠業

　20世紀初頭までのアメリカでは、工場内での生産管理と労務管理は主として内部請負人の勘と経験則（whim and rules of thumb）に依存する「成行き管理（drifting management）」であった。当時の状況として、表向きには出来高給制度（Byzantine piece-rate system）が一般的であったが、賃金算定の根拠となる賃率（wage rate）を決める客観的基準がなく、賃率は経営者側によって一方的に決められていた。経営者側は労働者の報酬総額を監視しており、「多すぎる」と思われると、賃率の切下げ（rate cutting）が行なわれる。そのため、労働者たちは働けば働くほど賃率の切下げが行なわれ、こなす仕事の量はどんどん増えていくが、手にする報酬はほとんど増えない、という異常事態がしばしば起きていた。

　一方、生産ラインのスピードを実質的に決めていた労働者側は「重労働への恐怖」という感情から、賃率切下げへの防衛策として、職場ぐるみで意図的に仕事を怠るという怠業行為を平気で行なっていた。テイラーの説明によると、怠業（soldiering）には2種類のものがある。まず人間が生まれつきの本能として楽なことをしたがるという怠け傾向は「自然的怠業（natural soldiering）」と呼ばれる。次には、自分の意図ではなく、他人や集団との関係を配慮して仕事のペースをやむをえずに落とすことは「組織的怠業（systematic soldiering）」と呼ばれる[*6]。たとえば

---

*6　Taylor [1903], p.16（上野訳 [1969]、62頁）.

集団的に生産ラインのスピードを落としたり、無断欠勤したり、サボタージュ（妨害工作）をしたりすることはこの組織的怠業に該当する。しかし、「組織的」といっても、当時は労働組合の組織率が低く、労働組合によって公式的に指揮されたものではなく、小さな現場集団が非公式に非協力的な態度をとっていたにすぎない。したがって、誤解を避けるためには、むしろ「体系的怠業」と訳したほうがより正確であろう。[*7]

　自然的怠業は認識されやすいが、組織的怠業を認識するのは簡単ではない。仮に気づいたとしても、その証拠を明確に掴むのは容易ではない。そのため、怠業への対抗策として取り入れた出来高給制度は、自然的怠業を若干克服できるとしても、組織的怠業を克服することはできない。組織的怠業と賃率切下げという相互不信の悪循環から脱出できない原因は、経営者または労働者の人間性に欠陥があるのではなく、労働者の仕事の結果を客観的に測定できる尺度が欠如しているところにある。すなわち賃金制度に欠陥があり、問題解決のために、公正な課業管理と合理的な賃率設定が重要であるとテイラーは診断したのである。

ミッドベール社での経験

　もともと上流階級出身のテイラーは、生産現場で仲間の労働者たちを冷静に観察し、生産現場の実情や矛盾を熟知していた。労働者の自尊心を称揚し、労働者の立場から問題を考える心を育てたのと同時に、労働者がときどき怠業することを知っていた。また、経営側の気まぐれな賃率切下げが労働生産性の改善を妨げる大きな要因となっていることも知っていた。1880年にミッドベール・スチール社で旋盤作業の組長になってから、テイラーは工作機械と作業道具の選択、作業工程の改善、ストップウォッチを使った時間研究といった作業実験を行ない、労働生産性の向上に取り組みはじめた。またこの会社でテイラーはガント（Henry L. Gantt）、バース（Carl G. Barth）などの忠実な支持者を得た。

　この会社ではテイラーは多くの貴重な管理経験も得た。たとえばもし労働者が怠業しなければ、同じ時間で生産量を3倍以上に増やすことができると判断した。また労働者の怠業をなくせば、労働生産性が高まり、企業主は製品1個当たりの人件費を減らすことができると同時に、労働者はより高い賃金を得られるはずだと考えた。そして、1884年から差別的賃率（differential rate）の実験を始めた。つまり、高い水準のノルマを設定し、そのノルマをクリアした人とそうでない人に対して、

＊7　井原［2000］、61頁。

表1-1　差別的賃率の説明例

	実績	賃率	日当
ノルマ＝5個／日	4個	$0.8	$3.2
	5個	$1.0	$5.0
	6個	$1.2	$7.2

出所：筆者作成。

異なる賃率を適用させる。その結果、労働者間の報酬額に大きな開きが生じた（表1-1）。ただし、この差別的賃率制度に対する反発があまりにも強かったため、その後のベスレヘム・スチール社での実験において、テイラー本人は意図的にこの制度を使わないようにしていた。

ベスレヘム社での実験

①銑鉄実験：ベスレヘム・スチール社では、テイラーは、経営コンサルタントとして、一連の実験を指導したが、そのなかで1899年に行なわれた銑鉄実験はもっとも有名である。それは機械や道具を使わず、素手で92ポンド（約41.7キロ）の銑鉄（pig-iron）を持ち上げ、数十メートルほど離れた場所に移動させる、というきわめて単純な作業である。

「これは洗練とはほど遠い、ごく初歩的な作業であるため、知能の高いゴリラを訓練すれば人間よりも効率よくこなすに違いない（This work is so crude and elementary in its nature that the writer firmly believes that it would be possible to train an intelligent gorilla so as to become a more efficient pig-iron handler than any man can be）」[*8]。

たしかに銑鉄運びは単純な肉体労働であるが、ヒトよりゴリラのほうが上手に作業できるというテイラーの言語表現に反感を持ち、人間を動物や道具としてみなすテイラー理論に強い不信感を抱く人が多かった。

②ショベル作業実験：銑鉄実験に続いて行なわれたショベル作業（shoveling）の実験では、多数の一流労働者の作業状況を観察記録することによって、労働者が体力の持久性を保ち、1日のすくい上げ総量を最大にするためには、ショベルいっぱいにすくい上げる最適の量が21ポンドであることを明らかにした。またすくう材料の違いによって異なるタイプのショベルを使い分ける重要性も明らかにされた。

この実験では、1日の標準作業量（quota）をそれまでの12.5トンから一気に

＊8　Taylor［1911］, p.32（有賀訳［2009］、49頁）.

表1-2　ショベル作業実験の結果

	旧来の手法	科学的管理法	新旧倍率
作業者数	400〜600人	140人	0.35〜0.23
1人当たり作業量	16トン／日	59トン／日	3.688
平均賃金	$1.15	$1.88	1.634
1トン当たりの平均人件費	$0.072	$0.033	0.458

出所：次の文献にもとづいて作成した。Taylor［1911］, p.53（有賀訳［2009］、83頁）.

47.5トンに引き上げ、賃率を一律に1トン当たり3.9セントと設定した。従来の標準日給が1.15ドルに対して、新しい標準日給は1.85ドルとなる。すなわち従来作業量の380％をこなせば従来報酬の160％を得ることができる。しかし、仮に従来作業量の2倍（25トン）をこなしても、受け取る報酬は1日0.98ドルで、従来の標準日給の1.15ドルよりも少なくなる。

　ノルマはそれまでの3倍以上に一気に引き上げられたため、当然、労働者の反発は激しかった。最初から協力しない人もいれば、必死に頑張ってもノルマをクリアできない人もいた。また賃率を合理的に設定するため、一流の労働者を選ばなければならなかったが、選ばれた後での体力消耗が激しく、2、3日後に作業ペースが落ちることも観察された。より象徴的な事例として、10人の best men を選んだが、彼らは実験への参加を拒否したため、怒ったテイラーはこの10人全員を解雇した。

　労働者全員の顔に敵意が表われ、テイラー本人は大きな不安を感じてボディガードに守られながら帰宅するようになったが、テイラーにとって、このショベル作業実験は大きな成功であった。実験の初期において、ノルマをクリアして収入が増えた労働者は少なく、ノルマをクリアできずに収入が減った労働者が多かった。労働者の退職と解雇が大量に行なわれた結果として、現場労働者の数は600名から140名まで減らされ、残ったものは高い労働強度に耐えうる一流の労働者のみであった。その結果、作業効率は3.69倍となり、労働者賃金は1.63倍となると同時に、1トン当たりの平均人件費は45.8％に下がった（表1-2）。

　労働生産性が3倍以上に増えたにもかかわらず、労働者の報酬は6割程度しか増えず、これは労働者への搾取強化だと批判された。この種の批判に対して、労働生産性向上の主な原因は労働者よりも使用者側にあり、新たに生まれた利益の一部を商品の低価格化に還元すれば、労働者と経営者を含む消費者大衆が生産性向上の利益を享受することができる。そうすると、社会総需要が増え、人々の暮らしが豊かになり、資本家、労働者、消費者にとっての「三方よしの経営」という理想的状態

が実現できるとテイラーは説明している。[*9]

その他の実験

銑鉄実験とショベル作業実験が成功した後、テイラーとその同志たちは科学的管理法を推進するために、さらにレンガ積み（brick laying）、ベアリング検査（inspecting bicycle balls）、金属切削（metal-cutting）、といった一連の実験を行なった。

レンガ積みの実験はギルブレス（F. B. Gilbreth）によって指導され、そのもっとも重要な成果は「一番よい方法（one best way）の存在」と管理スタッフの役割を強調したことである。ギルブレスにとって、仕事をする方法は無数にあるが、「一番よい方法」はひとつしかないはずである。それをみつけるために、作業現場を労働者に任せるのではなく、ギルブレス本人が労働者を厳格な基準で選んだうえ、道具と労働条件を標準化し、動作研究を巧みに行ない、無駄な動作を徹底的に排除した。[*10]

ベアリング検査の実験では、トンプソン（Sanford E. Thompson）は実際の監督責任者を務めていた。品質検査をする女性労働者の作業が克明に観察され、本来の業務と無関係に過ごす時間帯が非常に長いとわかった。そして、作業方法と勤務体制を改善することによって、労働時間の短縮、賃金の増加、検査費用の削減、労使関係の改善といった好ましい結果が同時に実現された。

金属切削の実験は、テイラー本人が自ら指導したものである。実験では、12の独立変数が金属切削の速度に与える実際の影響を調べ、実験データから複数の法則（方程式）が導き出された。その結果、作業員と作業方法と作業道具を科学的に選択し、かつ労使協調の精神を樹立することができれば、作業の能率は大きく向上するということが証明された。

科学的管理法の目標

「科学的管理法は労働者の労働強度を増やさずにその労働産出量を大幅に増やす仕組みである（Scientific management is a scheme for greatly increasing the output of the man without materially increasing his effort）」とテイラーは説明している。[*11]

---

*9 宮田［2001］、10頁。
*10 テイラーは時間研究をより重視していたのに対して、ギルブレスは動作研究をより重視していた。上野［1976］、87頁。

表1-3　利益配分の説明例

	ノルマ	実績	日当	賃率（人件費）	ほかのコスト	利益マージン	販売価格
旧制度	1個	1個	$1.0	$1.0／個	$1.0／個	$1.0／個	$3.0／個
新制度	3個	3個	$1.5	$0.5／個	$1.0／個	$1.0／個	$2.5／個

出所：筆者作成。

つまり、それまでの管理思想は「もっと働こう（how to work harder）」に重点を置いていたのに対して、テイラーは「上手に働こう（how to work smarter）」に重点を置いていた。

　テイラーの科学的管理法では、人間よりもシステムの重要性が強調され、一流のシステムこそが一流の人間を作り出すと主張される。また科学的管理法の導入によって、労使対立が緩和され、労使協調が実現されるための現実的基盤を作り上げようとしている。テイラーは、あらゆる作業には唯一のもっとも合理的な作業方法があり、それを見出すことが「管理の科学（science of management）」であると強調した。そして、科学的管理法の目標は、日常の労働作業に体系的な分析と研究を加え、課業管理を科学的に実施することによって、人間労働の能率化すなわち労働生産性の向上を図り、高賃金と低労務費（high wages and low labor cost）の同時実現をめざすことである。さらに、科学的な課業管理（scientific task management）を実現するために、計画部制度（planning department）、作業研究（work study）、指図表制度（instruction card system）、差別的な出来高払い賃金制度（differential piece rate system）、職能別職長制度（functional foremanship）などの諸制度が考案され、これらの総体が科学的管理法あるいはテイラー・システムと呼ばれる。

　注意すべき点として、高賃金と低労務費を同時に実現するためには、労働生産性の向上は前提条件となる。たとえば表1-3で示されているように、1日の作業ノルマを1個から3個へ引き上げ、労働者日当を1.0ドルから1.5ドルへ引き上げる（すなわち高賃金）ことによって、賃率は1.0ドル／個から0.5ドル／個へと低下する（すなわち低労務費の実現）。またこの変化にともない、商品の販売価格は3.0ドルから2.5ドルへ下がり（すなわち低価格の実現）、資本家がひとりの労働者から得られる利潤は1.0ドルから3.0ドルへ拡大する（すなわち高収益の実現）。これこそ、高賃金・低労務費・低価格・高収益が同時に実現され、労働者・経営者・消費者・資本家という各者の利益が同時に拡大され、国民の幸福と社会の進歩が実現される

---

*11　Wren and Greenwood [1998], p.139.

究極の手法だとテイラー主義者は主張する。しかし、ひとりの労働者の収入増加は0.5ドルで、それは労働強度の増大によるものである。また消費者が販売価格の低下から得られる利益は0.5ドルである。それに対して、資本家がひとりの労働者から得られる剰余価値の増加は2.0ドルであり、もっとも大きな恩恵を享受している。要するに、労働生産性が向上するにつれて、労働分配率が低下し、資本分配率が上昇することになる。

4．課業管理の原則

　高賃金と低労務費を実現するために、テイラーは『工場管理（*Shop Management*, 1903)』のなかで課業管理（task management）の5原則を提示した。[*12]

① 日々の高い課業：すべての階級の労働者に対して、細心かつ完全に計画された仕事を毎日明確に示し、しかもその仕事は簡単に達成できないものでなければならない（A Large Daily Task: Each man in the establishment, high or low, should daily have a clearly defined task laid out before him. This task should not in the least degree be vague nor indefinite, but should be circumscribed carefully and completely, and should not be easy to accomplish）。

② 標準的作業条件：1日の仕事を確実に遂行しうるような標準的な諸条件と諸用具を与える（Standard Conditions: Each man's task should call for a full day's work, and at the same time the workman should be given such standardized conditions and appliances as will enable him to accomplish his task with certainty）。

③ 成功時の高い支払い：定められた仕事を達成した労働者に高い賃金を支給する（High Pay for Success: He should be sure of large pay when he accomplishes his task）。

④ 失敗時の損失負担：定められた仕事を達成できなかった場合、失敗した分の損失をいずれ労働者個人が負担しなければならない（Loss in Case of Failure: When he fails he should be sure that sooner or later he will be the loser by it）。

⑤ 経営組織が高度に発達した段階に到達すると、第5の原則が付け加えられるべきである。それは、課業水準を一流労働者のみが（健康を損なわない範囲で最大限の努力をすることによって）達成しうるほど困難なものに設定しなければ

---

*12　Taylor［1903］, p.37（筆者訳文）．

ならない（The task should be made so difficult that it can only be accomplished by a first-class man）。労働者の素質は一様ではないが、一流労働者の経験から生まれる標準的な作業方法を教育と訓練によって労働者全員に伝授すれば、労働者全員が一流労働者並みに働くことができるとされる。要するに、熟練の移転をめざすことである。

【補足】一流労働者（first-class man）
　テイラーの科学的管理法のなかで、一流労働者に関する概念はきわめて重要であるにもかかわらず、一流とはなにかについて、テイラー自身は明確に説明することがなく、労働者全体の上位20％以内のものだと漠然と考えていたようである。しかし、議会公聴会の席で一流労働者の定義について激しい論争が起きたときに、テイラーは次のように説明した[*13]。
　「どんな人にも一流として働ける仕事があるはずです。どんな人にも仕事のないことはありません。荷馬車ウマにも仕事があり、競走馬にも仕事があります。これらの馬は皆それぞれある仕事に対しては一流なのです。すべての人に当てはまる仕事というものはありません（For each man some line can be found in which he is first-class. There is work for each type of man, just, as for instance, there is work for the dray horse and work for the trotting horse, and each of these types is "first-class" for his particular kind of work. There is no one kind of work, however, that suits all types of men）」。
　したがって、いまの仕事で一流になっていない人のなかには、努力することによって一流になれる人が多いはずである。もしどんなに努力しても一流になれないとすれば、それは彼の個人的な能力と適性がこの仕事に向かず、ほかの仕事を探すべきであるとテイラーは解釈している。さらに、現場労働者の作業内容はおおむね単純な動作の繰返しなので、個人差を考慮する必要がなく、科学的な指導を与えれば熟練度は短期間のうちに上達するはずである。一定期間が経っても課業水準に到達できない労働者は怠け者か、不適格者であるとテイラーは考えている。
　テイラーの見解は、明らかに、人間を対象にしているにもかかわらず、その人間を動物的、技術的、機械的、すなわち自然科学的な視点から取り扱っており、人間性、尊厳、働く意欲といった社会科学的な視点が欠落しているといえよう。また、

---

*13　Taylor, F. W., "Taylor's Testimony Before the Special House Committee," in Taylor［1947］, p.175（上野訳［1969］、458頁）。

実態として、課業の水準は一流労働者でも最大限に努力しなければ達成が不可能なものに設定されていたため、一般労働者にとっては非常に過酷なものとなっていた。

5．作業研究

　課業管理を科学的に行ない、「標準作業時間」を科学的に決定するために、テイラーは時間研究と動作研究を二本柱とする作業研究（work study）を行なった。時間研究（time study）とは、労働者の作業内容を一連の動作に分解し、ストップウォッチでそれぞれの動作にかかる時間を計り、特定の作業ごとに「標準作業時間」を決定する、という研究手法である。一方、動作研究（motion study）とは、作業目的の達成という視点から労働者の一連の動作がそれぞれどんな役割を果たしているかを検証したうえ、無駄な動作を省いたり、非効率的な動作を改善したりする、という研究手法である。

　実際、テイラー以前にも、フランス人のペロネ（Jean-Rodolphe Perronet）やイギリス人のバベッジ（Charles Babbage）が1800年頃に時間測定の実験を行なったといわれている。しかし、作業の分解（job breakdown）を行ない、要素ごとに時間研究を行なうという方法を確立したのはテイラーである。この点について、テイラー研究者は次のように述べている[*14]。

　「テイラーは時間研究を発明したのではなく、また動作研究をする最初の人でもなかった。しかし、彼は労働者の動作に必要な部分と必要でない部分を発見しようとする最初の人であった。テイラーは適切な方法、動作、道具が用いられるときにひとつの仕事にどれだけの時間がかかるかを究明しようとした。ほかの人が仕事全体でかかった時間だけに注目していた時代に、テイラーは仕事を細かく分解して各部分を分析した。そして、もっと効率的に、もっと失敗しないように仕事を再構築した（Taylor did not invent time study, nor was he the first to study worker's motions. But he was the first to try to discover whether a worker's motions were necessary or not. Taylor tried to find how long a job should take when done with the proper methods, motions, and tools. Where others were content with the total time a job took, Taylor broke the job into its component parts, analyzed each part, and reconstructed the job as it should be done, more efficiently and with less fatigue）」。

[*14] Wren and Greenwood [1998], p.136.

作業研究はテイラー・システムのなかできわめて重要な構成部分であり、その具体的なやり方は以下のとおりである。
①労働者の仕事を単純な基礎動作に分解する。
②無用な動作をみつけてそれを除去する。
③熟練労働者のひとりひとりの基本動作を注意深く観察し、ストップウォッチを使ってもっとも速い、もっともうまい作業方法をみつける。
④後で調べやすくするために、すべての基本動作ならびにそれにかかった適正時間についての記述、記録、目録索引を作成する。
⑤労働者の作業中に避けられない遅延、中断、およびその他の小さなアクシデントにかかった時間（余裕時間）と実際の作業にとりかかった時間（正味時間）を記録し、その比率を算出する。
⑥労働者が新しい仕事にはじめてとりかかるときに、熟練しないために余計にかかった時間を記録し、その部分が全体に占める比率を算出する。
⑦身体の疲労から回復するためにどうしても休憩が必要とされる場合、休憩時間と作業中断時間を記録し、それぞれが全体に占める比率を算出する。

要するに、「標準作業時間」の決定において、唯一最善の作業方法（one best way）の存在を前提に置き、一流労働者に照準を合わせ、無駄な動作を省き、必要最小限の動作だけに必要最小限の時間だけを割り当てることが要求される。

6．科学的管理法の基本原理

科学的管理法の導入によって、作業員の労働生産性は大幅に向上するが、労働分配率は大幅に低下する。当然、労働者と労働組合は科学的管理法を労働者騙しのマジックとみなし、その導入に強く反対していた。労働者の怒りを和らげるために、テイラーはのちの1911年の著書のなかで、科学的管理法は能率向上の技術ではなく、ある種の哲学であり、そこには次の4つの基本的原理があると主張した。[15]
①真の科学の発展をめざす（The development of a true science）：職長や労働者たちの古い体験的、直感的な知識と経験則を打ち破り、現場管理の指導権を古いタイプの職長から新しいタイプの専門管理者側に移動させる。たとえば1日の標準作業量が現場の職長と労働者の共謀で決定されるという当時の状況を打破し、科学的な根拠を持って課業の設定と作業の標準化を進めていかなければ

---

*15　Taylor［1911］, pp.94-95（筆者訳文）.

②労働者を科学的に選択する（The scientific selection of the workman）：労働者が高い賃金を受け取るために、一流の労働者としてハイレベルの標準作業量をこなさなければならない。そのためには、労働者を個別に観察し、ある程度の適性検査を行ない、一流になれない人を早期に淘汰する必要がある。
③労働者の科学的教育と能力開発を行なう（His scientific education and development）：一流の労働者に成長し、またさらなる成長への努力を持続させるためには、科学的にまとめられた職能知識と作業技能を教え込むだけでなく、労使間の協調と共存共栄の理念も植えつけなければならない。
④管理者と労働者との密接かつ友好的な協力関係を構築する（Intimate friendly cooperation between the management and the men）：多くの職場でみられる労使対立は能率の向上、コストの抑制、賃金の上昇を妨げる原因のひとつとなっていた。資本家側の利潤増加と労働者側の賃金改善を同時に実現するために、労使間の相互信頼と相互協力をめざす努力は欠かせない。とくに経営側の恣意的な権限使用は禁物である。

7．科学的管理の本質：精神革命

テイラー自身が議会証言のなかで説明したように、差別的出来高給制度、時間研究と動作研究、職能的職長制度といったものは科学的管理を実現するための手段にすぎない。科学的管理法は能率の仕掛けではなく、能率を得る方法でもない。「科学的管理法の本質とは、労働者側と管理側の両方において、同じ程度の徹底した精神革命を起こすことである。労使双方の徹底した精神革命がなければ、科学的管理法は存在できない（In its essence, scientific management involves a complete mental revolution on the part of the workingman, …… and it involves the equally complete mental revolution on the part of those on the management's side. Without this complete mental revolution on both sides scientific management does not exist）」[*16]。

こうして、テイラーは科学的管理法の本質を「精神革命（mental revolution）」と定めたうえで、さらに精神革命の主な内容を次の5点にまとめている[*17]。

[*16] Taylor, F. W., "Taylor's Testimony Before the Special House Committee," in Taylor [1947], p.27（筆者訳文）．

①大雑把な経験法則ではなく、科学をめざす（Science, not rule of thumb）。
②不和ではなく、調和をめざす（Harmony, not discord）。
③個人主義ではなく、協力をめざす（Cooperation, not individualism）。
④生産制限ではなく、最大限の生産をめざす（Maximum output, in place of restricted output）。
⑤労働者ひとりひとりの能率向上と豊かさをめざす（The development of each man to his greatest efficiency and prosperity）。

これら5点の内容はのちに2つの命題として整理された。[*18]

第1命題：「対立からハーモニーへ」。つまり、労使双方が協調して、経済利益のパイをいかに奪い合うかではなく、そのパイをいかに大きくするかという方向へ努力すべきである。

第2命題：「経験から科学へ」。つまり、経験と勘にもとづく管理から科学にもとづく管理へ転換すべきである。

しかし、共同利益、相互協力、ハーモニー、管理の科学化などを内容とするテイラーの精神革命の主張は当時のアメリカの産業界で実現されることがなく、むしろ何十年後に高度成長期の日本の産業界においてはじめて実現されたといえよう。

8．テイラーの職長論

課業管理に合わせ、テイラーは、職能的な職長制度（functional foremanship system）の導入を提唱している。それはファンクショナル型組織と呼ばれ、従来のライン型組織を取り替える新しいタイプの組織構造である（図1-1）。

テイラーによれば、20世紀初頭の工場内で現場管理者の機能を果たす職長（foreman）には、次の9種類の能力が有用である。[*19]

①知力（brains）
②教育（education）
③専門知識、手先の器用さ、強靭な身体能力（special or technical knowledge, manual dexterity, or strength）

---

*17　Taylor［1911］, p.102（筆者訳文）。
*18　三戸公「経営学はいかにして作られたか」矢沢サイエンスオフィス経済班編［2004］、207-209頁。
*19　Taylor［1903］, p.58（筆者訳文）。

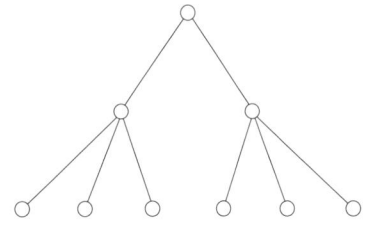

図1-1A　ライン型組織

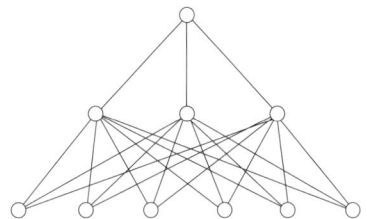

図1-1B　ファンクショナル型組織

④気転（tact）
⑤活力（energy）
⑥根性（grit）
⑦誠実さ（honesty）
⑧分別と常識（judgment or common sense）
⑨健康（good health）

　しかし、実際には6つ以上の能力を持つ職長はごく稀である。職長の能力不足によって、従来のライン型組織は機能不全に陥りやすい。しかし、3つ程度を備えている人は大勢おり、安い賃金で雇うことができる。したがって、組織構造をライン型からファンクショナル型へ転換させ、ライン型組織におけるひとりの職長が担当していた管理業務を職能別に分散させ、多数の職能的職長（functional foreman）に分担させれば、各業務は担当職長の能力範囲内に収まり、すべての組織職能が完全に機能し、組織の効率を確保することができる。ただし、この職能的な職長制度のもとでは、作業員はもはや専属の上司を持つことがなく、日々の命令と指導を担当別の複数の上司から受け取ることになる。その結果、命令の一元性が失われる恐れがある。

9．管理者の仕事

　テイラーによれば、科学的管理法の実施によって、管理者の仕事内容は従来から大きく変化しなければならない。具体的には、管理者の新しい任務は以下の4つとなる。[20]
　①管理者が、労働者個人の個別の作業について、従来の経験則に代わって科学的

---

[20] Taylor［1911］, p.29（筆者訳文）.

手法を開発する（They develop a science for each element of a man's work, which replaces the old rule-of-thumb method）。
② 労働者自身が仕事を選び、職業能力を適当に身につけていくという過去のやり方と決別し、労働者の選択、訓練、指導、能力開発などのすべてを、管理者主体で科学的に行なう（They scientifically select and then train, teach, and develop the workman, whereas in the past he chose his own work and trained himself as best he could）。
③ 開発された科学的諸原理に一致するように仕事が遂行されることを確保するために、管理者は労働者たちと心から協力しなければならない（They heartily cooperate with the men so as to insure all of the work being done in accordance with the principles of the science which has been developed）。
④ 管理者と労働者は仕事と責任をほぼ均等に分け合う。過去では実務のほとんどと責任の大半は現場労働者に委ねられていたが、今後は管理者に適した仕事を管理者が引き受けなければならない（There is an almost equal division of the work and the responsibility between the management and the workmen. The management take over all work for which they are better fitted than the workmen, while in the past almost all of the work and the greater part of the responsibility were thrown upon the men）。

10．科学的管理法への評価

　テイラーの科学的管理法は、1912年の議会公聴会の後でよく知られるようになり、それを実際に導入する企業はどんどん増えていた。作業過程を詳細に観察することで、課業を遂行するベストの方法を発見し、作業者はその方法に従って作業すれば、もっとも高い作業効率を達成するという理想の結果が期待できる。また、標準作業時間と課業水準の決定は時間研究と動作研究によって客観的に裏づけられているために、「科学的」と表現されてもよかろう。こうして、テイラーは、経営管理の「科学」を構築するために、科学的手法と体系的分析を産業活動に持ち込み、経営管理の実践的研究を客観的、実証的に行ない、経営学の誕生に大きく貢献した。ただし、テイラーの科学的管理法では、生産作業の能率向上だけが注目され、組織全体と一般的な管理業務に対する分析がほとんど行なわれていなかったため、研究者の世界では、科学的管理法を企業レベルでの「管理の科学」ではなく、工場レベルでの「作業の科学」にすぎないと批判する意見がある。

テイラーの管理思想は、テイラー個人の長年にわたる体験的研究から発展した経営管理の合理的思想であり、テイラーリズム（Taylorism）やテイラー・システム（Taylor System）などとも呼ばれている。テイラーリズムに顕著にみられる実践的志向はその後のアメリカ流の経営管理論の発展にもっとも大きな影響を与えた。まずテイラーの後継者であるギルブレス夫妻（Frank Bunker Gilbreth: 1868～1924 and Lillian Moller Gilbreth: 1878～1972）、ガント（Henry L. Gantt: 1861～1919）、エマソン（Harrington Emerson: 1853～1931）、クック（Morris L. Cooke: 1872～1960）たちはさまざまな努力工夫を加え、現代の産業工学（IE: Industrial Engineering）の原型を作り上げた[*21]。また、テイラーの高能率・高賃金と作業標準化などの思想は、単一製品の大量生産によって生産性を飛躍的に上昇させたフォード・システムにも組み込まれていた。さらに「対立からハーモニーへ」というテイラー第1命題の基本思想を受け継いだ、女性の組織論学者であるフォレット（Mary Parker Follett: 1868～1933）は、テイラー主義の本流を引き継ぐ立場から集団的行為とコンフリクトに関する「統合（integration）」を力説し、バーナード（C. I. Barnard）は公式組織を協働体系としてとらえる。そして、経営学の巨匠であるドラッカー（Peter Ferdinand Drucker: 1909～2005）はテイラーをだれよりも崇め、自分の経営理論のすべてはテイラーの科学的管理法から発展したものであると表明している[*22]。また、科学的管理法は作業工程を改善するための知識を創造するのに大いに役立っているという視点からも、テイラーを現代の知識経営理論の創始者と認識すべきである。こうして、経営学の誕生にもその発展にもテイラーによる貢献は際立って大きいといえる。

　他方で、テイラー主義のもっとも大きな欠陥は、テイラー本人もその追随者たちも、働く人間を機械同様にとらえ、労働者の人間性に関する諸問題を見落としていたことである。テイラーが興味を持つのは技術と技法だけで、人間ではなかった。彼の科学的管理法の実験において、人間の労働が工学原理の観点から整理され、作業手順がすべての労働者に機械的に適用され、労働者個人は大きな機械のなかでの小さな歯車とみなされ、労働者が自分の考え方を持つことすら否定されてしまう。労働者が管理される対象としてしかみなされていないために、産業近代化が進み、

---

*21　テイラー主義者とされる人も自称する人も多いが、テイラーはバース（Carl G. Barth）、ガント（Henry L. Gantt）、ハサウェー（Horace K. Hathaway）、クック（Morris L. Cooke）の4人だけを自分の弟子（disciples）と呼ぶ。Wren［1972］, p.154（佐々木監訳［2003］、168頁）。
*22　三戸［2005］、「科学的管理の世界（下）」7～8月号、34、37頁。

機械生産が高度化するにつれて、人間はますます労働機械に従属する存在となる。労働者の人間性は疎外（alienate）され、組織重視・人間無視という問題はより深刻になる。この点はのちの行動科学者たちが科学的管理法を厳しく非難する最大の原因となった。

テイラー自身の弁解によれば、彼は労働者の怠業をひたすら非難したこともなければ、労働者に重労働を強要するという立場でもなかった。むしろ昔の仲間であった労働者に同情を寄せ、誤っていた賃金制度を改めて労働者の収入を増やそうとし、また科学的な作業方法を用いて労働者を重労働から解放しようとしている。しかし、事実として、科学的管理法の実験において、テイラーは上流階級の価値観を強く擁護し、労使関係についてつねに資本側に優先権を与え、労働側に対する譲歩と妥協を一切頑なに拒んでいた。そして、科学的管理法を普及するための最大の敵は、労働組合の指導者たちだとテイラーは信じて疑わなかった。テイラーの考えとして、科学的管理法は労使双方の共同利益と相互協力と協調体制をめざすのに対して、労働組合は労働者を管理者側から引き離して労使間の対立をひたすら煽る存在である。つまり、科学的管理法の理念と労働組合の理念は完全に対立するものである[*23]。

テイラーの本意はどうであれ、実際、科学的管理法の実施は産業労働者の存在価値と勤労意欲に大きな影響を与えた。たとえば、①道具の選択とメンテナンスだけでなく、作業の手順と体の動き方までが標準化されると、労働者はもはや個人意志の支配権を失ってしまう。②熟練労働者（skilled worker）の優れた技能は分解され、一般の労働者（unskilled worker）もそれを簡単にマスターできるようになり、熟練労働者の職場での地位が低下する。③職長の人数は増えるが、職長の職務に必要とされる知識と技能は大幅に減少され、職長としての地位と権威が低下する。明らかに、これらの変化によって、労働者の向上心や知識獲得意欲などが阻まれる可能性は大きい。

全般的にみると、テイラーの科学的管理法は、当初から労働者と労働組合の反対に直面したが、多くの企業経営者に歓迎された。1910年以降、アメリカ国内はもと

[*23] テイラーの鮮明な反労働組合の姿勢はよく知られているが、それは彼個人の問題ではなく、むしろその時代のアメリカにおいて一般的にみられるものであった。市民主義と民主主義の伝統が長いヨーロッパではかなり早い時期から資本家はすでに労働組合を労使紛争回避の解毒剤として利用していた。それに対して、アメリカ社会では個人主義と企業家精神が極端に強調されていたため、多くの資本家は労働組合に本能的な拒否反応を示した。今日に至っても、たとえばWal-Mart社のように、労働組合の設立を頑なに拒む企業は少なくない。

より、イギリス、フランス、ドイツ、日本、ソ連、インドなどの諸国において、文献紹介とともに現実の企業経営にも取り入れられた。そのなかでもっとも興味深いのはソ連の例である。革命指導者のレーニン（Vladimir Il'itch Lenin: 1870〜1924）は、政権奪取前に科学的管理法を「苦い汗を絞り出す科学的な搾取方式」と批判し、また「テイラー・システムは機械による人間の奴隷化である」と論じた。しかし、ロシア革命が成功した後では、「テイラー・システムの中に科学的で進歩的なものが多く取り入れられており、ソビエト政権はどうしてもテイラー・システムを導入し、発展させねばならず、社会主義の成否はそれにかかっている」と見方を大きく変えた[*24]。

　要するに、テイラーの科学的管理法は国境とイデオロギーの壁を超えて世界中に広く普及しており、その基本思想は現代のトヨタ・システムやマクドナルド・マニュアルなどの形で引き継がれている。テイラー本人ならびに彼の学説に対して、擁護する意見も非難する意見もともに多く、激しくぶつかりあっているが、彼の存在は際立って大きく、経営学誕生の最大の功労者というだけでなく、20世紀のもっとも重要な思想家のひとりといっても過言ではない。

[*24] 三戸［2005］、「科学的管理の世界（上）」6月号、42頁。

第 2 章

ファヨールの管理論

1．ファヨールの人物像[*1]

　ファヨール[*2]（Jules Henri Fayol: 1841.7.29〜1925.11.19）は、1841年7月29日にトルコのコンスタンチノープル（Constantinople, Turkey）で生まれた。父親（Andre Fayol）は高等教育を受けた土木技術者であり、当時はフランス軍隊の技師として砲身鋳造工場と鉄橋の建設現場で監督責任者を務めていた。1847年に父親が復員してフランス中部の故郷（La Voulte）に戻り、製鉄工場の技師になった。ヘンリ（Henri）はファヨール家の3人兄弟の長男で、両親から大きく期待されていた。ヘンリは教会系学校で初等教育、技術系学校で中等教育を受けた後、1858年に17歳でサン・テチュンヌの国立鉱山学校（Ecole Nationale des Mines de Saint-Etienne）に入学した[*3]。19歳の1860年にこの名門学校を卒業し、技師の資格を得た。卒業後に炭坑の技師（Mining Engineer）として Boigues Rambourg という会社に入社し、その会社は1874年にコマントリ・フルシャンボール社（Commentry-

---

*1　Wren and Sasaki（eds.）[2004]．佐々木［1984］。Urwick, L.,"Foreword," in Fayol [1917]. http://en.wikipedia.org/wiki/Henri_Fayol http://en.wikipedia.org/wiki/Fayolism 写真出所：http://pt.wikipedia.org/wiki/Ficheiro:Fonds_henri_fayol.jpg

*2　Fayol の日本語訳をフェイヨルとする書物もあるが、本書では、すべてファヨールに統一している。

*3　実際、16歳で合格したが、技師になるには若すぎるという校長の勧告に従い、入学を1年延期したというエピソードもある。

Fourchambault)、通称コマンボール社（Commambault）に名称変更された。

当時のコマンボール社は石炭や鉄鉱石の採掘、鉄鋼精錬、機械製造などを主力事業とする混合企業で、フランス中部の名門企業である。しかし、1870年代後半頃に、炭鉱の枯渇による採炭コストの上昇、生産設備の老朽化による生産性悪化と品質低下、慢性的余剰人員と巨額の近代化投資による財務内容の悪化、マクロ的な長期不況といった問題が重なり、価格競争力が著しく低下した。新しい製鋼技術に適した鉱石が埋蔵されるフランス東部地域の鉄鋼業との競争に敗れ、1884年に巨額の欠損を計上し、それ以降は無配当で、破産の危機に直面していた。

会社が危機を迎える状況下で、ファヨールは個人能力を遺憾なく発揮して昇進街道を登り詰めていった。1866年に炭鉱の主任技師、1872年に支配人、1880年に総支配人、ついに47歳の1888年に社長に昇進し、同職を1918年までの約30年間にわたって務めていた。社長に就任したファヨールは、会社再建のために、大規模な企業改革とリストラを断行した。その主な施策は、①新規増資と社債発行による資金調達、②他企業との合併と買収、③工場の閉鎖と不採算部門の事業分割売却、④研究開発による多角化、などであった。これらの改革策が功を奏して、倒産直前のコマンボール社は見事に再生することに成功した。1900年頃の同社はフランス最大級の鉄鋼メーカーに成長し、1913年には資金ベースでフランスで27番目に大きい公開会社になった。国家経済に並々ならぬ貢献をしたファヨールの功績を表彰するために、1888年と1913年の2回、フランス最高勲章のレジオン・ド・ヌール勲章（L'ordre national de la légion d'honneur）が授与された。

実務家としてのファヨールは、社長在任中に各種の会議で多くの論文を発表した。そして、自らの30年に及ぶ経営者体験を理論的に整理し、その内容を1916年に鉱業協会の機関誌に発表し[*4]、翌1917年に『産業ならびに一般の管理』の表題で単行本として出版した[*5]。しかし、やや意外なことに、この本は財務管理、企業買収、組織再編、経営多角化といった彼の実務的な経験についてほとんど触れず、主として「組織」の管理職能、管理原則、管理要素に関する考え方を説明するものとなっている。なぜなら、75歳になったファヨールは自分自身の長年にわたる大企業最高責任者の体験にもとづき、組織の規模が大きければ大きいほど、また組織内での地位が高ければ高いほど、管理職能と管理原則の重要性が大きくなると認識したためである。この1冊は、経営管理の実践に理論的な枠組みを与え、経営管理に関する

---

*4 Fayol [1916], pp.5-162.

*5 Fayol [1917].

「一般原則」を論じる最初の書物であるとみなされている。

　私生活の面については、1875年に34歳のファヨールは23歳のソーレ（Adelade Celeste Marie Saule: 1852～1917）と結婚し、その後に3人の子ども（長女 Marie、次女 Madeleine、長男 Henri）に恵まれた。58歳で産まれた息子の Henri Joseph Fayol（1899～1982）はのちに有名な経営者、思想家に成長し、フランス管理協会（CNOF）の会長を務めたこともあるが、テイラー主義者になったこととユダヤ人女性と結婚したことが原因で、父親との関係は非常に疎遠になっていた。

　ファヨールは1918年12月31日にコマンボール社から社長職を引退した後、コマンボール社の取締役を兼務するかたわら、主に2つの仕事に精力的に取り組んでいた。まずひとつは管理学の研究活動である。彼は管理学研究センター（CEA: Centre d'Etudes Administrative）を自ら創設し、それを活動拠点に管理理論の探究とその普及に尽力した。この CEA では多くの研究会が開催され、さまざまな分野で活躍する学者、研究者、活動家、技師、軍人、官僚、企業家が多数出席し、また多くの研究成果が世に送り出された。もうひとつの仕事は、ファヨール自身が郵便、電話・電報、タバコ・マッチといった国営的または独占的な公益事業に対するコンサルティングを通じて、政府当局に対して管理原則と管理理論にもっと注意を払うように促すことである。そのため、ファヨールは多くの集会に出かけ、さまざまな関係者に賛同と支援を呼びかけていた。

　こうして、ファヨールの生涯は技術者、地質学者、科学者、経営者、産業界リーダー、経営思想家、社会活動家といった多くの側面を持ち合わせたものであった。1925年に胃潰瘍の手術を受けた後、11月19日にパリの自宅でファヨールは84歳の生涯を終えた。翌1926年にファヨールが創設した CEA はテイラー主義者たちによるフランス組織協会（COF: Conference de l'Organisation Francaise）と合併され、フランス管理協会（CNOF: Le Comite National de l'Organisation Francaise）へと名称変更され、その後のフランス経営学の発展に大きく貢献することになる。

2．ファヨールの著作

　ファヨールは多くの論文と講演原稿を書き、著書も3冊あるとされているが、広く知られているのは主著の1冊だけである[*6]。

- Fayol, H. [1917], *Administration Industrielle et Générale*, Paris: Dunod and Pinat. この主著の英訳版は3種類ある。
- ①Coubrough, J. A.（Trans）[1930], *Industrial and General Administration*,

London: Sir Isaac Pitman & Sons, LTD.
②Storrs, Constance (Trans) [1949], *General and Industrial Management*, London: Sir Isaac Pitman & Sons, LTD.
③Gray, I. (Trans) [1984], *General and Industrial Management*, New York: IEEE Press.
また、この主著の邦訳版も3種類ある。
①都築栄訳 [1958]、『産業並びに一般の管理』風間書房。
②佐々木恒男訳 [1972]、『産業ならびに一般の管理』未來社。
③山本安次郎訳 [1985]、『産業ならびに一般の管理』ダイヤモンド社。

3．経営活動の分類

ファヨールによれば、いかなる事業においても、事業の種類を問わず、事業規模の大小を問わず、事業運営のプロセスにおいて起こりうるすべての経営活動（managerial activities）は職能別的に次の6種類に分類できる。[7]
　①技術的活動：生産、製造、加工などを意味し、生産現場部門の活動となる（Technical activities: production, manufacturing, transformation）。
　②商業的活動：購買、販売、交換などを意味し、購買部門と営業部門の活動となる（Commercial activities: purchase, sale, exchange）。
　③財務的活動：資金の調達と運用を意味し、経理部門の活動となる（Financial activities: seek for capital and finance management）。
　④保全的活動：財産と従業員の保護を意味し、総務部門や人事部門の活動となる（Security activities: protection of goods and people）。
　⑤会計的活動：棚卸し、貸借対照表、原価計算、統計などを意味し、経理部門の活動となる（Accounting activities: stocktaking, balance sheet, cost control,

---

* 6　ファヨールのこの主著（*Administration Industrielle et Générale*）について、彼が亡くなってから4年後の1930年にJ. A. Coubroughは最初の英訳版を出版したが、数百部しか印刷されず、主にイギリス国内だけで販売されていた。1937年にGulick, L. and L. Urwickはファヨールのひとつの論文（Fayol, H. [1937], "The Administrative Theory in the State," in Gulick, L. and L. Urwick (eds.) [1937], pp.99-114）を出版し、ファヨールの思想をアメリカに紹介したが、その影響範囲は小さかった。実際、1949年のConstance Storrs訳がアメリカで出版されるまで、ファヨールの名前はあまり知られていなかった。つまり、テイラーとほぼ同時代のファヨールは、生前に大きな栄光をみることはできなかった。
* 7　Fayol [1917], p.3（山本訳 [1985]、4頁）.

statistics, etc.)。
⑥管理的活動：計画、組織、命令、調整、統制を意味し、各職能部門の上級管理職の活動となる（Administrative activities: planning, organizing, commanding, coordinating and controlling）。

このように、ファヨールは管理的活動（administrative activities）を経営活動（managerial activities）の一部として組織全体のなかで位置づけている。さらには、経営（management）と管理（administration）を別々の概念として区別し、両者の混同をしないように警告した。

まず「経営するとは、企業に委ねられているすべての資源からできるだけ多くの利益を上げるよう努力しながら、企業の目的を達成するために事業を運営することであり、本質的6職能の進行を確保することである（To govern is to conduct the undertaking towards its objective by seeking to derive optimum advantage from all available resources and to assure the smooth working of the six essential functions）」。

次に、「管理とは、経営がその進行を確保せねばならない本質的6職能の一つに過ぎないのである。しかし、それは経営者の役割の中で、時にはこの経営者の役割がもっぱら管理的であるかのように見られるほど大きな地位を占めているのである（Management is merely one of the six functions whose smooth working government has to ensure, but it has such a large place in the part played by higher managers that sometimes this part seems exclusively managerial）」[*8]。

しかし、以上の英文引用部分からわかるように、Storrsは経営（management）をgovern（governance or government）と訳し、管理（administration）をmanagementと訳している。そのため、「ファヨールが慎重に経営と管理を区別し、その研究を管理に限定したのに、特にストーズ女史の杜撰な英訳の普及によって、ファヨールの真意が誤られ、彼の管理論が経営学と誤られた[*9]」のである。実際、この誤訳の問題について、さらに詳しく調べた専門的な研究は多数ある[*10]。結論からいうと、administration（管理）というフランス語を英語に翻訳するときに、そのままadministration（管理）という表現を使えばよかったのに、Storrsはmanagement

---

[*8] Fayol [1917], p.6（山本訳 [1985]、10頁）。下線は筆者がつけたものである。
[*9] 山本訳 [1985]、「解説」、227頁。
[*10] Breeze, John D. [1980], "A Discussion of the Translation of Some of Fayol's Important Concepts," in Wren and Sasaki (eds.) [2004], pp.223-248.

（経営）という単語を使った。そのことが、すべての混乱の原因であった。

4．管理的活動（管理職能）の内容

　上述6つの経営活動のうち、前の5つはすでに当時でも周知されていたものであり、業務活動という低次元のものである。6番目の管理的活動だけはまだ明確に認識されず、より高次元で、より本質的な経営活動であるとファヨールは主張する。そして、一般労働者や末端管理者にとって技術や商業や財務などの特定職業に関する技術的能力（technical ability）が重要視されるのに対して、組織階層の上層にいけばいくほど、また組織の規模が大きければ大きいほど、その技術的能力の相対的重要性が低下し、特定職業に限定されないような管理的能力（administrative ability）の相対的重要性が増大するとファヨールは論じた。ファヨールの膨大な分析を通じて、次の結論が得られた。[*11]

　「あらゆる種類の企業において、下位従業員のもっとも重要視される能力はその企業の特質にかかわる技術的能力であり、上位管理者のもっとも重要視される能力は管理的能力である。したがって、管理の概念をより広範に広げる必要性がある（In firms of every kind, the most important ability of the lower grades is the technical ability characteristic of the firm, and the most important ability of higher management is managerial ability. Therefore, there is widespread need for conceptions of management）」。この結論は非常に重要であるために、のちに「ファヨールの法則」と名づけられた。

　管理的活動について、ファヨールはさらに詳しい説明を展開した。ほかの5種類の経営活動は原料や機械や資金といった物理的存在すなわち生産手段を対象としているのに対して、管理的活動は生産活動の主体である人間すなわち社会体だけを対象としている。そして、「管理するとは計画し、組織し、命令し、調整し、統制することである（To manage is to forecast and plan, to organize, to command, to coordinate and to control）」と定義した。[*12]

　管理的活動の内容を計画、組織、命令、調整、統制という循環サイクル（Plan-Do-See）とするファヨールのこのとらえ方は、のちにアメリカにおいて大いに継承、発展され、管理過程学派の形成につながった。さらに、管理的活動の内容を構

---

*11　Fayol［1917］, p.13（筆者訳文）.
*12　Fayol［1917］, p.6（山本訳［1985］、9頁）.

成するこの5つの管理職能（functions of administration）について、ファヨールは次のように個別に説明している。

計画
「計画するとは、将来を探究し、活動計画を作成することである（To foresee and provide means examining the future and drawing up the plan of action）」[*13]。

「計画の策定はすべての事業経営においてもっとも重要であり、かつもっとも困難な活動のひとつである（The preparation of the plan of action is one of the most difficult and most important matters of every business）」[*14]。「統一性、継続性、弾力性、および正確性が、優れた活動計画の一般的特質である（Unity, continuity, flexibility, precision: such are the broad features of a good plan of action）」[*15]。

優れた活動計画を作成するために、管理責任者に必要とされる資質と条件は次のようなものである[*16]。

①人間の取扱い方（The art of handling men）
②豊かな活力（Considerable energy）
③道徳的勇気（A measure of moral courage）
④職位の安定性（Some continuity of tenure）
⑤事業運営の専門性に関する一定の能力（A given degree of competence in the specialized requirements of the business）
⑥事業運営に関する一定の全般的経験（A certain general business experience）

組織
「組織するとは、事業経営のための、物的および社会的という二重の有機体を構成することである（To organize means building up the dual structure, material and human, of the undertaking）」[*17]。具体的には、原材料、設備、資金、従業員といった事業の運営に役立つあらゆるものを企業に備えつけることである。

会社組織は物的有機体と社会的有機体という2つの側面を持ち合わせているが、ファヨールは人間を主体とする社会的有機体の側面に特別な注意を払っている。フ

---

*13　Fayol [1917], p.6（山本訳 [1985]、9頁）.
*14　Fayol [1917], p.43（山本訳 [1985]、72頁）.
*15　Fayol [1917], p.45（山本訳 [1985]、75頁）.
*16　Fayol [1917], p.50（山本訳 [1985]、89頁）.
*17　Fayol [1917], p.6（山本訳 [1985]、9頁）.

ファヨールによると、社会的有機体（corps social, i.e. social body）としての株式会社は次のような9つの主要器官（The 9 Levels）を持っている[18]。
　①株主集団（Shareholders）
　②取締役会（Board of Directors）
　③トップ経営者とそのスタッフ（General management and its staff）
　④地域および地区の管理者（Regional and local management）
　⑤技師長（Chief Engineers）
　⑥部課長（Technical or departmental managers）
　⑦工場長（Superintendents）
　⑧職長（Foremen）
　⑨労働者（Operatives）

命令

「命令するとは、従業員を職能的に働かせることである（To command means maintaining activity among the personnel）[19]」。なぜならば、「組織体が構成されると、これを機能させることが問題となる。これが命令の使命である（The organization, having been formed, must be set going and this is the mission of command）[20]」。

「命令する技術はある程度まで個人的資質に基づき、また管理の一般的原理の知識に基づくものである（The art of command rests on certain personnel qualities and a knowledge of general principles of management）[21]」。そして、命令を容易に遂行させるために、命令を出す管理者は次の点に留意すべきである[22]。

　①従業員について深い認識を持つこと（Have a thorough knowledge of his personnel）。
　②無能力者を排除すること（Eliminate the incompetent）。
　③企業と従業員を結ばせるいろいろな協約を熟知すること（Be well versed in the agreements binding the business and its employees）。
　④自ら良い手本を示すこと（Set a good example）。

＊18　Fayol［1917］, p.61（山本訳［1985］、109-110頁).
＊19　Fayol［1917］, p.6（山本訳［1985］、9頁).
＊20　Fayol［1917］, p.97（山本訳［1985］、172頁).
＊21　Fayol［1917］, p.97（山本訳［1985］、173頁).
＊22　Fayol［1917］, pp.97-98（山本訳［1985］、173-174頁).

⑤一覧図表を用いて組織を定期的に監査すること（Conduct periodic audits of the organization and use summarized charts to further this）。
⑥指揮の統一と努力の集中を必要とする会議には、主要な部下を参加させること（Bring together his chief assistants by means of conference, at which unity of direction and focusing of effort are provide for）。
⑦細部にこだわらないこと（Not become engrossed in detail）。
⑧従業員の間に団結、活力、創意工夫、忠誠心の気風を作り出すように目指すこと（Aim at making unity, energy, initiative and loyalty prevail among personnel）。

調整

「調整するとは、あらゆる活動、あらゆる努力を結合し、団結させ、調和を保たせることである（To coordinate means binding together, unifying and harmonizing all activity and effort）」[*23]。それは、技術的、商業的、財務的といった組織内の各職能部門の活動がもたらす義務と結果を組織全体の立場から考慮することである。

調整を必要とする理由について、ファヨールは次のように説明している[*24]。「超大規模の企業の物的有機体または社会的有機体の種々の異なる部門間、その技術的能力、その商業的能力、および財務的能力間、その種々の異なる活動間に調和を横溢させるためには、ただによい活動計画、よい組織が必要であるだけではなく、さらに不断の調整が必要なのである。働いている諸力を絶えず均衡させることが必要である。つまり、ある手段をただ一方的に重視することによって、全体の運営が思いがけざる混乱に陥るようなことを避けなければならない（To establish harmony as between the various parts of the material or social organism of a large concern, viz. between its technical, commercial, financial potentials and its various activities, not only are a good plan and a good organization required but also continuous co-ordination. All the forces in play must be kept in equilibrium, and a sudden disturbance of some measure at one point only must be avoided）」。

そして、調整を図る手段として、たとえば毎週定例の部長会議が有効であるとファヨールは述べている。なぜなら、調整の目的を実現するためには、組織内の異なる部署間の意思疎通を図り、部門主義を打破しなければならないからである。とく

---

*23 Fayol [1917], p.6（山本訳 [1985]、9頁）。
*24 Fayol [1917], pp.106-107（山本訳 [1985]、190頁）。

に「いろいろと異なり、多かれ少なかれ互いに離れている種々の工場からなっている超大規模の企業においては、調整は、全体を管理する社長の活動と各部の繁栄に専念する地方管理者の活動との結合によって確保されるものである（In large-scale concerns comprising several separate establishments remote from each other, co-ordination is effected by combined action on the part of general management which supervises the whole, plus local managements whose efforts are directed towards the successful working of each particular part)[*25]」。

統制

「統制するとは、樹立された規則や与えられた命令に一致してすべての行動が営まれるよう監視することである（To control means seeing that everything occurs in conformity with established rule and expressed command)[*26]」。

「統制の機能は、すべての物事が、採用された活動計画、与えられた命令、承認された原則に従い、これに一致して推移しているかどうかを検証することである。その目的は、不備と過失を修正し、それの繰り返しを避けるように警告することである（Control consists in verifying whether everything occurs in conformity with the plan adopted, the instructions issued and principles established. It has for object to point out weakness and errors in order to rectify them and prevent recurrence)[*27]」。

「統制が効果的であるためには、それが適当な時期に行われ、賞罰を伴うことが必要である（For control to be effective it must be done within reasonable time and be followed up by sanctions)[*28]」。そして、統制の目的を達成するために、「優秀な統制スタッフは有能で公正無私の人でなければならない（The good inspector should be competent and impartial)[*29]」。

5．14の管理原則

あらゆる経営活動のなかでもっとも重要な管理的活動を遂行する際に、方法の選

---

*25 　Fayol［1917］, p.106（山本訳［1985］、189-190頁）.
*26 　Fayol［1917］, p.6（山本訳［1985］、9頁）.
*27 　Fayol［1917］, p.107（山本訳［1985］、191頁）.
*28 　Fayol［1917］, p.108（山本訳［1985］、193頁）.
*29 　Fayol［1917］, p.109（山本訳［1985］、194頁）.

択と判断の基準が重要になる。そのため、ファヨールは自らの経験にもとづいて14の管理原則をまとめた。[30]

①分業（division of work）:「分業は自然の秩序であり（Specialization belongs to the natural order）」、人間の能力を必要とするすべての仕事に例外なく適用される。[31]「分業の目的は労働強度を増やさずにより多く、より優れた仕事を達成することである（The object of division of work is to produce more and better work with the same effort）」。[32] 分業はまず職能の専門化と権限の分化をもたらす。専門化を進めることによって、熟練効果や学習曲線などの効果が得られ、従業員に熟練・自信・正確さを与え、生産性と製品の品質が向上することとなる。

②権威と責任（authority and responsibility）:「権威とは命令を下す権限とこれに服従させる権力である（Authority is the right to give orders and the power to exact obedience）」。[33] 責任とは権威の必然的帰結と自然の結果であり、権威の必要な反面である。権威が行使されるところには、責任がつねに生ずる。ファヨールは権威と責任との対称性と非分離性を強調する。そして、組織内での職位にもとづく公式権威だけでは十分ではなく、それを補う個人的権威（業績、経験、人柄など）が必要であるという。

③規律（discipline）:「規律の本質は企業と従業員間で締結された協約（agreements）の尊重であり、その協約は従業員の服従、勤勉、活力、行為などを要求するものである（Discipline is in essence obedience, application, energy, behavior, and the outward marks of respect observed in accordance with the standing agreements between the firm and its employees）」。[34] 規律はできるだけ明瞭で、できるだけ公正でなければならない。そして、部下だけでなく、上司も規律を守るべきであり、管理者と従業員間の協約遵守が強調される。

④命令の一元性（unity of command）:「どんな職務行為の遂行においても、直接の上司ひとりのみから命令と指示を受け（For any action whatsoever, an employee should receive orders from one superior only）」、[35] 二元的な命令シス

---

[30] Fayol［1917］, pp.20-42（山本訳［1985］、32-70頁）.
[31] Fayol［1917］, p.20（筆者訳文）.
[32] Fayol［1917］, p.20（筆者訳文）.
[33] Fayol［1917］, p.21（筆者訳文）.
[34] Fayol［1917］, p.22（筆者訳文）.
[35] Fayol［1917］, p.24（筆者訳文）.

テム（dual command system）を回避しなければならない。もしこの原則が侵されると、権威システムが混乱し、秩序が乱れ、組織の安定性が脅かされる。
⑤指揮の統一（unity of direction）：「同一の目的を目指す諸活動の全体はただひとりの指揮者とただひとつの計画を持つべきである（One head and one plan for a group of activities having the same objective）[*36]」。つまり、二兎を追わずという意味である。ただし、「指揮の統一」を「命令の一元性」と混同してはならない。前者は組織全体を対象とする原則であり、後者は組織内の個人を対象とするものである。「命令の一元性は指揮の統一を存在の前提としているが、指揮の統一の必然的な結果ではない（Unity of command cannot exist without unity of direction, but does not flow from it）[*37]」。
⑥全体利益の優越（subordination of individual interests to the general interest）：個人的利益は全体的利益に服従しなければならない。全体主義を強調する主旨であるが、一般従業員よりも、むしろ部門責任者がこの原則を守るべきである。また個人利益と全体利益の調和を実現する方法として、ファヨールは次の3つを挙げている[*38]。(1)上司の強い意志と良い手本（Firmness and good example on the part of superiors）、(2)できるだけ公正な協約（Agreements as fair as is possible）、(3)注意深い監督（Constant supervision）。
⑦報酬（remuneration of personnel）の公正：従業員にとって、報酬は自分が提供した労働の対価であり、もっとも重要なインセンティブである。報酬制度の設計に際して、次の3点に留意しなければならない[*39]。(1)公平さを保証する（It shall assure fair remuneration）、(2)大きなモティベーション効果を持つ（It shall encourage keenness by rewarding well-directed effort）、(3)合理的な限界を超えない（It shall not lead to over-payment going beyond reasonable limits）。さらに、労働者、中間管理者、トップ経営層に対して、異なる支払い方法を合理的に選択することはもっとも重要であり、具体的には、時間給（time rates）、請負給（job rates）、出来高給（piece rates）、奨励金（bonuses）、利益参加制度（profit-sharing）、現物支給（payment in kind）、福祉制度（welfare activities）、およびさまざまな形の非金銭的インセンティブ

[*36]　Fayol［1917］, p.25（筆者訳文）.
[*37]　Fayol［1917］, p.26（筆者訳文）.
[*38]　Fayol［1917］, p.26（筆者訳文）.
[*39]　Fayol［1917］, p.27（筆者訳文）.

（non-financial incentives）といった選択肢がある。

⑧集中（centralization）：「分業と同様に、権限の集中も自然な秩序である（Like division of work, centralization belongs to the natural order）[*40]」。程度の差こそあれ、すべての組織体において、権限が指導部に集中され、命令が指導部から出される。そして、上司が自分の統制範囲内で集権的管理を行なうのは普通である。もちろん、権限が集中しすぎるとさまざまな弊害が起こるので、分権化も必要とされる。つまり、「集権主義か分権主義かは単なる程度の問題であり、企業側が実際の状況に応じて集中または分散の度合いを適切に決めるべきである（The question of centralization or decentralization, is a simple question of proportion, it is a matter of finding the optimum degree for the particular concern）[*41]」。

⑨組織の階層化（scalar chain）：「階層とは組織の最上位から最下位に至る職務担当者の系列であり（The scalar chain is the chain of superiors ranging from the ultimate authority to the lowest ranks）[*42]」、それと同時に、命令と伝達の通路でもある。重要な問題は、権威システムの尊重と命令伝達の迅速性の両方を同時に確保することであり、そのためには、組織の各部門間にヨコ方向の渡し板（gang plank）を用意しておくことが有効である。

⑩秩序（order）：組織運営において、物的・社会的という2種類の秩序が必要である。物的秩序（material order）は時間の損失や資源の浪費を最小限に抑える役割を果たし、社会的秩序（social order）は組織と個人の能力を最大限に発揮させる役割を果たす。この2種類の秩序を実現するためには、「ヒトとモノに関して、適所適材と適材適所（A place for everything (everyone) and everything (everyone) in its place, or the right man in the right place）[*43]」の方針を実施しなければならない。

⑪公正（equity）：「公正は親切と正義との結合から生まれるものである（Equity results from the combination of kindliness and justice）[*44]」。経営者は、強制力と厳正さとともに、豊かな常識、豊富な経験、深い善意を持って従業員を扱い、正義を貫くべきである。

---

*40　Fayol［1917］, p.33（筆者訳文）.
*41　Fayol［1917］, p.33（筆者訳文）.
*42　Fayol［1917］, p.34（筆者訳文）.
*43　Fayol［1917］, p.36（筆者訳文）.
*44　Fayol［1917］, p.38（筆者訳文）.

⑫従業員の安定（stability of personnel tenure）：「どんな有能な従業員であっても、新しい職務に精通し、職務遂行能力を身につけるためには相当の時間を必要とする（Time is required for an employee to get used to new work and succeed in doing it well, always assuming that he possesses the required abilities）」[*45]。したがって、職位の異動を慎重に行ない、専門的人材の定着化を重視すべきである。

⑬創意力（initiative）：創意力とは知的人間のもっとも素晴らしい才能であり、もっとも満足感の得られる人間活動である。「管理者と部下全員の創意力を合わせ、また必要に応じてそれを補充していけば、組織の力は大きく強化されることになる（The initiative of all, added to that of the manager, and supplementing it if needed be, represents a great source of strength for business）」[*46]。権威原理と規律原理を尊重するかぎり、創意力は若干制約されてしまうが、組織リーダーとして、部下の創意力と創造性をできるだけ尊重し、提案の自由と臨機応変の余地を与えるべきである。

⑭従業員の団結（esprit de corps）：「団結は力なり（Union is strength）」ということわざが示すように、従業員の団結は事業経営に欠かせないものである。この団結を確立するために、さまざまな努力が必要であるが、ファヨールが強調したのは以下3点である[*47]。(1)命令一元性（unity of command）の原則を守って従業員の混乱を避けるべきである。(2)上司のコントロールを強めるために部下の派閥活動を意図的に利用するようなこと（divide and rule）をしてはならない。(3)文書濫用（abuse of written communications）による誤解を避けるために部門間の書類連絡をできるだけ減らすべきである。

これらの諸原則は、あらゆる組織の管理にも、あらゆる階層の管理にも適用しうる普遍的な妥当性を有するものであるとファヨールは考えていた。彼のこうした立場は、普遍論（universal theory）として、アメリカの管理過程論によって継承されたのである。しかし、これらの諸原則は行動の方向を示すものであるが、行動を遂行する手段やテクニックではない。管理者は具体的な情況に応じて、自らの経験と知識にもとづいてこれらの原則を柔軟に適用しなければならない。またこれら14原則のほとんどは組織構造の構築に深く関連しており、組織の編成原理とみなされ

[*45] Fayol［1917］, pp.38-39（筆者訳文）．
[*46] Fayol［1917］, p.39（筆者訳文）．
[*47] Fayol［1917］, p.40（筆者訳文）．

てもよいものである。

6．管理者の条件

　前に説明した「ファヨールの法則」によれば、「経営組織の階層をのぼるにつれて、技術的能力の相対的重要性が逓減するのに対して、管理的能力の相対的重要性は逓増する（As one goes up the scalar chain the relative importance of managerial ability increases, while that of technical ability decreases）」[*48]。しかし、一般論として、管理者にとって、次のような要素が重要視される[*49]。

①身体的資質：健康、活力、器用さ（Physical qualities: health, vigor, address）。
②知的資質：理解習得力、判断力、精神力、適応力（Mental qualities: ability to understand and learn, judgment, mental vigor, and adaptability）。
③道徳的資質：気力、志操堅固、進んで責任を引き受ける勇気、率先性、忠誠心、気転、高潔さ（Moral qualities: energy, firmness, willingness to accept responsibility, initiative, loyalty, tact, dignity）。
④一般的教養：遂行される職能だけに関する特殊知識ではなく、さまざまな問題に関する一般的知識（General education: general acquaintance with matters not belonging exclusively to the function performed）。
⑤専門的知識：技術的、商業的、財務的、管理的といった特定の職能に関連する特殊な知識（Special knowledge: peculiar to the function, be it technical, commercial, financial, administrative, etc.）。
⑥経験：業務の実践から生まれた知識、人間が自分自身のさまざまな体験から導き出した教訓の記憶（Experience: knowledge arising from the work proper. It is the recollection of lessons which one has oneself derived from things）。

　テイラーが主張する職長として必要とされる9つの能力（知力、教育、専門知識と手先の器用さ、機転、活力、根性、正直、分別と常識、健康）と比較すると、テイラーが個々の人間の持つ特殊能力を重視しているのに対して、ファヨールは精神、道徳、教養という普遍的な価値観を特別に重視している、という違いがわかる。

[*48] Fayol［1917］, p.9（山本訳［1985］、18頁）。
[*49] Fayol［1917］, p.7（筆者訳文）。

7．ファヨール管理論への評価

　フランスの独占形成期に鉱山経営に携わり、直面した管理問題を管理職能論および管理原則論として客観化し、問題解決への過程を理論的・制度的に示した意味で、ファヨールの功績はとても大きい。企業活動の過程における管理職能と管理原則を重視している意味で、ファヨールの管理論は管理過程論、管理職能論、管理原則論などの名前で呼ばれ、伝統的な経営管理論の本流をなしている。ただし、「伝統的」といっても、時代遅れをまったく意味していない。実際、戦後のアメリカでは、実践志向の強いファヨール理論は多くの経営学者を引きつけ、管理過程学派（management process school）の形成に大きく寄与した。この管理過程学派は今日においてもっとも大きな勢力集団であり、ファヨールは管理過程学派の元祖として崇められている。

　ファヨールとテイラーを比較し、両者の違いに注目する議論は多いが、実際、両者間の共通点は多く、相互に補強しあっている。たとえばファヨールとテイラーは共通の問題意識を持っている。つまり、作業員の仕事には正しいやり方が存在し、管理者の仕事には正しい原理・原則が存在する。そのやり方と原理・原則を経験と分析などを通じてみつけ出し、科学的なものに作り上げることができる。さらにその科学的なものを広く普及させれば、作業現場の能率が上がり、管理者の役割をより容易に果たすことができる。こうして、ファヨールの管理論も、テイラーの科学的管理法も、共通に経営実践の目的から出発したものとして、実践に役立つ管理原則を抽出し、実践に役立つ管理技法を体系化しているため、目的論あるいは技術論の性格が非常に強い。また、両者はともに長年にわたる豊富な管理者体験から導き出され、実際の成功経験によって裏づけられているため、強い説得力と高い実行可能性を持つものである。

　イギリスの管理思想家であるアーウィック（Lyndall Fownes Urwick: 1891～1983）がファヨール主著の英訳版の序文のなかで指摘したように[*50]、「実際、テイラーとファヨールの研究は本質的に補完的なものであった。彼らはともに**あらゆる階層の人間ならびにその管理が産業成功の『鍵』**であることを認識し、またその問題の解決に科学的方法を用いていた。たしかにテイラーは作業レベルの問題に主な関心を払い、組織ヒエラルキーの底辺から上方へ目を向けているのに対して、ファヨ

＊50　Urwick, L.,"Foreword," in Fayol［1917］, p.ix-x（筆者訳文）.

ールは経営者レベルの問題に注目し、組織の上方から下方へ目を向けている。しかし、この違いは単なる２人の異なるキャリアの反映にすぎない（The work of Taylor and Fayol was, of course, essentially complementary. They both realized that the problem of personnel and its management *at all levels* is the "*key*" to industrial success. Both applied scientific method to this problem. That Taylor worked primarily on the operative level, from the bottom of the industrial hierarchy upwards, while Fayol concentrated on the Managing Director and worked downwards, was merely a reflection of their very different careers）」。

最高経営者の立場から管理問題をとらえているため、ファヨール管理論の研究対象は、テイラーの工場レベル（作業現場）を越え、企業レベル（組織全体）へ上昇した。つまり、ファヨールは、テイラーの選んだ領域よりも、科学的な分析が適用しがたい領域を研究したわけである。この意味で、ファヨールの功績は高く評価されるべきである。クーンツ（H. Koontz: 1908～84）の言葉を借りると、テイラー（1856～1915）とほぼ同時代に生きていたファヨール（1841～1925）こそが、「近代管理論の真の父（the real father of modern management theory）」である[51]。

一方、ファヨール管理論に対する批判も少なくない。まずファヨールの管理論では、管理に関する統一概念を欠いたまま、管理プロセスのサイクルをうまく回転させる技法と経験則だけが寄せ集められている。14の管理原則をまとめたが、それはファヨール個人の経験と認識の結果であり、論理の厳密性が不足し、理論としての体系性が欠けている。たとえば互いに矛盾する管理原則もあるが、矛盾する管理原則の優先順位をどう決めるかに関する明確な基準は示されていない。そのため、ファヨールの管理論は矛盾した経験則の寄せ集めにすぎないと厳しく批判される。

また、管理過程論の主な長所として、普遍性、包括性、柔軟性などが挙げられるが、これらの長所の反面に短所がある。たとえば普遍性を追求すれば、具体的な事実を説明する能力が低下し、特定の状況に適合できなくなる恐れがある。包括性を追求すれば、概略的になり、理論的な緻密さに欠ける恐れがある。柔軟性を追求すれば、理論的な整合性が乏しくなる恐れがある[52]。管理過程と管理原則における普遍妥当性を重視するというファヨール理論の基本姿勢は、のちのコンティンジェンシ

---

*51 Koontz, O'Donnell and Weihrich [1980], p.44（大坪訳 [1979]、75頁）。ちなみに、この本は Koontz and O'Donnell [1955] の第７版であり、ファヨールに関する論述は1972年第５版までなく、1976年第６版から追加されたものである。

*52 岸川 [2000]、91頁。

一理論から厳しく批判されることになる。

　ところが、「彼（ファヨール）が生きた時代とマネジメントの文献はわずかしか存在しなかった状況を思えば、彼のアイディアは斬新かつ啓発的なものであり、マネジメントが進化する過程における里程標であった（For his time and in the context of the paucity of management literature, his ideas were fresh, illuminating, and milestones on the path of the evolving discipline of management）」と認めなければならない[*53]。ファヨール本人の言葉を引用すると[*54]、「原理がなければ、われわれは暗黒と混沌の中で方向を見失ってしまう。また最善の原理が与えられたとしても、関心と経験と均衡感覚は依然として多くの困難を伴って働くしかできない。原理は灯台であり、進路の方位を示すが、港への航路を知っている人だけに役立つものである（Without principles one is in darkness and chaos; interest, experience and proportion are still very handicapped, even with the best principles. The principle is the lighthouse fixing the bearings but it can only serve those who already know the way into port）」。

　最後に、ファヨール管理論の基本的な思想をまとめて述べると、組織の種類と規模を問わず、組織の運営に当たって発生しうるすべての活動は技術的、商業的、財務的、保全的、会計的、管理的という６種類の活動に整理することができる。また、そのなかでもっとも重要な管理的活動は基本的に計画、組織、命令、調整、統合という５つの機能によって構成される。さらには、それら５つの管理機能を順当に遂行するために、14の管理原則を適切に運用することが有効である。混沌とした世界に置かれている組織にとって、こういう普遍性を有する一般理論の存在は、まさに灯台から放たれた光のように、目的地への道標となる。

---

*53　Wren［1972］, pp.187-188（佐々木監訳［2003］、207頁）.
*54　Fayol［1917］, p.42（筆者訳文）.

第3章

フォード・システム

1．フォードの人物像[*1]

ヘンリー・フォード（Henry Ford: 1863.7.30～1947.4.7）は、1863年7月30日にミシガン州ディアボーン（Dearborn, Michigan）で生まれ、6人兄弟の長男であった。父親（William: 1826～1905）は1847年に21歳でアイルランド（Ireland）からアメリカに移住し、ヘンリーが生まれた当時は農場を経営していた。母親（Mary: 1839～76）はヘンリーが13歳のときに難産で亡くなり、37歳であった。

ヘンリーは小さい頃から時計などの機械いじりが好きで、15歳で蒸気エンジンを作ったといわれ、その生涯に161の特許を取得した。農場での仕事は同じ作業の繰返しばかりで、しかも過酷な重労働も多かったため、ヘンリーは農作業にうんざりしていた。中学校を卒業した1879年（16歳）に、まず徒弟としてジェームズ・アンド・ブラザーズ社（James F. Flower and Brothers）の機械工場で働き、のちにはデトロイト・ドライ・ドック社（Detroit Dry Dock Company）の蒸気エンジン工場で働いた。

父親は長男のヘンリーが農場に戻ることを切望していたので、工場での仕事を辞めることを条件に40エーカーの森林つき土地を与えた。1883年に20歳のヘンリーは

---

*1 Ford［1922］．フォード［2000］（豊土訳）。Wren and Greenwood［1998］, pp.41-49. ジェレドレイク［2000］（斉藤ほか訳）、107-123頁。http://en.wikipedia.org/wiki/Henry_Ford http://en.wikipedia.org/wiki/Fordism 写真出所：http://en.wikipedia.org/wiki/File:Henry_ford_1919.jpg

図 3-1　Ford's quadricycle

出所：http://upload.wikimedia.org/wikipedia/commons/9/94/Ford_quadricycle_crop.jpg

農場に戻ったが、まもなくして木材の切出しを始め、得た資金で家を建てただけでなく、エンジン研究用の作業場も作った。また農場の仕事のかたわら、ウェスチングハウス社（Westinghouse）の代理店に務め、陸用蒸気エンジンの組立てと補修に携わっていた。1888年4月にクララ（Clara Jane Bryant: 1865～1950）と結婚した頃のヘンリーはすでに木材を伐採し尽し、金銭的な余裕がなくなっていた。1890年に農業から身を引き、デトロイト・エレクトリック社（Detroit Electric Company）に入社して技師兼機械工（engineer and machinist）の職に就いた。また1891年に発明王のエジソン（Thomas A. Edison）が自ら経営するエジソン照明会社（Edison Illuminating Company）に転職し、1893年に主任技師（chief engineer）に抜擢された。

　農業経営と工場務めの約10年間（1883～93）に、ヘンリーはさまざまなエンジン機械に関する研究と実験を続けていたが、軽量の乗り物に対する蒸気エンジンの限界を感じて、ガソリン・エンジンに方向転換した。そして、1893年以降のヘンリーは自動車作りに熱中し、1896年6月に試作品の第1号を完成した。この1号車の特徴は、2気筒（cylinder）ガソリン・エンジンの搭載、4馬力出力、時速10マイルと20マイルの2段変速、2人乗り、後方行進できない、500ポンドの軽さなどである。この1号車は、4本の自転車車輪にゴム製のベルトをつけていたため、「四輪自転車（quadricycle）」と名づけられ、デトロイトで最初の唯一の自動車であった。そして、1898年に完成された第2号車は当時最高のレベルに達し、ヘンリーは自動車造りの先駆者のひとりとして名声を上げた。

　1896年8月にエジソン会社グループの年度会議がAtlantic Cityで開かれ、各地の社長、工場長や主任技師が集まり、そこでフォードははじめてエジソンとじかに会った。会議中に自動車用バッテリーの充電方法が大きな話題となった。当時、大

方の技術者は電気こそ将来のエネルギー源であり、フォードが熱中していたガソリン・エンジンの研究は時間の無駄だとみていた。しかし、フォードにはかなりの自信があり、電気機械の天才であるエジソンに自分のガソリン・エンジンの研究について説明した。フォードの記憶によれば、エジソンは次のような言葉で返事したという。[*2]

「そう、車内に収まるほど軽くて大馬力のエンジンには大いなる未来がある。田舎でのあらゆる仕事をすべてカバーできるような動力機械はなかろう。電気が何をできるのか知らないが、それが何でもできるとは思わない。君のエンジン研究を続けろ。もし君の求めているものが実現すれば、大いなる未来が開かれるのだ（Yes, there is a big future for any light-weight engine that can develop a high horsepower and be self-contained. No one kind of motive power is ever going to do all the work of the country. We do not know what electricity can do, but I take for granted that it cannot do everything. Keep on with your engine. If you can get what you are after, I can see a great future）」。

　16歳年上の天才的な発明王であるエジソンからこのような温かい励ましを受け、フォードの自信はますます強まった。しかし、ガソリン・エンジンの研究は本業への妨げになるとみなした会社側はフォードに技師長の職を提示するとともに、個人研究の中止を迫った。安定した収入と未知の自動車事業というはざまでフォードは自動車を選んだ。フォードは1899年8月にエジソン照明会社を退職し、同月にデトロイト・オートモービル社（Detroit Automobile Company）の創設に加わり、持ち株比率1/13の株主でありながら、主任技師（chief engineer）を務めた。この会社ではフォードの1号車（quadricycle）と同型の自動車を作っていたが、採算がとれるよう販売価格を高く設定していたため、車の売行きが不調で、1901年1月に倒産した。

　フォードを含む4人の仲間はこの倒産した会社を買い取り、1901年11月30日に2つ目の会社（Henry Ford Company）を設立した。フォードは主任技師を務めるとともに、持ち株比率1/6の株主でもあった。この会社でフォードはレース用の自動車の設計と製造に没頭していた。しかし、金儲け目的の会社運営方針に多くの不満を抱き、フォードは1902年3月にこの会社を去った。

　当時のフォードには、すでに新しい事業の計画があった。彼の手がけたレーシング・カーが1901～04年の間に数回、重要なレースで勝利したため、賞金と名声の両

＊2　Ford［1922］, p.158.

方を手にすることができた。レースでの成功はもっとも効果的な広告となり、デトロイトの炭鉱商人のマルコムソン（Alexander Y. Malcomson）がフォードの技術力に投資する人を集めたので、40歳になったフォードは3度目の会社作りにチャレンジした。1903年6月16日にフォード自動車会社（Ford Motor Company）が設立され、フォードは技術責任者の副社長に就任した。[*3]

当時のアメリカ国内で、自動車製造会社は約300社もあるが、ガソリン車は少数であった。たとえば1900年度にアメリカの自動車産業は4192台の自動車を作り、そのうちの1681台が蒸気（steam-powered）車、1575台が電気（battery-powered）車、936台がガソリン（gasoline-powered）車であった。[*4] 当時はバッテリー搭載の電気自動車がもっとも有望視され、アメリカ国内の主要大都市のタクシーは電気自動車の導入を決めていた。しかし、フォードは自分の運命をガソリン車に賭けていた。会社設立のわずか1カ月後の1903年7月15日に最初の商品となるA型車が発売され、それは2気筒のガソリン車であった。その後のフォード社は、T型車に辿り着くまでの間に、A、B、C、F、N、R、S、Kという8つのモデルを開発したが、車の売行きは伸びなかった。

1906年にフォードは車作りに異なる理念を持つほかの大株主たちの持ち分を買い取り、持ち分58％の筆頭株主になって社長に就任した。その後のフォード社は、ヘンリー・フォードの理念に従い、部品の内製化を進め、「すべてフォード製」で、「大衆の足」となる「普遍的な実用車」の開発と製造に本格的にとりかかった。そして、1908年10月に歴史に残る名高いT型車の発売を開始し、初年度に1万607台が売れた。ヘンリー・フォードの車作りの理念の結晶であったこのT型車は、4気筒ガソリン・エンジン、20馬力、5人乗り、幌付き、最高時速45マイルなどの優れた特徴を持ちながら、ベーシック仕様の販売価格はわずか825ドルで、ライバル車のほぼ半額であった。[*5]

T型車は大きく成功したが、時間が経つにつれて凋落の一途を辿っていた。売行

[*3] 登記資本金15万米ドルのうち、払込資本が2.8万ドルで、出資者12名のうち、持ち株比率10.5％の地元大物実業家のグレー（John Simpson Gray）は社長に、持ち株比率25.5％のフォードは副社長に、同じ持ち株比率25.5％のマルコムソンは財務責任者に、持ち株比率2.5％のカズンズ（James J. Couzens）が秘書にそれぞれ就任した。グレーはマルコムソンの叔父で、カズンズはマルコムソンの事務員であり、したがって、マルコムソンが会社の実権を握っていた。

[*4] Wren and Greenwood ［1998］, p.42.

[*5] T型車自体はとてもシンプルであるが、消費者は自分の好みに応じてさまざまな付属品を有料でつけ、自分の1台を作ることができる。1920年頃に5000点以上のアクセサリーが提供されていた。グレイナー［2000］（嶋口監訳）、38頁。

き低迷、労使対立、人事混乱の経営危機から脱出するために、ヘンリーは1918年12月に社長の座をひとり息子のエドセル（Edsel Bryant Ford: 1893～1943）に譲った。またヘンリーの大変な努力によって、1919年にほかの株主7人のすべての持ち分を妻と息子の名義で買い取り、フォード社を完全な家族所有会社にした。このため、社長職を引退してもヘンリーはフォード社の経営に対する決定的な影響力を維持していた。1943年5月にエドセルが49歳の若さで胃がんとストレスによって急死したときに、エドセルの長男ヘンリー二世（Henry Ford Ⅱ：1917～87）はアメリカ海軍に入隊していたため、80歳になったヘンリーはいったん社長職に復帰した。しかし、経営不振が続き、巨額の赤字を出して会社が倒産寸前に陥った。危機的状況のなか、ヘンリーは1945年9月に完全引退し、社長職を28歳のヘンリー二世に委ねた。

その後のヘンリー・フォードは、孫が率いるフォード社が戦後の復興期に躍進するさまを楽しみにみながら、引退生活を送っていたが、1947年4月7日にディアボーンの自宅において、脳出血により83歳の生涯を閉じた。この偉大な人物の葬式に10万人以上が参列し、アメリカ政府も彼に大いに敬意を払った。ヘンリー・フォードは生前に、冷酷無情な親父のイメージが強く、社会的な批判に晒されていたが、時間が経つにつれて、彼への評価は高まっている。21世紀の到来を迎える1999年末に、米国雑誌の『フォーチュン』は、20世紀のもっとも偉大な企業家の頂点となる「ビジネスマン・オブ・ザ・センチュリー」として、ヘンリー・フォードとビル・ゲイツの2人を選んだ。

2．フォードの著作

実業家としてのヘンリー・フォードは、自ら論文と著書を執筆することはなかったが、彼の思想体系を表わす主な書物は次の数点である。[*6]
- Ford, H. [1922], *My life and Work*, Nu Vision Publications, LLC, 2007.
- Ford, H. [1926], *Today and Tomorrow: Commemorative Edition of Ford's 1926 Classic*, Boca Raton, Florida: CRC Press, 2003. これの邦訳は2つある。①竹村健一訳［2002］、『藁のハンドル』中央公論新社。②稲葉襄監訳［1968］、『フォード経営』東洋経済新報社。

[*6] なお、ここに挙げた4点に *Ford Ideals* [1922] と *Edison, as I Know Him* [1930] の2点を加えたフォードの全著作の邦訳書が豊土栄による前掲訳書である。

- Ford, H.［1929］, *My Philosophy of Industry*, London, UK: George G. Harrap & Co. Ltd.
- Ford, H.［1931］, *Moving Forward*, London, UK: William Heinemann Ltd.

3．フォーディズム

　フォード社の大きな成功は、ヘンリー・フォード本人の経営思考と密接に関係している。ヘンリー・フォード本人によれば、事業経営における信条は次の4つである。[*7]
　①将来に対する不安を持たず、過去に対して崇拝の念を持たないこと、
　②競争の無視、すなわち競争の名目で他人の不幸を自分の幸福にしないこと、
　③利益以前に奉仕があること、
　④生産とは安く買って高く売ることではない。
　これらの信条にもとづき、ヘンリー・フォードは自社工場のなかで、労働組合結成運動と労働者の工場離脱という二重の脅威に対抗するために、「偉大な福祉資本主義（great welfare capitalism）」の実験を開始した。そこからフォーディズム（Fordism）またはフォード主義と呼ばれるものが生まれたが、その主要内容は次の3点である。

高賃金と低価格

　フォード社では出来高払いの制度がなく、日給か時給となっていた。作業に関するノルマはあるが、それを下回っても罰金をとられることはなかった。その賃金水準はもともと高いほうであったが、1914年1月に最低賃金をそれまでの日給2.34ドルから一気に5ドルへ引き上げた。賃金の倍増と同時に、1日の労働時間を9時間から8時間に減らし、シフトを2交代制から3交代制に変えると発表した。[*8]その新聞発表のなかで、フォード社は次のように宣言している。[*9]
　「世界でもっとも偉大でもっとも成功している自動車メーカーであるフォード自

---

* 7　フォード［2000］（豊土訳）、141-142頁。
* 8　消費者物価指数で換算すると、1914年の5ドルは2008年の111.1ドルに相当する。その後のフォード社は最低賃金を1919年に6ドル、1929年に7ドルへ引き上げ、大恐慌中の1932年に4ドルに引き下げた。また週間労働時間を1914年1月に48時間、1922年に44時間、1926年9月に40時間に減らした。
* 9　Evans, Buckland and Lefer［2004］, p.245.

表 3-1　T型車発売以降の販売価格と生産台数

年度	価格（$）	生産台数（台）
1908～09	850	10,660
1909～10	950	18,664
1910～11	780	34,528
1911～12	690	78,440
1912～13	600	168,220
1913～14	550	248,307
1914～15	490	308,213
1915～16	440	533,921
1916～17	360	785,432
1917～18	450	706,584
1918～19	525	533,706
1919～20	440～575	996,660
1920～21	355～440	1,250,000

出所：Ford［1922］, p.100.

動車は、産業社会でかつてない大きな賃金革命を1月12日から開始する。われわれは一挙にして、1日の労働時間を9時間から8時間に短縮すると同時に、会社利益の一部を従業員に割り当て、22歳以上の労働者の最低賃金を1日5ドルとする（The Ford Motor Company, the greatest and most successful automobile manufacturing company in the world, will, on January 12, inaugurate the greatest revolution in the matter of rewards for its workers ever known to the industrial world. At one stroke it will reduce the hours of labor from nine to eight, and add to every man's pay a share of the profits of the house. The smallest to be received by a man 22 years old and upwards will be \$5 a day）」。

　賃金の引上げと同時に、T型車の販売価格を1908年の850ドルから1914年の490ドルにまで引き下げ、世間を驚かした。販売価格はその後も下がり続け、1922年には275ドルまで下がった[*10]。それは生産台数が急速に増え、大量生産による規模の経済性が販売価格の引下げを可能にしたためである（表3-1）。いうまでもなく、労働者の収入上昇と自動車の価格下落は自動車販売量の増加をもたらす。ヘンリー・フォード本人の計算によると、T型車の販売価格を440ドルから360ドルへ引き下げると、販売台数は50万台から80万台へ増える。すなわち1ドルの引下げに対して販売台数が3750台伸びることになる[*11]。

[*10]　Henry［1965］, p.20.

[*11]　Ford［1922］, p.112.

こうして、ヘンリー・フォードの強力なリーダーシップのもとで、自動車の販売価格が大幅に引き下げられるとともに、従業員の賃金が大幅に引き上げられ、高賃金（3倍）と低価格（1/3）が同時に実現されたのである。
　フォード社の高賃金政策は大きな反響を呼んだ。当時の状況として、フォード社の従業員は高い収入とよい生活水準を手に入れた産業エリートになるのに対して、経済的な不況によってアメリカ国内の失業者が増えていた。そのため、5ドル賃率が発表された翌日以降、連日、1万人以上の労働者がフォード社の採用事務所と工場入り口に押しかけ、大勢の警官を動員しても秩序の維持ができず、ついに放水によって鎮圧されたという騒動にまで発展した。この騒動の結果、フォード社はデトロイトに6カ月以上住んでいる者のみを採用することにした。他社の雇い主とウォール・ストリートから、経済狂人（economic madness）、産業自殺（industrial suicide）、社会主義（socialism）などと攻撃されていたが、ヘンリー・フォードはこう答えた[*12]。「過小報酬をもらっている人は購買力が損なわれた消費者である。彼は買えない。労働者が自分の作っている普通の商品を買えるまで真の繁栄はありえない（An underpaid man is a customer reduced in purchasing power. He cannot buy ……. There can be no true prosperity until the worker upon an ordinary commodity can buy what he makes)」。

大衆奉仕主義
　フォードの考えとして、新しい事業（企業）を起こす目的は金儲けのためではなく、人々の生活を豊かにするために奉仕することである。また生産者の繁栄は消費者に良い商品とサービスの提供を前提条件としている。つまり、金儲けと奉仕（商品とサービスの提供）との間は、奉仕が目的で、金儲けは手段にすぎない。両者間の関係について、フォードは次のように述べている[*13]。
　「生産者の繁栄は人々に対する奉仕に依存している。自己利益だけを求めるのは長続きしない。それをやって成功するのは単なる偶然にすぎない。自分が奉仕されていないという事実に人々が気づくと、その生産者の終焉はみえる。金に貪欲するのは金を失うもっとも確実な方法である。しかし、正しいことをやってそのなかから満足感が得られるような奉仕活動を目的にしてサービスを提供すれば、金はたっぷりついてくる。金は奉仕提供の自然な結果である。金を持つのは絶対に必要なこ

---

*12　Wren and Greenwood [1998], p.46.
*13　Ford [1922], p.14.

とであるが、金の目的は享楽ではなく、金はより多くの奉仕を提供する機会を与えてくれるものであるということを忘れてはならない（The producer depends for his prosperity upon serving the people. He may get by a while serving himself, but if he does, it will be purely accidental, and when the people wake up to the fact that they are not being served, the end of that producer is in sight …… Being greedy for money is the surest way not to get it, but when one serves for the sake of service——for the satisfaction of doing that which one believes to be right——then money abundantly takes care of itself. Money comes naturally as the result of service. And it is absolutely necessary to have money. But we do not want to forget that the end of money is not ease but the opportunity to perform more service)」。

20世紀初頭のアメリカにおいて、自動車の保有率は約100万人に1台程度であった。自動車はまさに上流階級の贅沢品であり、金持ちのステータスの象徴であった。そのため、自動車を破壊したり、焼いたりするような事件さえも起きていた。しかし、自動車は必ず一般大衆の必需品になるに違いないとフォードは確信し、「小型・頑丈・簡素・安価などの諸特徴を備え、しかも従業員に高い賃金を支払うような車の開発を目指した（making a small, strong, simple automobile, to make it cheaply, and pay high wages in its making)」[*14]。一般国民に普及する大衆車として、フォードは次のような条件を挙げていた[*15]。①材料の品質がどんな使用にも耐える、②簡単な操作性、③馬力が十分に大きい、④高い信頼性、⑤軽量である、⑥操縦性能が良い、⑦燃料消費が少ない。

また、フォードは1903年という創業初期に、自動車に対する自分の理想を次のように描いていた[*16]。「私はこういう車の大量生産を目指している。それは家族全員が入れるほど大きく、一個人で運転とメンテナンスができるほど小さな車でなければならない。その製造には、もっとも良質な材料、もっとも優秀な作業員、また現代の生産技術で実現しうるもっともシンプルなデザインが使われることになる。しかも、まともな給料を稼いでいる人であれば、買えないことはないほど、その車の価格は十分に安い（I will build a motor car for the great multitude. It will be large enough for the family but small enough for the individual to run and care for. It will be constructed of the best materials, by the best men to be hired, after the simplest

---

*14　Ford［1926］, p.1（筆者訳文).
*15　フォード［2000］（豊土訳）、53-54頁。
*16　Ford［1922］, p.52.

designs that modern engineering can devise. But it will be so low in price that no man making a good salary will be unable to own one)」。

　この理想を追求した結果、画期的なＴ型車が開発された。その価格は他の会社の一番安い車より数百ドルも安かった。まさにヘンリー・フォードが宣言したように、「あなたでさえフォード車は買える（Even you can afford a Ford）」[17]。自動車を国民大衆の生活に普及させ、アメリカ合衆国を自動車社会に発展させた意味では、フォードこそが自動車を発明した人物だといえよう。

　大衆奉仕主義の理念は自動車の開発だけでなく、販売価格の設定においても現われていた。消費者利益はメーカー利益を実現する前提であるとフォードは考えていた[18]。「私は何の迷いもなく、大きい利潤マージンを設定して少ない車を売るより、小さい利潤マージンを設定してたくさんの車を売るほうを選ぶ。……合理的な利潤は必要だが、多すぎるのは良くない。だから、車の価格を生産コストが許す程度まで引き下げ、利益の一部を消費者と労働者に分け与えるのは、私の変わらぬ方針だ。まあ、結果的に、驚くほど豊富な利益がわれわれのところに入ってくるのだが（In the first place, I hold that it is better to sell a large number of cars at a reasonably small margin than to sell fewer cars at a large margin of profit. …… A reasonable profit is right, but not too much. So it has been my policy to force the price of the car down as fast as production would permit, and give the benefits to users and labors ──with resulting surprisingly enormous benefits to ourselves)」。要するに、「利潤とは、仕事が立派に遂行された場合、結果として、後から生じるものである（We regard a profit as the inevitable conclusion of work well done）」[19]。

顧客の創造

　事業の展開において生産者と消費者のどちらをより重視するか、というのは非常に重大な価値判断となる。ヘンリー・フォードが事業活動を営む20世紀の前半は、まだ物不足の時代から抜け出していなかった。そのため、利益第一主義を考える企業が多く、生産者本位の振舞いが多くみられていた。しかし、フォードは消費者重視の立場をとり、事業は消費者に始まり、消費者に終わると主張する。さらに、この消費者重視のスタンスから前進し、消費者の潜在的な需要を掘り起こして顧客を

---

[17]　Evans, Buckland and Lefer［2004］, p.236.
[18]　Ford［1922］, pp.111-112.
[19]　Ford［1926］, p.213（竹村訳［2002］、187頁）.

創造するという斬新なアイデアを生み出した。

　一般論として、商品の開発製造に際して、生産者は次の3つの姿勢からひとつを選択することができる。

①消費者の欲求におかまいなく自分が得意とするものを作る（生産者本位の姿勢）。
②すでに消費者に求められているものを作る（消費者本位の姿勢）。
③消費者に求められてはいないが、消費者の潜在的な需要欲求を引き出せるものを作る（生産者と消費者を含む社会全体利益を重視する姿勢）。

　従来は上記①と②の対応をとる企業が多かったのに対して、フォードは③の対応をとるべきだと指摘し、企業の生命力は「顧客の創造」にあると主張した。フォードが述べたように[20]、「実際のビジネスはギャンブルではなく、それ自身の顧客を創造するのである（In real business, there is no gambling. Real business creates its own customers）」。

　フォードによれば[21]、「事業の目的のひとつは、消費者に対する供給だけでなく、消費者を創造することにある。人々が何を望んでいるかを理解し、それを妥当な価格で生産し、そしてその生産過程で充分な賃金を支払い、人々がそれを買うことができるようにして、はじめて顧客が創造されるのである（One of the objects of industry is to create as well as to supply consumers. And customers are created by finding out what people want, making it at a reasonable price, and then paying high enough wages in the making so that they can afford to buy）」。

　したがって、ヘンリー・フォードは、T型車の主要顧客を富裕層ではなく、車の購入を夢にも想像しなかった労働者大衆に想定した。これこそが「顧客の創造」であった。のちの1970年代にアメリカの著名な経営学者ドラッカー（Peter Ferdinand Drucker: 1909〜2005）は企業の目的は「顧客の創造」にあることを大々的に宣伝し、ヘンリー・フォードの経営思想の先進性は証明されたのである。

4．フォード・システム

　経営哲学としてのフォーディズムがどんなに立派なものであっても、それを支え、それの実現を可能にするための生産管理のシステムがなければ、理想主義の空

---

[20]　Ford［1926］, p.48（筆者訳文）.
[21]　Ford［1926］, p.139（竹村訳［2002］、131-132頁）.

論に終わってしまう。そのため、フォーディズムの崇高な理念を支える基盤となるフォード・システムが開発され、その要点は3Sと移動組立て法の2つである。

標準化・専門化・単純化の3S：低コストの実現

　フォード・システムのなかで、互換性（interchangeability）の原理が取り入れられ、部品、機械、製品という「3つの規格化」が特別に強調されている。車種がT型という単一モデルに限定され、約5000個の構成部品がそれぞれ標準化（standardization）された。それと同時に、加工工程ごとに機械や工具を特化させる専門化（specialization）もかつてなく進んだ。さらに分業が従来よりも細分化され、作業の単純化（simplification）も格段に進んだ。標準化・専門化・単純化という3Sを本格的に推進した結果、互換性と生産効率が大幅に向上し、生産コストは大幅に低減された。

　3Sは作業内容を単調で無味乾燥なものに変えたというマイナスの側面もあるが、作業を容易にして労働者を重労働から解放させた功績も否定できない。この点に関して、ヘンリー・フォードは次のように説明している[22]。「産業の真の目的は、この世を良質で安価な生産物で満たし、人間の精神と肉体を生存のための苦労から解放することにある。……真の意味での標準化とは、消費者に対して最良の商品を存分に、しかも最低のコストで生産できるようにするために、いろいろな商品のすべての最良の点と、生産過程でのすべての最良点とを結びつけることである（The true end of industry is to liberate mind and body from the drudgery of existence by filling that world with well-made, low-priced products. …… Standardization in its true sense is the union of all the best points of commodities with all the best points of production, to the end that the best commodity may be produced in sufficient quantity and at the least cost to the consumer）」。

　人間の重労働を減らすために、ヘンリー・フォードは機械の導入を積極的に進めた。彼が明確に表明したように[23]、「私たちは、残酷な労働には反対している。機械でできる仕事を人間にやらせようとは思わない。一生懸命に働くことと重労働とは別物である。一生懸命に働けば何かが生み出されるが、重労働は労働のうちで最も非生産的である（We are against hard work. We will not put on the back of a man what we can put on the back of a machine. There is a difference in a man working

---

*22　Ford［1926］, pp.72-73（竹村訳［2002］、94頁）.
*23　Ford［1926］, p.137（竹村訳［2002］、128頁）.

hard and hard work. A man working hard will produce something, whereas hard work is the least productive sort of labor)」。さらに、「動力と機械は人間を奴隷にするためではなく、自由にするために、この世に持ち込まれたものであり、消極的ではまったくない、積極的な新しい道義が生まれたということなのである（The real meaning of power and machinery is that it was brought into this world to free man, not to enslave him, and that there is a new morality which is active and not merely passive)」。[*24]

移動組立て法：作業スピードの向上

　1909年にフォード社はピケット・アベニュー工場（Piquette Avenue plant）で組立てラインの実験を始めた。約5年間の経験を積んだ後、1913年4月1日に全作業工程にわたるT型車移動組立てライン（moving assembly line）がハイランド・パーク工場（Highland Park plant）で導入された。フォード社が雇った専門家たちは組立て作業を細かく分解し、次の3点に留意して組立て作業を手順よく行なう方法を考案した。
　①作業員をベルト・コンベアに沿って要所ごとに配置する。
　②人間が作業に近づくのではなく、作業が人間に近づく。
　③作業場所の高さや角度などを作業しやすくするように調整する。
　この新しい移動組立て法（moving assembly method）の導入によって、徹底的な分業体制が確立され、労働者の作業活動は細かく区分けされ、流れ作業の生産スタイルがはじめて確立された。その結果、労働者の労働強度が大幅に軽減されるだけでなく、製品の生産速度も著しく向上し、T型車1台の組立てに要する時間は前代未聞の93秒にまで短縮された。[*25]
　他方では、移動組立てラインの導入によって、機械による人間労働の代替が進み、作業の工具と手順が統一された。熟練工の技術的専門性は不要となり、労働時間の規則性が厳しくなった。その結果、労働作業における人間個人の自由裁量は極端に制限され、人間性の抑圧と疎外などの問題が現われた。残念ながら、この種の問題に対して、フォード本人がとった対応は誠実なものとはいえなかった。

[*24] Ford [1926], p.250（竹村訳 [2002]、229頁）.
[*25] 移動組立てラインの概念はフォードが発明したものではなく、すでに1783年にアメリカの発明家であるエバンズ（Oliver Evans: 1755～1819）が組立てラインの初期形態を考案したとされている。しかし、フォード工場での実験こそが移動組立てラインの魅力を世間に示し、20世紀の工場生産体制の変革を方向づけたといえる。

①まずは問題の存在を断固として否認した。「繰返し作業が労働者に被害を与えるような事例はいまだに確認されていない。繰返し作業が精神的かつ身体的な壊滅をもたらすと口先だけの専門家たちは常に警告しているが、われわれの調査ではそんな結果はみつかっていない（I have not been able to discover that repetitive labor injures a man in any way. I have been told by parlor experts that repetitive labor is soul ──as well as body── destroying, but that has not been the result of our investigations）」。[*26]

②次には、仮に個別の従業員に関する問題が存在しても、事業全体と比べれば考慮に値するものではないと一蹴した。「偉大なる事業は大きすぎて人間的にはなれない。それは人間の人格性にとって代わるほど大きく成長している。大きな事業のなかで、雇用主も雇用者も同様に規模の巨大さに呑み込まれる。……事業それ自体が大事なことになる（A great business is really too big to be human. It grows so large as to supplant the personality of the man. In a big business the employer, like the employee, is lost in the mass. …… The business itself becomes the big thing）」。[*27]

③そして、多くの従業員は単純作業の仕事を望んでいると強弁した。「個々の労働者の仕事が反復的なものとなるのはやむをえない。そうでなければ、低価格と高賃金を生み出し、しかも無理のない作業速度を得ることは不可能である。わが社の作業のうちに、極端に単調なものもある。しかしながら、多くの人々の心も、実のところ単調なものである。……頭を使わないで生計を立てることを望んでいる人にとって、頭脳の働きを必要としない仕事は、実際のところ恩恵なのである（Of necessity, the work of an individual workman must be repetitive ──not otherwise can he gain the effortless speed which makes low prices and earns high wages. Some of our tasks are exceedingly monotonous, but then, also, many minds are very monotonous── many men want to earn a living without thinking, and for these men a task which demands no brains is a boon）」。[*28]

---

*26　Ford [1922], p.74.
*27　Ford [1922], p.176.
*28　Ford [1926], p.146（竹村訳 [2002]、144-145頁）.

図3-2 1913年のフォード工場の非移動組立てライン

出所：http://upload.wikimedia.org/wikipedia/commons/2/29/Ford_assembly_line_-_1913.jpg

図3-3 1928年1月のフォード工場の移動組立てライン

出所：http://upload.wikimedia.org/wikipedia/commons/8/86/Ford_Motor_Company_assembly_line.jpg

まとめ

　フォード自動車の工場では、T型車はこのようにして生産されたのである。まず部品・機械・製品の規格化と標準化・専門化・単純化の3Sを高度に達成し、規模の経済性を生み出した。また生産工程を分業的な協業体系に配列し、作業者間の運搬の距離と時間を短縮させた。そして、作業者の楽な姿勢に合わせて作業条件を整備し、一連の生産工程を無駄のない最短時間のものにした。3Sと移動組立て法がもたらす当然の結果として、生産コストの低減と作業効率の向上は同時に実現されたのである。

5．T型車の凋落

　1908年に発売されたT型車はヘンリー・フォードの最高傑作であった。「品物の複雑性が少なければ少ないほど、それが作りやすくなる。より安く売ることができるので、より多くの数が売れる（The less complex an article, the easier it is to make, the cheaper it may be sold, and therefore the greater number may be sold）」[*29]。フォードの予見が見事に的中し、頑丈、シンプルさ、よい操作性、低価格のT型車は大いに歓迎された。初年度に1万台以上が販売され、1909年以降に黒色のT型車は事実上フォード社の単一製品として製造され続けていた。1919年にアメリカ国内でのマーケット・シェアが55％を超え、年間生産台数は1914年の25万台から1923年の200万台へ増大し、1909～27年の約20年間にわたって約1500万台のT型車が製造された。1920年代初期にフォード社が生産した自動車は全世界生産総数の約半分、アメリカ国内で生産された自動車総数の60％を超えていた。

　T型車は驚異的な成功を収め、莫大なキャッシュ・フローをもたらした。当時のライバル企業のGM社やシボレー（Chevrolet）社などに対して、フォード社の競争優位性は不動のものにみえていた。しかし、大成功を収めたフォード社はのちに大失敗を犯し、倒産の危機に陥ったのである。その原因として、①単一車種、②遅いモデル・チェンジ、③販売方法（分割払い導入の遅れ）、④労使対立、⑤大恐慌などが挙げられるが、端的にいうと、ヘンリー・フォードのワンマン経営体制がもっとも重要な原因であった。

　「黒色なら、顧客はどんな色の車も注文できます（Any customer can have a car painted any color that he wants so long as it is black）」[*30]というフォードの名言が語られるように、過度の標準化はフォード社を挫折させた。たとえばT型車の発売当初に、黒、赤、グレー、グリーン、ブルーなどの色があったが、1914年以降は黒色しか作られていなかった[*31]。1920年代半ばからT型車の販売は頭打ちになり、首位の座をGM社に奪われた。1927年5月27日に約1500万台目（正確には1500万7034台目）のT型車が組立てラインから出荷された後、生産ラインが止まった[*32]。

[*29] Ford［1922］, p.50.
[*30] Ford［1922］, p.52.
[*31] 黒以外の色を有料オプションとして再開したのは1926年であった。
[*32] 後続車種のA型車が生産されるまでの約半年間にわたって、生産ラインは止まったままである。またその間にフォード社の複数の工場が閉鎖され、6万人以上の労働者が解雇された。

図3-4　Model T（1910）

出所：http://upload.wikimedia.org/wikipedia/commons/7/74/1910Ford-T.jpg

図3-5　Model A（1927）

出所：http://upload.wikimedia.org/wikipedia/commons/c/c2/Ford_AF_Sedan_green_vrd.jpg

　その後、モデル・チェンジされたA型車が1927年12月に発売された。T型の次にU型でなくA型となったのは、フォード社は心機一転で初心に戻ろうという象徴的な意味があったからである。このA型車はかなりの好評を得て1932年まで500万台販売されたが、黒色単一大量生産の生産技術には根本的な変化がなかった。そのため、A型車の新車効果は一時的なものに終わり、フォード社はGM社とシボレー社に抜かれ、国内3位に転落した。その後は長きにわたって、首位の座に戻ることはなかった。

6．フォード社の管理体制の特徴

　ヘンリー・フォードの経営手腕と管理方法に対する世間の評判は芳しくないが、フォード・システムとフォーディズムのなかに革新的、合理的なものが多く、彼の貢献を高く評価する意見も多かった。ヘンリー・フォードは新しい管理施策を次々と打ち出し、それまでの伝統的で粗野な労務管理から近代的で洗練された経営管理への移行をめざしていた。彼の努力はそれ以降のアメリカ産業社会の発展に大きな影響を与えただけでなく、経営学理論の発展にも多くの経験と教訓を提供した。大雑把にまとめると、ヘンリー・フォードの管理体制には次のような特徴がみられる。

大量生産と大量消費の産業体制の創造
　自動車を発明したのはフォードではないが、フォードは自動車の大量生産と大量販売の体制を築き上げた最初の企業家である。フォードの努力によって、自動車をアメリカの金持ちだけでなく、労働者階級を含む国民大衆の生活にも浸透させ、アメリカを史上最初の自動車国家に導いた。20世紀の新産業を代表する自動車産業において、正確さ、持続性、速度という3要素を結びつけ、製品の価格引下げと利潤の増大を可能にし、大量生産・大量消費という近代的な経済体制を確立した功績は高く評価されるべきである。

　標準化とベルト・コンベアにもとづく大量生産体制が築かれると、大量消費と大量廃棄は必然的な結果となり、資源浪費や環境破壊などにつながりかねない。しかし、この大量生産・大量消費・大量廃棄の問題に対して、フォード本人は物より人間を重視する立場をとって反論した。「人が何も使わないのなら、浪費は生じない。当たり前である。しかしこれを別の角度から考えてみよう。もし私たちが何ひとつ使わないとしたら、すべてが浪費ではないのか (If one used nothing then one would waste nothing. That seems plain enough. But look at it from another angle. If we use nothing at all, is not then the waste total?)」[*33]

　さらに、「天然資源を利用しないで保存することは、社会へのサービスではない。それは、物は人より大事だという、あの旧式の理論に執着することにほかならない。現在、わが国の天然資源は、私たちのあらゆる需要を満たすのに充分だ。資源

---

*33　Ford [1926], p.81（竹村訳 [2002]、99頁）．

について思いわずらうことはない。私たちが思いわずらうべきことは、人間労働の浪費についてである（Conserving our natural resources by withdrawing them from use is not a service to the community. That is holding to the old theory that a thing is more important than a man. Our natural resources are ample for all our present needs. We do not have to bother about them as resources. What we do have to bother about is the waste of human labor）」[*34]。

　実際、物不足の20世紀前半に暮らしていたヘンリー・フォードは、自分の築き上げた大量生産体制が過剰生産（overproduction）につながる可能性を認識していたが、それは緊急な課題ではないと考えていた。「商品は非常に安いコストで大量に生産されるという生産過剰の状況はある日に現実になるかもしれない。しかし、われわれはその日の到来を恐れていない。むしろ大きな喜びを持ってその日の到来を期待している。すべての人々が自分の欲しいものを入手できるという世界は何よりも素晴らしいものである。われわれはその日の到来が遠すぎることだけを恐れている（We believe it is possible some day to reach the point where all goods are produced so cheaply and in such quantities that overproduction will be a reality. But as far as we are concerned, we do not look forward to that condition with fear ——we look forward to it with great satisfaction. Nothing could be more splendid than a world in which everybody has all that he wants. Our fear is that this condition will be too long postponed）」[*35]。

垂直生産体制の確立

　ヘンリー・フォードは自動車品質の向上と納期の確保を図るために、部品の内製化を積極的に進め、生産体制の垂直統合をそれまでにみられないほど最大限に試みた。1918年に操業開始したフォード社のルージュ工場（The Ford Rouge Center）は、かつてない世界最大規模の一貫生産を行なう産業複合体（industrial complex）であった。広大な敷地内に自動車の組立て工場と部品工場だけでなく、造船所や鉄道操車場、港や貯蔵倉庫、溶鉱炉やコークス炉、鋳造所もある。鉄鉱石やコークスは船と列車で運ばれ、できたばかりの鉄を鋳型に流し込み、さまざまな自動車部品が作られ、そして、これらの部品は長い組立てラインを経て完成車になっていく。1930年代には、約10万人がこの工場で働いていた[*36]。ただし、垂直生産体制の確立は

[*34] Ford [1926], p.82（竹村訳 [2002]、101頁）.
[*35] Ford [1922], p.106.

フォード社の自動車産業における支配力を大いに高めたが、資本利益率や労働生産性などの経済指標は低い水準であり、結果的にフォード社の弱体化をもたらした。

また、生産管理に関するフォードの思想も非常に先進的なものであった。たとえばフォード社で実施されていたリーン生産方式（Lean manufacturing）は、のちに日本人の大野耐一によって受け継がれ、トヨタ自動車でジャスト・イン・タイム、カンバン方式、カイゼン、TQC活動、価値連鎖分析などの形で展開された[37]。

利潤至上主義の否定

顧客の創造こそ企業活動の真の目的であるという発想を提起し、利潤至上主義を痛烈に批判したという点で、フォードは先見の明を有する偉大な思想家だと評価すべきである。フォードは次のように述べる。「企業は利潤を得て経営しなければならない。そうでないと、企業は滅びる。しかし、企業をただ利潤のみを求めて運営し、社会へのサービスをまったく考慮しない場合には、誰が運営しようとその企業はやはり滅びるに違いない。なぜなら、こうした企業にはもはや存在理由がないからである（Business must be run at a profit, else it will die. But when any one attempts to run a business solely for profit and thinks not at all of the service to the community, then also the business must die, for it no longer has a reason for existence）[38]」。

実際、ヘンリー・フォードはかなり禁欲的な私生活を送り、国民大衆に奉仕する精神は本物であった。彼は1936年に巨額の私財を拠出してフォード基金（The Ford Foundation）を設立し、さまざまな公益・文化・学術活動に金銭的援助を提供してきた。

一方、消費者に品質の良い商品を提供するというフォードの理念は正しかったが、「セールスマンが車を作っているのだと一部の人はいっているようだが、われわれの考えでは、いい車がセールスマンを作っているのだ（I know that some people think that salesmen make a car. We believe that a car, if it is good enough, will make salesmen）[39]」というヘンリー・フォードの言葉にうかがえるように、製造重視・販売軽視、あるいは工場重視・市場軽視という彼の考え方は、フォード社

---

*36　Ford [1926], p.xi（筆者訳文）.
*37　宮田 [2001]、24頁。
*38　Ford [1926], pp.24-25（竹村訳 [2002]、61頁）.
*39　Wren and Greenwood [1998], p.48.

の失敗につながった原因のひとつであった。

テイラー・システムの強化

　フォード（1863〜1947）とテイラー（1856〜1915）はほぼ同時期の人物であったが、テイラーはフォードの工場を訪れることもなかったし、またフォードはテイラーの科学的管理法をまったく参考にしなかったと述べていた。しかし、実際には、フォード・システムはテイラー・システムの思想にもっとも近いものである。たとえば標準化・専門化・単純化という3Sの観点はテイラーによって提起されたものであるが、フォード工場ではじめて本格的に実施された。フォード工場で見事に成功したため、3Sはそれ以降の近代製造業の基本思想となっている。また、作業の単純化と標準化を押し進め、労働生産性の大幅向上を通じて高賃金と低労務費との同時実現を図るという基本姿勢においては、フォード・システムとテイラー・システムは一致している。さらに、作業の行きすぎた単純化と標準化によって、職人型の熟練労働者の活躍する場が失われ、作業員の想像力が乏しくなり、知的能力も伸びなくなり、人間性疎外（alienation）の問題が発生する、という弊害も共通している。

　しかし、両者間の重要な違いを見落としてはならない。まずテイラーの科学的管理法のなかで強調されるのは、道具、作業手順、作業時間という「3つの標準化」であり、科学化される対象は人間の行動であるのに対して、フォード・システムのなかでは、部品、機械、製品という「3つの規格化」と標準化・専門化・単純化の3Sが特別に強調され、科学化される対象は工場の生産体系である。次にテイラーの科学的管理法では、作業効率は一流の労働者をモデルに設定され、一流でない労働者にとってはたしかに大変であったが、一応、労働者本位でノルマが設定されたといえよう。一方、フォード社の移動組立てラインでは、ラインの移動速度はどのように設定されるかに関する科学的な判断基準が欠けていた。労働者の身体能力の限界を超える速度設定となれば、単純な繰返し作業に起因する人間性の疎外という問題だけでなく、体力の過度消耗ないし人身事故も起こりうる。さらにその延長線上に人間をロボットで代替できるという発想も生まれる。偉大な俳優チャップリン（Charles S. Chaplin, Jr.：1889〜1977）が1936年の無声映画『モダン・タイムス（Modern Times）』のなかで表現したように、時間強制性をともなう移動組立てラインでは、労働者はベルト・コンベアのスピードに追い立てられて単純作業を機械的に繰り返すだけの存在となり、あたかも機械の一部のように扱われていた。以上2点から、フォード・システムはテイラー・システムに及ばず、人間が機械に支配

されるような機械本位の管理法だと批判される。

先進的な労務管理施策
　フォード社の労務政策はそれまでのアメリカ産業史上にみられないほど先進的なものであった。たとえば当時フォード社の労働者の71％は22カ国から来た新移民で、彼らは自分たちの民族と言語によって異なる集落（colony）に暮らしていた。英語を社内コミュニケーションの共通語にするために、1914年5月にフォード社内で英語学校が開校された。
　また当時、労働者離職率（labor turnover）の高さは産業界の雇い主を悩ましていた。1914年にフォード社で働く従業員は約1万4000名で、その人数を維持するためには、年間で5万3000人を新規に雇用しなければならなかった。しかし、5ドルの最低賃金を実施した後の1915年に、事業拡大による雇用増加を含めた新規雇用者数は6508名まで激減し、月間離職率は1913年の31.9％から1915年の1.4％へと大幅に改善された。労働者離職率があまりにも低くなったため、フォード社はその数値をはかるのを中止したほどである。いうまでもなく、労働者離職率の低下は生産効率と製品品質の向上に大きく貢献するものである。
　そして、労働者の私生活に深く介入することはフォード社のもっともユニークな特徴であった。1914年1月に最低賃金1日5ドル政策の実施後、従業員の「米国化（Americanization）」を推進するために、社内に社会部（Social Department）を設置した。最初のスタッフは30人であったが、まもなく150人に増員した。調査員ひとりひとりに車、運転手、通訳が与えられ、調査地区を割り振られた。その仕事の内容は、移民コミュニティにある従業員の家庭を訪問し、家計、衛生、被扶養者数、年齢、国籍、宗教、母国送金額、生活態度、近所付合いといった生活全般に関する状況を調査する。「更生」が必要な場合に、慎ましさや倹約、英語の習得、酒癖の抑制などを主要内容とするアドバイスを与えることもあった。
　実際、調査員の報告書にもとづき、個別の従業員は日給5ドルに値するかどうかが決められ、資格対象者となる条件は以下の3つであった。[40]①扶養家族と一緒に暮らしている既婚男性（Married men living with and taking good care of their families）、②倹約の生活習慣を持っている22歳以上の独身男性（Single men over twenty-two years of age who are of proved thrifty habits）、③親族の唯一扶養者となる22歳以下の男性、または女性（Young men under twenty-two years of age, and

---

[40] Ford [1922], p.88.

women who are the sole support of some next of kin)。他方では、酒好き、ギャンブル好き、乱れた性関係、不健康な食事、ひどい衛生状況、劣悪な住居環境、外国への多額の仕送りなどの項目に当てはまると、日給5ドルにふさわしくないとされていた。該当者は保護観察の対象となり、6カ月以内に改善がなければ解雇されることとなる。

こうした強制的な措置によって、5ドル賃金の適用対象は実施当初の約60％に対して、6カ月後に78％へ、12カ月後に87％へ、18カ月後に98.5％へ上昇した。しかし、この家庭訪問の実験は従業員の私生活への過度の干渉をはじめ、多くの問題を抱えていたため、社会部が設立されてから3年後に、ヘンリー・フォード本人の意思で教育部（Education Department）へと機能転換された。しかし、この実験は、労働者の生活状況と人間性への強い関心から始まったものであり、ヘンリー・フォードの善意は否定できないのである。

独立した企業家精神

ヘンリー・フォードは一貫して政府に頼らない企業家精神の持ち主であった。彼にとって、ビジネスも政府も人々の暮らしをよくするための手段にすぎず、国民と社会に奉仕する以外に存在意義はなかった。ビジネス活動における政府の役割について、フォードは次のように高らかに宣言している[*41]。

「ビジネス活動に政府の関与を減らし、政府活動にビジネス的な観点を導入するのは非常に正しい。それはビジネスのためでもなければ、政府のためでもない。それは人民のためである。合衆国が作られたのはビジネスをするためではない。独立宣言はビジネスの憲章ではない。合衆国憲法も商業活動の計画書ではない。合衆国、その土地、その人民、その政府、そしてそのビジネス、そのすべては人民の暮らしをよくするための手段である。政府は公僕であり、公僕以外の何者でもない。人民が政府にしがみ付くこととなれば、天罰の法則が働きはじめるだろう。なぜならば、それは不自然、不道徳、非人間的な関係になるからである（The slogan of "less government in business and more business in government" is a very good one, not mainly on account of business or government, but on account of the people. Business is not the reason why the United States was founded. The Declaration of Independence is not a business charter, nor is the Constitution of the United States a commercial schedule. The United States ——its land, people, government, and

---

[*41] Ford [1922], p.11.

business——are but methods by which the life of the people is made worth while. The government is a servant and never should be anything but a servant. The moment the people become adjuncts to government, then the law of retribution begins to work, for such a relation is unnatural, immoral, and inhuman)」。

　このように、ヘンリー・フォードは徹底した自由主義者である。市場の失敗をカバーするために、政府は、政府直接雇用や公共事業投資を介して、経済活動へ介入すべきだというケインズ主義者の主張に対して、彼は明白に反対した。「政府に依存しようとする一切の運動は、そもそも実際上、根本的に誤っているというだけでなく、さらに、その求める『幸福と利益』そのものを実現するあらゆる可能性を奪ってしまうのである（Not only is the whole movement toward dependence on government basically wrong as to fact, but it also destroys every possibility of the very good it seeks)」[*42]。

パイオニア精神

　ヘンリー・フォードの大胆な経営活動と政治活動に対して、賛否両論はつねに飛びかっていたが、彼本人は世間の評判をあまり気にしなかった。アメリカの開拓者精神をもっともよく実践したリーダーとして、彼は次のような名言を残している[*43]。

　「世の中には、いつも2通りの人間がいる。つまり開拓する者とゆっくり進む者である。ゆっくり進む者はいつも開拓者を非難し、開拓者がせっかくの機会をすべて奪い去ってしまったというわけである。だがはっきり言えることは、もし開拓者が最初に道を開かなかったならば、ゆっくり進む者には進むべき場所が存在しないはずだ、ということである（There are always two kinds of people in the world——those who pioneer and those who plod. The plodders always attack the pioneers. They say that the pioneers have gobbled up all the opportunity, when, as a plain matter of fact, the plodders would have nowhere to plod had not the pioneers first cleared the way)」。

労働組合敵視

　ヘンリー・フォードは労働組合に対して徹底的な反対姿勢を貫いたことで非常に有名であった。雇い主は進んで労働者の権利を守らなければならないと認めなが

＊42　Ford [1926], pp.221-222（竹村訳 [2002]、201頁）.
＊43　Ford [1926], p.2（竹村訳 [2002]、16-17頁）.

ら、それは家長が家族の面倒をみるのと同様で、家長の権威は侵されてはならないとヘンリー・フォードは主張する。彼にとって、いかなる組合形態も能率向上に対する大きな脅威であり、また労働組合のリーダーは自分の私利私欲を満たすために、生産制限を主張したり、ストライキを引き起こしたりする邪魔者であった。

実際、ヘンリー・フォードは悪い連中を雇ったり、警察を呼んだりしてまで、労働組合と激しく対抗していた。その象徴として、1937年5月に「ルージュ・リバーの戦い」という乱闘事件が発生した。フォード社の対応は社会的な批判を招いたが、ヘンリー・フォードの強硬姿勢は変わらなかった。1941年に全米自動車労働組合（UAW）がフォード社の組合政策に抗議するための座込みストライキを行なったときに、ヘンリーは強硬に対応しようとしたが、妻（Clara）は離婚を口にしてまで、頑固なヘンリーを抑えたといわれる。この事件は会社側の譲歩によって労働組合側に有利な条件で解決されたが、フォード社における労働組合の完全な結成は、ヘンリーが完全に引退した1945年まで実現しなかった。

ワンマン経営体制

ヘンリー・フォードは独裁的な管理体制を好んでいた。彼は管理者と専門家の役割を軽視し、社内では組織図や職務内容説明書や権限伝達ルートなどのようなものはほとんど存在せず、組織構造は非常に平らで、職位の種類も少なかった。フォード本人にいわせれば、こうした対応は組織の肥大化と官僚制組織の弊害を防ぐためである。[*44] 自分の独裁体制を正当化するために、ヘンリー・フォードは相手構わずに強弁していた。

まず民主主義について、「だれがボスになるかという問題に関して、民主主義とは何の関係もない（Democracy has nothing to do with the question:"Who ought to be boss?"）」と反論した。[*45]

次に経営や技術の専門家について、「もし私がかってに反対意見を不公平に抑えたことがあるとすれば、それは専門家たちの反対であった。彼らはいつも素晴らしい助言をするが、それは間違いなく何の役にも立たないものである（If ever I wanted to kill opposition by unfair means I would endow the opposition with experts. They would have so much good advice that I could be sure they would do little work）」と皮肉った。[*46]

[*44] フォード［2000］（豊土訳）、74-76頁。
[*45] Ford［1922］, p.178.

そして、熟練労働者について、「われわれには『専門家』はひとりもいない。もしだれかが自分を専門家と考えるようになれば、残念ながら、われわれは彼を排除しなければならないのである。なぜならば、もし彼が自分の仕事を本当に理解していれば、決して自分を専門家と考えないはずである（None of our men are "experts." We have most unfortunately found it necessary to get rid of a man as soon as he thinks himself an expert ——because no one ever considers himself expert if he really knows his job)」と警告した。[*47]

なお、学歴と知識について、中学校教育しか受けなかったフォードは学校教育の役割を重要視しなかった。彼の見解として、[*48]「教育の目標は人の頭に多くの事実を詰め込むのではなく、頭で思考することを人に教えることである。よくあることだが、過去の知識に邪魔されない人がより良く思考できるのである（The object of education is not to fill a man's mind with facts; it is to teach him to use his mind in thinking. And it often happens that a man can think better if he is not hampered by the knowledge of the past)」。

ヘンリー・フォードの独裁体制のもとで、多くの優秀な人材が、才能を発揮する機会が制約されると感じてフォード社を去った。またライバル社に移ってから素晴らしい業績を挙げた人も多く、フォード社の経営状況をますます苦しめた。この意味で、フォード社の集権型管理体制がよい反面教師となり、その欠陥性から分権型管理体制の必要性が証明されたといえる。

7．ポスト・フォーディズム

3Sとベルト・コンベアにもとづく大量生産体制がフォード・システムの特徴となるが、その大量生産は必然的に大量消費と大量廃棄を招く。そうなれば、労働者の人間性疎外の問題だけでなく、資源浪費と環境破壊の問題も発生する。この反省から、1960年代以降に、ポスト・フォーディズム（Post-Fordism）という発想が生まれた。そこには、労働者の主体性、エコロジカリズム、持続可能な成長性、自立的・分権的な社会づくり、企業の社会的責任といった論点が提起される。

実際、ポスト・フォーディズムとしての実験は、スウェーデンのボルボ社で行な

[*46]　Ford［1922］, p.23.
[*47]　Ford［1922］, p.62.
[*48]　Ford［1922］, p.167.

われた。1974年に新しい工場の設置に当たり、人間主義の経営を基本方針に掲げ、従来からの流れ作業の直線型組立てラインを廃止し、小集団（十数人）単位のグループ・ワークを組立て作業の基本とした。そのほか、作業職場環境の整備、福利厚生の改善、労使間協議による意思決定といった措置も取り入れられた。作業効率と人間性の両立をめざす作業方法として、世界中の研究者も労働者も社会全体もこの実験を好意的にみていたが、残念なことに、自動車業界の激しい競争のなか、ボルボ社は実験を続ける余裕がなくなり、ついに1977年に中止せざるをえなかった。単純にいえば、低コストのフォード・システムに負けたのである。

　ボルボ社での実験は挫折したものの、ポスト・フォーディズムの運動はCSR（企業の社会的責任）活動などの形で世界各地で継続されている。現在のポスト・フォーディズムを支えているのは次のような社会特徴である。[*49]

①生産規模の小バッチ化（Small-batch production）

②範囲の経済性（Economies of scope）

③製品と業務の特殊化（Specialized products and jobs）

④新しい情報技術（New information technologies）

⑤社会階級の違いではなく消費者タイプの違いに焦点を当てる（Emphasis on types of consumers in contrast to previous emphasis on social class）

⑥サービス業とホワイトカラーの増加（The rise of the service and the white-collar worker）

⑦女性労働者の増加（The feminization of the work force）

　要するに、先進国社会が物不足から物過剰の時代に移り変わったことで、人々の暮らしは豊かになり、価値観は多様化し、環境と資源と労働者人権に対する消費者の関心は高まり、大量生産される商品の市場価格が大幅に下がっている。そのため、労働者の人間性を無視する大量生産・大量消費・大量浪費の産業体制はもはや存続できず、新しい時代にふさわしいポスト・フォーディズムに転換しなければならないという主張である[*50]

---

*49　http://en.wikipedia.org/wiki/Post-fordism

*50　しかし、今日では、中国のような新興工業国はまさにフォード・システムの大量生産体制を全面的に取り入れ、廉価の工業製品を世界中の消費者に提供している。アメリカの99セントショップも日本の100円ショップも大繁盛し、大量消費・大量浪費の構図は依然として変わっていないのである。

第4章

メイヨーの人間関係論

1．メイヨーの人物像と著作[*1]

　メイヨー（George Elton Mayo: 1880.12.26～1949.9.7）は、1880年12月26日にオーストラリアのアデレード（Adelaide）の医者の家系に7人兄弟の2番目として生まれた。父親（George Gibbes Mayo）は技師であり、母親（Henrietta Mary, née Donaldson）も高等教育を受けた女性であった。父方の祖父は有名な外科医で、一族には医者が多くいた。12歳まで自宅住込みの女性家庭教師から初等教育を受け、12歳からの3年間は寄宿学校で過ごしていた。1896～98年の間にセント・ピーターズ・カレッジ（St. Peter's College）で学び、1899年に地元のアデレード大学（University of Adelaide）の医学部に進学した。しかし、2年目の学年末試験では不合格となり、1900年に中途退学をした。

　メイヨー自身は医学に興味を失ったが、両親は諦めていなかった。1901年にスコットランドのエディンバラ大学（University of Edinburgh）の医学課程に登録し、のちにロンドンの小さな医学プログラム（at St. George's Hospital）にも登録したが、どこでも修了できなかった。医者になることを諦めたメイヨーは、1903年から

[*1] Gabor [2000], pp.92-110. Smith, J. H.,"Foreword to the 1975 edition: The Significance of Elton Mayo," in Mayo [1949], pp.ix-xlii. ジェレドレイク[2000]（斉藤など訳）、135-157頁。http://en.wikipedia.org/wiki/Elton_Mayo　http://adbonline.anu.edu.au/biogs/A100454b.htm 写真出所：http://www.library.hbs.edu/hc/hawthorne/rl-guides.html

いくつかの仕事を短期間に経験したが、自分の無能さと自分に対する両親の無理解で悩み、孤独で無気力な日々を送っていた。1904年秋に、24歳のメイヨーはロンドンで労働者の夜間学校（Working Men's College）で英語文法を教える任期6カ月の仕事を得た。この学校では友愛と自己改善、自由と秩序などが強調され、社会的地位の低い労働者も適切に尊重されていた。メイヨーはこの学校の雰囲気を好み、すぐに人気の教員となり、いわば人生はじめての成功と尊敬を得た。この成功体験は後のホーソン実験および人間関係論の誕生にも生かされた。

　1905年にメイヨーはオーストラリアに帰国し、両親が出資した印刷会社（J. H. Sherring & Co.）の管理者になった。しかし、ビジネスに向かず、会社員の規則的な勤務時間と繰り返すような日常業務に苦痛を感じていた。1907年にふたたびアデレード大学に入学し、哲学を主専攻とすると同時に「経済学と心理学」というコースにも登録した。大学生に戻ったメイヨーは、熱心に勉強するとともに、大学の弁論クラブで活躍していた。学部教育を修了した1911年に指導教授（Sir. William Mitchell）から最優秀学生として推薦され、メイヨーはクイーンズランド大学（University of Queensland）の講師となり、論理学、心理学、倫理学を教えることとなった。そこで人気抜群の教師となり、学術研究も順調に進んでいた。やがてメイヨーの活動範囲は大学を越え、あちこちで講演を行ない、また宗教、心理学、哲学、成人教育などに関する文章を多く発表した。また、メイヨーはフロイト（Sigmund Freud: 1856～1939）やジャネ（Pierre Marie Félix Janet: 1859～1947）などのヨーロッパの精神医学者の新思想を戦場帰還軍人の戦闘神経症（shell shock）の診療と研究に積極的に応用し、実践的な臨床心理学者としての名声を確立し、1919年にクイーンズランド大学の教授に昇進した。

　1913年4月に名門一族の娘（Dorothea McConnel）と結婚し、子どもも生まれたが、妻は上流社会のライフ・スタイル（潔癖、浪費癖、優越感など）にこだわり続け、夫婦共同生活はうまくいかなかった。妻を失うのではないかという不安感は重圧となり、メイヨーの精神状態はついに不安定になっていった。実際、メイヨーは、職業と婚姻で大きな成功を収めたが、医者になれなかったことは一生のコンプレックスのようであった。自分には相応の待遇と敬意が払われていないとか、だれかに侮辱されたとかの被害妄想はしばしば起こり、対人関係のトラブルも多く、大学での居心地は悪くなっていた。クイーンズランド大学ないしオーストラリアを脱出する気持ちが強くなったため、メイヨーは1921年の年末に1年間の長期休暇をとり、1922年9月にアメリカのサンフランシスコに到着した。

　幸運にも全米科学アカデミー（NAS: National Academy of Sciences）の全国研究

第4章　メイヨーの人間関係論

協議会（NRC: National Research Council）からの資金援助が得られ、メイヨーは首都ワシントンに向かった。そこでメイヨーの心理学の洞察力が高く評価され、ロックフェラー記念財団（RMF: Laura Spelman Rockefeller Memorial Fund）の研究リーダーであるルムル（Beardsley Ruml: 1894〜1960）に紹介された。当時27歳のルムルはメイヨーのよき理解者となり、1923年にメイヨーはRMFからの資金援助を受けてペンシルバニア大学のウォートン・スクール（Wharton School of Finance and Commerce, University of Pennsylvania）の産業調査部（The Industrial Research Department）に就職し、心理学を産業に適用して労働者離職率などに関する実証的研究を開始した。その後のメイヨーは、矢継ぎ早に一般読者向けの雑誌で一連の文章を発表し、ある程度の名声を上げた。そして、ハーバード大学ビジネス・スクール（HBS）院長のドナム[*2]と著名な学者ヘンダーソン[*3]の信頼を勝ち取り、RMFからの5年間資金全額負担を条件に1926年9月にHBSの准教授の職を手に入れ、翌1927年に新設された産業調査室（Department of Industrial Research）の責任者となり、1929年に教授に昇進した。

　メイヨーは1947年にHBSを退職した後、妻と娘とともに、イギリスのサリー州ギルフォード（Guildford, Surrey）に移住した。しかし、脳卒中に襲われた後は回復できず、1949年9月7日に68歳でその生涯を閉じた。

　経営学の世界では、メイヨーは特異な存在である。彼の関心は企業という小範囲にとどまらず、人間一般や社会全体に広がっていた。とくにホーソン実験において心理学と社会学と臨床医学を経営学に融合させ、人間関係論の創設者（the founder of the Human Relations Movement）となり、また産業社会学や産業心理学という新しい学問分野の誕生にも大きく寄与した。実際、メイヨーにとって、現実の問題を適切にとらえ、問題解決のビジョンを提示するまでは可能であったが、その分析技法の設計と緻密な分析については得意分野ではなかった。幸い、メイヨーのもとにレスリスバーガー（F. J. Roethlisberger）という有能な学生が入り、2人の得意分野が相互に補うことになった。

　メイヨーの人物像について、彼の愛弟子であるレスリスバーガーは、恩師の名著（*The Human Problems of an Industrial Civilization*）が1960年に再版されるときに

[*2] Wallace Brett Donham（1877〜1954）はHBSの2人目のdeanで、その任期は1919〜42年である。
[*3] Lawrence Joseph Henderson（1878〜1942）は生理学者、化学者、生物学者、哲学者、社会学者で、Medical SchoolとBusiness Schoolに同時に所属し、ハーバード大学評議会議長を務めていた名物教授である。

寄せた長い序文のなかで、次のように述べている。「私が知っているメイヨーは、夫、父、教師、研究者、そして友人といった異なる社会的な役割を果たした人物であるだけでなく、勤勉で、好奇心旺盛で、創造性豊かな人物でもある（I knew Mayo, not only in his different social roles of husband, father, teacher, researcher, and friend, but also as a person as a restless, curious, creative mind）」。さらに、「メイヨーは想像力豊かな人、思想の探険家、臨床実験の促進者、また理論と実践の両面から問題に接近して組織行動を分析する効果的な方法を見つける人である（Mayo was a man of imagination, a stimulator of thought, a promoter of clinical research, and the discoverer of a useful way of thinking about organizational behavior that could be developed fruitfully in the directions of both knowledge and practice）」。

メイヨーは多くの論文を出しているが、単行本は以下の2点だけである。

・Mayo, E.［1933］, *The Human Problems of an Industrial Civilization*, New York, NY: The Viking Press, Inc., 1960（村本栄一訳［1967］、『（新訳）産業文明における人間問題』日本能率協会）.
・Mayo, E.［1949］, *The Social Problems of an Industrial Civilization*, Oxon, UK: Routledge, 2000（藤田敬三・名和統一訳［1951］、『アメリカ文明と労働』有斐閣）.

2．レスリスバーガーの人物像と著作

レスリスバーガー（Fritz Jules Roethlisberger: 1898.10.29〜1974.5.17）は1898年10月29日にニューヨーク市に生まれた。父親は若い頃にスイスからアメリカへ渡り、その家系は300年以上続いたチーズ職人である。母親はアメリカで生まれたが、その家系はフランスの貴族に遡ることができる。16歳の母親と36歳の父親が結婚し

＊4　Roethlisberger, F. J.,"Introduction," in Mayo［1933］, p.vii（筆者訳文）.
＊5　Roethlisberger, F. J.,"Introduction," in Mayo［1933］, p.ix（筆者訳文）.
＊6　メイヨーは、自分の三部作の最終章として、*The Political Problems of an Industrial Civilization* の執筆を1947年5月に始めたが、完成に至らなかった。1949年にRoutledge社が *The Social Problems of an Industrial Civilization*［1945］を再版する際に、その付録（pp.113-131）として、未完成原稿の一部を *The Political Problems* のタイトルで公刊した。
＊7　Gabor［2000］, pp.85-92. Roethlisberger［1977］. http://en.wikipedia.org/wiki/Fritz_Roethlisberger 写真出所：http://www.library.hbs.edu/hc/hawthorne/rl-guides.html

第4章　メイヨーの人間関係論

てからまもなくして、姉（Isa）とフリッツ（Fritz）が生まれた。フリッツが6歳のときに父親は肺炎で死去した。その2年後に母親は姉とフリッツを連れてドイツ系移民と再婚し、新たに3人の子どもを産んだ。父方系の叔父から資金援助を得てフリッツと姉は1905年に私立の学校（The Staten Island Academy）に入学し、そこで高校を卒業するまでの12年間を過ごした。入学当初に7歳のフリッツはフランス語しか話せず、孤独感を味わった。その後も友人が少なく、病気による欠席も多かった。しかし、算数、代数、幾何、物理、化学などの勉強は大好きで、科学が持つ秩序、真実性、美しさに傾倒していたという。

　幼い頃から母親と疎遠になったことは、フリッツの人生観に暗い影を投じ、孤独好きな性格の形成につながった。14歳のときに父方の親族はフリッツをヨーロッパに送り、家族のチーズ・ビジネスへの参加を提案したが、彼はそれを断り、エンジニアになると宣言した。それ以降、フリッツは父親、母親、継父のいずれの家系からも距離を置き、自分ひとりだけのアメリカン・ドリームを求め始めたという。1917年に高校を卒業し、コロンビア大学（CU: Columbia University）に入学した。学内のある社交団体に加入したが、意見が合わず、すぐに脱退した。大学の講義に興味を失い、エンジニアになる自信も揺らいだため、卒業前の1921年にMIT（Massachusetts Institute of Technology）の経済学とエンジニアリングを融合させた新型の学士課程（Engineering Administration course）に移った。その後は夏季講義で残りの単位を修得して1921年にCUから学士号を取得し、そして1922年にMITから学士号を取得した。

　経済学に興味を持ってMITに移ったが、テイラーの弟子による科学的管理法や能率向上などに関する講義を聞いて強烈な反感を持った。たとえばトイレ利用の時

間を短縮させるために、従業員用のトイレを夏に熱くし、冬に寒くするという方法がまじめに講義されていた。この「非科学的な科学的管理（unscientific scientific management）」の講義による衝撃はあまりにも強かった。この講義がきっかけとなってレスリスバーガーは自分の進路を見直した。エンジニアリングによって作業の能率は向上するかもしれないが、従業員の人間性にはむしろ逆効果だと考えた。そこでマルクス主義の本をたくさん読んでみたが、社会主義者にはなりきれなかった。人生の方向性を失い、深刻なフラストレーションに見舞われた。1922年に24歳のレスリスバーガーはMITを卒業し、テキサス（El Paso, Texas）にある企業（American Smelting and Refining Company）に化学者として就職した。鉱石の金属成分の分析を担当することになったが、自分の知識が足りないことに嫌気がさして辞職した。

その後のレスリスバーガーは精神的な悩みを抱えながら放浪していたが、1924年秋にハーバード大学大学院の哲学科に入学した。数学者と哲学者のホワイトヘッド（Alfred North Whitehead: 1861～1947）のもとで数学とロジックに没頭したため、心の安らぎは得られていた。しかし、哲学者のジルソン（Étienne Gilson: 1884～1978）の指導下でフランスの哲学者と数学者のデカルト（Rene Descartes: 1596～1650）に関する博士論文を書いているときに、そういう研究は自分の人生にとってなんの意義があるのか、そういう哲学の9割はまったくのナンセンスではないか、とレスリスバーガーは強い不安に襲われた。その結果、彼はそれまでのすべてを放り出した。レスリスバーガーにとって、博士学位を断念したことは自分自身を絶望の淵に陥れたが、人生の大きな転換点にもなった。「冗談ではない。私は笑えなくなった。……しかし、この運命の時点に可能性のきらめきが現われた。それは私の人生の方向性を完全に変えた（It was no joking matter. I could not laugh. …… Yet at this fateful moment a glimmer of the possibility occurred. It turned the whole direction of my life)」[*8]。

ある教授のアドバイスで、レスリスバーガーはHBSに着任したばかりのメイヨーを訪ね、自分の苦境を相談した。意外なことに、メイヨーはこの若者の話を真剣に聞き、大変な興味を示した。その結果、レスリスバーガーは1927年9月に研究助手（instructor）として、メイヨーをリーダーとするHBSの産業調査室に入った。弟子入り最初の数年間に、レスリスバーガーは、メイヨーの「知識量と創造的な想像力と診断的な洞察力に魅了され（spellbound by his knowledgeability, creative

---

*8　Roethlisberger [1977], p.27.

imagination and clinical insights)*9」、精神病理学、社会人類学、哲学、経済学などの文献を熱心に渉猟し、また多くのことについて真剣に議論した。

　若いレスリスバーガーは知らなかったが、メイヨーの心にも多くの悩みがあった。メイヨーは医者になれず、家族の期待に応えられなかった。ハーバード大学に着任するときに、博士学位保持者（Dr. Mayo）として資格審査されたが、採用人事が決まってから母校のアデレード大学から修士号を急いで取っただけである。5年間の契約雇用で今後の生計は安定せず、妻との関係も緊張していた。こうして、精神的な悩みをそれぞれに抱えた2人のやや奇妙な師弟関係が始まった。家庭事情、職業選択、科学的管理、博士学位といったレスリスバーガーがずっと悩んでいた問題について、メイヨーはまるで自分の患者を扱うように、執拗にすべてを聞き出して詳細な分析を加えた。奇妙なことに、「それまでずっと自分から逃げてきたことは強い好奇心の新しい源泉となり、新しい自分に生まれ変わったのである（A new Fritz was born. What had been something from which to escape became now a new source of intense curiosity)*10」。

　レスリスバーガーの仕事内容のひとつはさまざまな悩みを抱える大学生をカウンセリングすることであった。メイヨーの指導とアドバイスに従い、レスリスバーガーは臨床心理学の手法を新たに取り入れ、具体的な現象（phenomenon）とその真実性（truth）に注目することにした。この種のカウンセリングはとても効果的であったため、後のホーソン工場での面接実験にも同様な手法が用いられた。そして、レスリスバーガーは1929年11月にマーガレット（Margaret Dixon）と結婚し、1930年に助教授（assistant professor）として正式に雇用された。

　実際、メイヨーは外向的なセールスマン・タイプであり、レスリスバーガーは内向的な科学者タイプであった。この2人の性格は正反対で、まるでコインの両面である。ホーソン実験では、メイヨーの役割は主に会社の上層部と交流し、経営陣に興味を持たせ、資金不足と人員削減が避けられないという大恐慌時代においても、会社からさまざまな支援を取りつけ、実験を継続させることであった。それに対して、レスリスバーガーの主な役割は、現場監督者と一緒に働き、実験の進行をより確実なものにすることであった。工場現場には、彼が嫌いな無味乾燥なアカデミックな理論ではなく、生き生きした人間、おもしろい体験、新しい刺激などが満ちていたため、まるで探検隊員のように、レスリスバーガーは充実していた。細かなデ

＊9　Roethlisberger［1977］,p.29.
＊10　Roethlisberger［1977］,p.27.

ータを集めて分析したのも数多くの仮説を立てて検証したのもレスリスバーガーであった。しかし、ホーソン実験が成功した背後に、メイヨーのリーダーシップの存在が非常に重要であったと、レスリスバーガーは恩師の功績を称えた。

「メイヨーは着想という領域での冒険者であった。……（ホーソン実験の）データも、その結果も、オリジナルな仮説と問題設定も彼のものではない。しかし、実験の継続につれて、実験結果が意味することに対する解釈ならびに実験結果から導かれる新たな疑問と仮説は彼の功績である。また彼は実験に思考方法を持ち込み、実験に方向性と目的性を与えた（Mayo was an adventurer in the realm of ideas. …… The data were not his; the results were not his; the original hypotheses and questions were not his; but as the researches continued, the interpretations of what the results meant and the new questions and hypotheses that emerged from them were his. Also, the way of thinking which he brought to the researches and which finally gave them a sense of direction and purpose was his）」[*11]。

他方では、メイヨーはレスリスバーガーを自分の後継者として育てようと惜しみない努力でサポートしていた。*Management and the Worker*［1939］と*Management and Morale*［1941］というレスリスバーガーの2冊の本の出版に際して、メイヨーはともに心のこもった序文を寄せた。また自分の2冊の著書、*Human Problems*［1933］と*Social Problems*［1949］のなかでレスリスバーガーの研究成果に頻繁に言及し、愛弟子の貢献と成功を心から喜んでいた。2人の共同研究と友情はホーソン実験以降の20年間にわたって長らく続き、彼らの間には相互信頼、相互依存と呼べるほどの非常に親密な人間関係が築き上げられ、学界では稀な師弟美談となっている。

HBSの正教授に昇進した1946年頃のレスリスバーガーはHBSを拠点に、「組織における人間行動（Human Behavior in Organizations）」という新しいコースの開設、ケース・メソッド（Case Method）式教育の強化、恒例のMayo Weekendsの主催などを通して、2人で開拓した人間関係論を大きく広げていた。しかし、1950年代に入ってから、人間関係論に対する批判が世間で広がり、HBSの内部で人間関係論を「偽りの科学（pseudoscience）」と断罪する厳しい意見も出た[*12]。レスリスバーガーは学生に好かれる謙虚な教師であったが、心が傷つけられたため、1950年

[*11] Roethlisberger［1977］, p.50.
[*12] これは1957年、マーケッティング担当教授のMalcolm P. McNairの言葉である。Gabor［2000］, p.126.

代に教壇を去った。1967年に HBS から完全引退し、1974年に亡くなった。レスリスバーガーはメイヨーの弟子であり、パートナーであり、また後継者である。人間関係論の形成、発展、普及に対して、メイヨー以上の大きな貢献を果たしたといわれる。

　レスリスバーガーは多くの著作を出版しており、その主なものは以下である。
- Roethlisberger, F. J. and W. J. Dickson［1939］, *Management and the Worker: An Account of a Research Program Conducted by the Western Electric Company, Hawthorne Works, Chicago*, Cambridge, MA: Harvard University Press, 1950.
- Roethlisberger, F. J.［1941］, *Management and Morale*, Cambridge, MA: Harvard University Press, 1965（野田一夫・川村欣也訳［1965］、『経営と勤労意欲』ダイヤモンド社）.
- Zaleznik, A., C. R. Christensen, and F. J. Roethlisberger［1958］, *The Motivation, Productivity, and Satisfaction of Workers: A Prediction Study*, Cambridge, MA: Harvard University Press（磯貝憲一ほか共訳［1965］、『生産者集団の行動と心理：モチベーション・生産性・満足度』白桃書房）.
- Dickson, W. J. and F. J. Roethlisberger［1966］, *Counseling in an Organization: A Sequel to the Hawthorne Researches*, Boston, MA: Harvard University Press.
- Roethlisberger, F. J.［1968］, *Man-in-Organization: Essays of F. J. Roethlisberger*, Cambridge, MA: Belknap Press of Harvard University Press.
- Roethlisberger, F. J.［1977］, *The Elusive Phenomena*, Cambridge, MA: Harvard University Press.

3．ホーソン実験

　メイヨーの人間関係論の基礎となるものは、有名なホーソン実験（Hawthorne Experiments）である。ホーソン実験とは、1924～32年の間にベル電話会社（Bell System）のウェスタン・エレクトリック（Western Electric Co.）のホーソン工場（Hawthorne Works：シカゴ市郊外の Cicero にある）で行なわれた一連の実験である。

　当時の GE 社はより多くの電球と電力を工場に売り込もうという目的から、研究者に資金援助をし、職場の照度と作業効率との相関関係を立証させようと試みていた。心理学者の Hugo Munsterberg はこの種の実験を行なったが、期待された相

関関係は検出できなかった。GE社は諦めず、改めて全国研究協議会（NRC）に実験の実施を依頼し、ホーソン工場が選ばれたのである。当時のホーソン工場では、年金計画、障害給付、株式購入計画、労働者代議制、夜間講座、社内スポーツチーム、会員用店舗、共済会、美人コンテストなどを内容とする厚生資本主義の実験が数多く行なわれ、産業実験室的な存在であった。NRCの依頼を受けてから、1924年にMITの電気工学教授ジャクソン（Dugald Caleb Jackson: 1865～1951）は社内の管理者と技師たちを指導し、照明実験を始めた。

照明実験（Illumination Experiment: 1924.11～1927.4）

照明実験について、「その目的とするところは、照明の質と量が従業員の作業能率の上にいかなる影響を及ぼすかを、発見することにあった（The purpose was to find out the relation of the quality and quantity of illumination to the efficiency of industrial workers）」[*13]。つまり、ホーソン実験の当初の目的は、物理的な労働条件や作業環境が労働者の作業能率にどのような影響を与えるかを調べるものであった。労働条件や作業環境が好ましいものであれば生産性は向上するであろうという仮説のもとに、照明実験が行なわれ、照明の強度や方法をいろいろと変えて作業効率への影響を調べていた。

照明実験のやり方として[*14]、まず2つのほぼ同質の労働者グループを組織し、それぞれ違う建物に配置してコイル巻き作業をさせた。ひとつのグループはコントロール・グループ（control group）と名づけられ、ずっと一定の照明度下で作業するのに対して、もうひとつのグループはテスト・グループ（test group）と名づけられ、照明度を変えながら作業する。最初はテスト・グループだけで照明度を徐々に高めてみたが、2つのグループはともに作業能率が向上し、しかもその増加は2つのグループともほぼ同量であった。次にテスト・グループで照明度を下げてみると、驚いたことに、作業能率は減少するどころか、かえって上昇を示した。またそれと無関係に、コントロール・グループの能率も同様な上昇を示した。さらに、照明度を一定に保ったまま、従業員たちに照明度が増大していくのだと信じ込ませながら実験を行なった。従業員たちは照明度に対する満足感を示したが、作業能率にさしたる変化はみられなかった。そして、照明度を一定に保ったまま、従業員たちに照明度が低下していくのだと信じ込ませながら実験を続行しても、従業員たちは

---

*13　Roethlisberger [1941], p.9（野田・川村訳 [1965]、11頁）。
*14　Roethlisberger [1941], pp.9-11（野田・川村訳 [1965]、11-14頁）。

照明度が乏しいと若干の不満をこぼしたものの、作業能率の変化はとくにみられなかった。最後に、照明度を月明かり程度に極端に下げてみると、作業能率は急に低下しはじめた。

　テイラーの科学的管理法に従って考えれば、作業現場の物理的諸条件の改善は作業能率の向上をもたらし、また、諸条件の悪化は能率の低下をもたらすはずであった。しかし、この予想に反して、照明実験では、2つのグループは、物理的な作業条件の変化と無関係に、ともに作業能率を上げ続けていた。しかも、その増加は2つのグループともほぼ同量であった。つまり、事前に立てられた仮説は立証できず、この実験は失敗したようにみえた。この失敗について、レスリスバーガーは次のように述べている。[*15]「この調査からは、照明と作業能率との関係について何ひとつ肯定的な結果を引き出すことはできなかった。もし結果を額面どおりに受け取るならば、照明度と作業能率との間には何らの相関関係もないということになるのであった（One thing is clear: the results were negative. Nothing of a positive nature had been learned about the relation of illumination to industrial efficiency. If the results were to be taken at their face value, it would appear that there was no relation between illumination and industrial efficiency）」。

継電器組立て実験（Relay Assembly Test Room Experiment: 1927.4～1929.6）[*16]

　照明実験の失敗から、次の結論が得られた。「労働者の能率に影響を与える要素は多数にあり、そのうち、照明度はただひとつの、しかもさほど重要ではないひとつに過ぎない（Light is only one, and apparently a minor, factor among many which affect employee output）」[*17]。当然、能率に影響を与えるほかのより重要な要素を検出する必要があり、そのため、照明実験の次に継電器組立て実験が計画された。

　これは、選ばれた6名の女子工員（15～28歳、組立て作業5名、作業補助1名）が、工場内の隔離された作業室のなかで、約40個の部品を電話用継電器に組み立てるという単純反復作業を行なう、というものであった。実験中に、労働条件を計画的に変更しながら、それにともなう生産高の変化、さらに工員の作業態度の変化を

---

*15　Roethlisberger [1941], p.10（野田・川村訳 [1965]、13頁）.
*16　この実験は1932年まで続いていたが、ここで述べる内容は、その第13期実験が1929年6月29日に終了するまでにすでに得られたものである。
*17　Roethlisberger and Dickson [1939], p.19.

注意深く観察した。たとえば集団出来高払い制度、休憩回数の変更、労働時間の変更、労働規則の緩和、監督方式の変更、休憩時間中の茶菓支給などの試みが行なわれ、気温と湿度の変化、彼女たちのそれぞれの睡眠時間、食事内容などはすべて記録された。結果的に、賃金制度、休憩時間の取り方、作業時間の長さ、前日の睡眠時間の長さといった物理的な作業条件が改善されても悪化しても、ほぼ一貫して、彼女たちの勤労意欲が高まり、欠勤率が低下し、作業能率が上昇し続けるという興味深い事実が改めて観察された。いいかえれば、物理的環境の変化と作業能率との間に有意な相関関係は検出されず、結局、この実験も失敗に終わってしまった。

　そのとき、能率向上の原因は作業員自身の内面的な変化、すなわち従業員の協力的な態度となんらかの関係があるのではないかと現場の研究者たちは気づきはじめた。「作業者たち自身は、実験作業室ではどうしてこうも生産を高く上げることができるのかをはっきり知っていない。だが高度の生産量は、何か一層楽しい自由な幸福な労働条件に関係があるように感じた（The operators have no clear idea as to why they are able to produce more in the test room; but there is the feeling that better output is in some way related to the distinctly pleasanter, freer, and happier working conditions……）」[*18]。

　実験に参加している作業員に話を聞くと、実験作業室の良い点は以下のものである[*19]。

- 作業の進行を妨げるものがない（No interruption to flow of work）。
- 達成しなければならない「責任割当額」がない（No 'bogey' to work up to）。
- 「ボス」もおらず、また奴隷的な強制も行なわれない（No 'boss' or slave-driving）。
- 牛馬が小屋に入れられているような拘束がない（No 'stalling' i.e. restriction）。
- 落とした部品をムリに拾い上げさせない（No insistence upon picking up dropped parts, etc.）。

　いいかえれば、「管理」の名義で取り入れていたさまざまな監督方法と報酬制度が機能しなくなったことは、作業員の能率を高める原因となった。問題究明のため、研究グループは６人の実験参加者に対して、なぜこんなによく働くのかを尋ねた。彼女たちは重要性の順に以下６つの理由を挙げた。

---

*18　Mayo [1933], p.67（村本訳 [1967]、71頁）。
*19　Mayo [1933], p.78（村本訳 [1967]、85頁）。

第4章　メイヨーの人間関係論

①小グループ（small group）：少人数グループで作業をし、家族のような雰囲気が醸し出されていた。通常の服務規律が緩和され、作業中の労働者同士の会話が認められた。

②監督のタイプ（type of supervision）：通常の命令・服従型の職長に代わり、観察型監督者が被験者の上司を務め、より柔軟で寛容な監督を行なった。

③収入（earning）：少人数グループを単位とする集団出来高払い制度なので、一個人の生産性はグループ全体の平均生産性への影響が大きかった。怠業がなくなり、毎週の平均収入は、実験室に入る前の16ドルから、28～50ドルへと上昇した。

④状況の新鮮さ（novelty of the situation）。

⑤実験への興味（interest in the experiment）。

⑥テスト室への非参加者の注目（attention received in the test room）。

こうして、照明実験と継電器組立て実験という2つの実験によって、作業現場の物理的諸条件により作業能率が決定されるというテイラー的な仮説は否定されたのである。そして、照明や賃金制度や監督方法などの外的な物理的要因よりも、人間の内面にある精神的要因が作業能率に対してより大きな影響を与えているに違いないと実験関係者たちは直感していた。そのため、ホーソン工場の研究者たちは、継電器組立て実験途中の1927年冬からMITの生物学と公共衛生学のターナー教授（Clair Elsmere Turner: 1890～1974）を招き入れ、また最終段階の1928年3月にはHBSのメイヨー教授に実験の指導を依頼した。[20]

メイヨーが率いるHBSチームは実験のデータを綿密に分析した。照明実験と継電器組立て実験から作業条件と作業能率間の相関関係が検出されなかった原因について、それは「人間的状況を没人間的方法で処理しようとした（to deal with a human situation in nonhuman terms）」ためであり、「おかしい結果に終わったのは、実験のせいというよりはむしろ実験担当者のせい、すなわち一定の社会的情況

---

*20　メイヨーは1928年4月24日に助手のEmily P. OsborneとOsgood S. Lovekinを連れて、はじめてホーソン工場を訪れた。しかし、メイヨーはその夏を英国で過ごし、実際に実験に介入したのは第12期（1928年9月）前後である。そして、ホーソン工場に参加したHBSチームの主なメンバーはMayo、Roethlisberger、Thomas North Whitehead、William Lloyd Warner、George C. Homansなどの数名であった。ただし、ホーソン実験が1932年に終了した後でも、レスリスバーガーは1936年以降にホーソン工場でカウンセリング・プログラム（Counseling Program）の実験を指導し、1950年代まで断続的にホーソン工場と関係を持っていた。吉原［2006］、120頁。Roethlisberger［1977］, pp.48-49.

下における人間的価値を無視して行動した人々のせいであった（the results were not screwy, but the experimenters were——a "screwy" person being by definition one who is not acting in accordance with the customary human values of the situation in which he finds himself)」と気づいた。[*21]

　人間的意味（human meaning）を実験に持ち込む必要があることを前提に、メイヨーのチームはまず継電器組立て実験のデータを再度分析し、「感情の論理（logic of sentiment）」という重要な事実を発見した。つまり、作業者の生産能率は、物理的環境条件よりも、むしろ作業者の心理的・情緒的なものに依存するところが大きく、とくに友情、仲間意識、一体感、責任感、参加機会、好意的雰囲気、上司と部下間の監督方式といった人間的側面の諸要素によって大きく影響される、ということがわかった。たとえば観察対象となる従業員たちの間に、仕事への意見を地位の高い人間から直接に求められたり、休憩時間に茶菓が提供されたりすることから、「自分たちは選ばれたもの」という特別意識が生まれ、職場の人間集団への強い一体感と実験への協力的な態度が共有されていた。まさにこの人間内面的な変化は、作業条件が改善されても改悪されても、高い作業水準が維持される重要な要因となっていた。

面接調査実験（Interviewing Program: 1928.9～1930.5）

　GE 社と NRC が研究資金の援助を打ち切った後、ホーソン工場による自主的な実験は継続していた。照明実験と継電器組立て実験から得られた多くの成果と教訓にもとづき、HBS チームが最初に実施したのは、延べ 2 万 1000 人の従業員を対象とする面接調査実験である。この実験の目的は、精神医学の臨床診断と同様な方法を用いて、従業員の労働状態に関して、どんなことが好ましいか、あるいは好ましくないかを調べ、監督方式、労働条件、人員配置などの改善を図ることであった。

　この面接実験での、最初の重要な仕事は面接者訓練であった。HBS チームは面接担当者に対して、次のようなルールに従って面接に臨むように指示した。[*22]

　①すべての注意を面接対象に集中し、このことを相手に明確に認識してもらう
　　（Give your whole attention to the person interviewed, and make it evident that

---

*21　Roethlisberger [1941], p.11（野田・川村訳 [1965]、13-14頁）.
*22　Mayo [1949], p.65（筆者訳文）. なお、これらの面接ルールはレスリスバーガーらの著書のなかでより詳しく説明されている. Roethlisberger and Dickson [1939], pp.272-291. Roethlisberger [1941], pp.41-43.

you are doing so)。
②聞くことに専念し、関係のない話をしない（Listen, don't talk)。
③論争しない、助言しないことに徹する（Never argue; never give advice)。
④相手の言いたいこと、言いたくないこと、助けがなければ言えないことを注意深く聞く（Listen to: what he wants to say; what he does not want to say; what he can not say without help)。
⑤話を聞きながら、相手の人間パターンを試験的に練り上げ、修正を加えていく（As you listen, plot out tentatively and for subsequent correction the pattern (personal) that is being set before you)。
⑥聞いたすべての内容は個人秘密で、他人に漏らさないように注意しなければならない（Remember that everything said must be considered a personal confidence and not divulged to anyone)。

　最初の面接時間は大体30分前後であったが、のちに90分に延長されるケースもあった。この実験は規模が大きく、とても労力がかかったが、「従業員たちは、彼らの考えている意見を表明する機会が与えられたことを喜んだ（employees enjoyed the opportunity of expressing their thoughts)」[23]。またこの面接実験を通して、管理者自身も再教育を受けた。結果的に、管理者と作業員との人間関係が改善され、会社と管理者に対する従業員の信頼感と親密な態度が形成され、企業内部の人間関係は明らかに改善された。なにより、この実験では、仕事と無関係の雑談（ガス抜き）をしただけでも仕事の能率が上がるという思わぬ事実が観察された。

　面接実験で得られた多くの事例から、従業員には「感情の釈放（emotional release)」という欲求があることが明らかにされた。つまり、従業員の生産性を高めるためには、単なる「能率の論理（logic of efficiency)」だけではなく、「感情の論理（logic of sentiment)」も重要であるという事実があらためて発見され、そして確認された。メイヨーの言葉によれば[24]、「面接実験が示したように、主な困難は決して単純な監督の誤り、あるいは容易に変更できる労働条件から由来するものではなく、それは人間の心の奥深いところから由来するものである（The interview program showed that the major difficulty was no mere simple error of supervision, no easily alterable set of working conditions; it was something more intimately human, more remote)」。

＊23　Mayo [1933], p.81（村本訳 [1967]、88頁)。
＊24　Mayo [1933], p.94（筆者訳文)。

バンク巻き線作業観察実験（The Bank Wiring Observation Room Study: 1931.11～1932.5）

　面接実験に続き、「企業内部に存在する社会的集団に関する情報を獲得し、その対応方法を構築するために、バンク巻き線作業観察実験が計画された（The Bank Wiring Observation Room Study, then, was planned with two purposes in mind: to develop the new method and to obtain more exact information about social groups within the company）」[25]。この実験は入念に計画されたものであるが、1931年11月に開始したものの、大恐慌時代の仕事不足によってわずか半年後の1932年5月に打ち切らざるをえなかった。

　この実験では、捲線工（wiremen）9名、ハンダ工（soldermen）3名、検査工（inspectors）2名という3業種から男子作業員14名の作業班を作った。そこで、集団出来高給制度を取り入れ、仕事の速い人が仕事の遅い人にどれだけのプレッシャーを与えるか、あるいは生産制限の問題が起きるかを検証しようとした。しかし、実際の作業量をみると、大した差がなく、ある種の「公正生産標準量（fair production quota）」が非公式的に合意されたようである。また「各労働者個人の生産高実績は、彼の知能、器用さ、経済的動機それ自体などよりも、むしろ職場集団の非公式組織内における彼の地位によって大きく決定されている（Each worker's level of output depended more on his position in the informal organization of the group than upon his intelligence, dexterity, or economic motivation per se）」[26]。明らかに、この作業班のなかになんらかの仲間集団が存在し、その仲間集団内の独自な掟が作業員の行動を大きく左右している。いいかえれば、公式組織のなかに非公式組織ならびにそのリーダーが存在し、しかも非常に重要な役割を果たしていることが発見された。

　レスリスバーガーのそれ以降の多くの調査によると、「ほぼあらゆる公式組織のなかで、従業員たちは非公式的な関係を価値あるものと見ている。いつであれ、どこであれ、可能性さえあれば、従業員たちは非公式的な関係づくりに熱中する。その非公式的な関係から大きな満足感が得られる場合も多いので、そういう非公式的な関係から生まれる小さな温かい、居心地の良いグループに所属するためならば、非論理的な行動（すなわち自分の経済利益に反するような行動）をあえてとることもしばしばである（It seemed to me that in most organizations the employees

---

[25] Roethlisberger and Dickson [1939], p.385.
[26] Roethlisberger [1977], pp.47-48.

found these informal relationships rewarding. Whenever and wherever it is possible, they generated them like crazy. In many cases they found them so satisfying that they often did all sorts of non-logical things（i.e., things that went counter to their economic interests）in order to belong to the small, warm, and cozy groups which these relations generated）」。[*27]

　メイヨーは、レスリスバーガーの上述した見解を支持し、職場の人間集団に特別な感情を抱いているために昇進と昇給をともなうほかの職場と職位への異動を拒否した女子工員の事例を挙げ、非公式組織の存在ならびにその重要性を力説している。[*28]

　実際、メイヨーもレスリスバーガーも現実生活のなかで、職場という公式組織の活動に距離を置きながら、研究仲間という非公式組織の活動に熱中するタイプの人間であった。非公式組織に関して、彼らは多くの優れた見解を示した。

　まず非公式組織（informal organization）とは、仲間意識によって自然に発生し、無意識的に、非論理的に、下から発生するような従業員間の連帯関係である。非公式組織の暗黙的な規範（norms）と価値観（values）は、公式組織が公に掲げる規範と価値観と必ずしも一致しないので、ポジティブとネガティブ両面の影響を公式組織に及ぼすこととなる。両者が一致する場合に組織行動の効率性は上昇するが、そうでない場合は上昇しない、あるいは低下することになる。

　次に非公式組織の役割は大雑把に以下の2つに分けられる。[*29]

①対内的にはメンバーの行動を統制・規制する（The internal function of this organization was to control and regulate the behavior of its members）。たとえば各個人の作業速度、勤労意欲、人間感情などは非公式組織から大きく影響される。

②対外的にはメンバーを守る。つまり、労働条件と人間関係における変化あるいは変化の脅威に対する強い抵抗を表明することによって、外部干渉からグループ・メンバーを守る（Externally, however, it functioned as a protective mechanism. It served to protect the group from outside interference by manifesting a strong resistance to change, or threat of change, in conditions of work and personal relations）。たとえば非公式組織は賃率の維持、低能力労働

＊27　Roethlisberger［1977］, p.165.
＊28　Mayo［1949］, pp.71-72（藤田・名和訳［1951］、109-110頁）.
＊29　Roethlisberger and Dickson［1939］, p.525.

者の懲罰と解雇の回避などに積極的に働きかける。

さらに、仲間に迷惑をかけずに皆でうまくやろうという感情は非公式組織の内部で強く働き、それを表わすいわゆる「４つの掟」が非公式組織の運営原則となっている。[*30]

① 「仕事に精を出しすぎてはならない。さもなければ、その人間は『ガッツキ屋』だ（You should not turn out too much work; if you do, you are a 'rate-buster')」。つまり、賃率破りにならないように。
② 「仕事を怠けすぎてはならない。さもなければ、彼は『さぼり屋』だ（You should not turn out too little work; if you do, you are a 'chiseler')」。つまり、賃金泥棒にならないように。
③ 「仲間のだれかが迷惑するようなことを上司にしゃべってはならない。さもなければ、彼は『告げ口野郎』だ（You should not say anything to a supervisor which would react to the detriment of one of you associates; if you do, you are a 'squealer')」。つまり、密告者にならないように。
④ 「あまり他人におせっかいをしてはならない。つまりたとえ検査工であっても、検査工ぶってはならない（You should not be too officious; that is, if you are an inspector, you should not act like one)」。つまり、仕事より仲間を大事にするように。

要するに、この実験から非公式組織の存在とその役割およびその運営原則が発見され、従来の公式組織内での厳しい監督と金銭的報酬を中心内容とした管理方法に本質的な変化を迫った。なぜならば、組織の中間管理層とくに現場管理者は、公式組織の規則と非公式組織に属する従業員の感情という２つの要素に配慮しなければならず、両者間での均衡状態を求め続けなければならないのである。

４．ホーソン実験の主な成果：人間関係論の誕生

以上で説明したように、ホーソン実験は、照明度と作業能率との相関関係という単純な問題からスタートしたものである。しかし、実験の展開につれて、あらかじめ設定された仮説は立証できず、頭のなかに用意された問題解決法では現実に役立たないということはわかった。実験の結果を説明するためには、従業員の人間としての問題を正しく理解し、そういう問題を適切に解決する方法を究明していかなけ

---

*30　Roethlisberger [1941], p.22（野田・川村訳 [1965]、26頁）.

ればならない。

　人間性を理解する重要性について、ウェスタン・エレクトリック社の責任者（C. G. Stoll）は次のように述べている。[*31]「実験で明らかにされたもっとも重要な成果は、個別問題への結論的な答案ではなく、人間状態へのさらなる理解である。その理解は、労働者の人間関係の改善に貢献し、またいつかどこかで起きる人間的な問題を解決することに役立つのである（It became clear that what really was most significant was not conclusive answers to specific questions, but a development in the understanding of human situations which would help to improve employee relations and aid in resolving the problems arising in them when and where they occur）」。

　ホーソン実験は長期間にわたる大がかりな実験であり、その成果は多くの学術分野に広がっている。しかし、経営学の分野に限定してみると、その主な成果は次の３点にまとめられ、「ホーソン効果（the Hawthorne Effects）」と呼ばれる。つまり、人間としての従業員は職務活動のなかで次のような特徴を持っている。

経済的（economic）報酬だけでなく、社会的（social）報酬をも求める。

　照明実験や継電器組立て実験や非公式組織の掟などから観察されたように、従業員にとっては、賃金だけが唯一の目的ではなく、まわりの人間（集団）にも気を配り、仲間集団への所属欲求を持っている。従業員の作業効率に対する影響力を考えると、選ばれた人間としての誇り、観察された責任感、仲間に迷惑をかけてはならないという使命感などの社会的（人間的）な環境要素の影響は、照明強度のような自然的（技術的）な環境要素の影響を打ち消して余りあるほど強いものである。

合理的（rational）理由だけでなく、感情的（sentimental）理由にも左右される。

　継電器組立て実験と面接実験から観察されたように、合理性と能率の論理だけでは説明しきれないような非論理的、非合理的な事柄であっても、「感情の論理」では説明が可能となる。つまり、組織の管理問題をすべて合理主義と能率の論理で通そうとする従来のやり方に限界がある、という重大な事実が発見されたのである。

---

*31　Stoll, C. G., "Foreword," in Roethlisberger and Dickson [1939], p.vii.

公式（formal）組織だけでなく、非公式（informal）組織にも影響される。
　通常では、規則、秩序、賞罰制度などを備えている公式組織の内部に、複数の非公式組織が存在している。公式組織と非公式組織のそれぞれの目標と利害が必ずしも一致するとは限らないが、どちらかというと、一致するケースが多い。場合によって、公式組織の管理システムを使っては実現できないような任務（たとえばサービス残業や緊急残業の要請）であっても、非公式組織の連絡ルートを利用すれば、その任務の実現は可能になる。したがって、非公式組織とそのリーダーの存在およびその役割の重要性を明確に認識し、非公式組織をひたすらに抑制するのではなく、むしろ非公式組織の目標と利害を公式組織が望む方向に誘導し、その機能と役割を積極的に生かすべきである。

　以上3点をふまえ、人間としての従業員は、孤立した状態で打算的に金銭のみを求めるような「合理的な経済人（rational economic man）」ではなく、連帯的、献身的、感情的に行動する「社会人（social man）」であるとメイヨーらは主張する。メイヨーらの理論は職場集団、仲間意識、非公式組織といった従業員の人間関係を中心問題に据えているため、人間関係論（Human Relations Theory）と呼ばれることとなった。

5．メイヨーの臨床実験室的な研究方法

　産業問題や人間関係の研究について、メイヨーは社会的な技能（social skill）の重要性を特別に強調している。「われわれの社会的な技能がわれわれの技術的な技能と同程度に進歩していれば、ヨーロッパでの戦争は起きなかったであろう（If our social skills had advanced step by step with our technical skills, there would not have been another European war）[32]」と述べ、さまざまな誤解と批判を引き起こしたほどである。
　メイヨーの考えとして、当時のアメリカは技術と商業で大きな進化を遂げていたが、社会科学の諸課題、とりわけ経済や産業の課題に対して、それまでの研究手法は科学的ではなく、多くの欠陥があった。社会的なスキル、とくに個人と社会の相互関係、つまり人間の協力関係を取り扱うスキルは大きく遅れていた。社会の進化につれて、技術と規律が強調され、働く人間とりわけ一般労働者の心理状態と勤労

---

[32] Mayo [1949], p.21（筆者訳文）.

意欲が無視されていた。この種の問題が放置されていれば、資本主義社会はいずれ崩壊することになる。こういう産業界の問題を解決するためには、当時、激化していた階級間の利益対立と実力対抗を特徴とする政治的な労働者運動はあまり効果がなく、産業社会学と産業心理学からのアプローチが必要である。具体的には、ホーソン実験のような産業心理学の実験では、研究方法の科学性を高めるために、次の点が重要であるとメイヨーは主張している。

① まず従業員ひとりひとりの考え方と行動を詳細に観察するという臨床実験室（clinic-laboratory）的な手法を取り入れるべきである。[*33]「科学は診療所から始まり、実験室で効果的に発達するものである。診療所のなかでは単純な論理を使って複雑な事実を検査する。実験室のなかでは臨床的に発達した技法を使い、複雑な事実を別々の側面に分離させ、それらを個別に研究する。それが成功すれば、高度に複雑な論理が発達することになる。単純な論理と複雑な事実から、単純化された事実と複雑になった論理へ、というように、ひとつのものは別のものにつながっていく。この臨床実験室的な関係は科学的方法の本質である（Science begins in the clinic and is effectively developed in the laboratory. In the clinic one uses relatively simple logics to examine complicated fact; in the laboratory clinically developed skill has suggested the isolation of certain aspects of the complex fact for separate study and, when successful, this may result in the development of highly complicated logic. The one method informs and develops the other ――simple logic and complex fact, simplified fact and complex logic. …… This clinic-laboratory relationship is the essential of scientific method）」。

② 次には、コミュニケーションが特別に重要である。[*34]「社会的問題の研究はいわゆるコミュニケーションに対する丁寧な観察から始めなければならない。ここでいうコミュニケーションとは、個人間で感情とアイデアを伝え、またグループ間で効果的に、密接に連絡する能力のことを指している（I believe that social study should begin with careful observation of what may be described as communication: that is, the capacity of an individual to communicate his feelings and ideas to another, the capacity of groups to communicate effectively and intimately with each other）」。

[*33] Mayo [1949], pp.31-32（筆者訳文）。
[*34] Mayo [1949], p.20（筆者訳文）。

③そして、コミュニケーションに対する臨床観察に、科学的なルールを応用しなければならない。たとえばホーソン実験において、「面接者はコメントや批判や感情的言動をせず、聞くことに専念するといったルールを守るように訓練されていた。……これはとても単純な技能ではあるが、産業界状況の分析において驚くほどの効果がある（An interviewer is trained to listen with attention and without comment, especially without criticism or emotion …… This is a very simple skill, but it can have the most astonishing effects in industrial situations)」。[35]

6．レスリスバーガーの社会システム論

　ホーソン実験の事実にもとづき、従業員の行動は職場内外の多くの要因によって影響されるので、作業能率の向上という単純な問題を解決するためには、作業集団ないし企業全体を社会システムの一部としてとらえなければならない、とレスリスバーガーは社会システム論を新たに提起した。この社会システム論の視点から考えると、産業組織の主な役割は以下の2つである。[36]

①製品の生産（producing a product）：対外的な役割で、コスト、利潤、能率、企業間競争などの問題と関連しており、企業の経済的活動である。

②満足感の創出と組織メンバーへの提供（creating and distributing satisfactions among the individual members of the organization）：対内的役割で、賃金、労資関係、従業員士気、離職率、勤務期間、病気と事故の確率などの問題と関連しており、企業の管理的活動である。

　レスリスバーガーによれば、1930年代のアメリカでは、企業の外部均衡に対する関心が高く、問題解決の技法も多く開発されているのに対して、企業の内部均衡への関心は低く、問題解決の技法もほとんど開発されていない。しかし、ホーソン実験の結果からわかるように、企業という有機的な組織体にとって、製品の生産と従業員への満足感の提供は切り離すことのできない重要機能である。従業員の人間感情を軽視したら、経済的な生産活動にいくら力を入れても、その経済的活動の目標は容易に達成できないのである。

---

*35　Mayo [1949], p.27（筆者訳文）.
*36　Roethlisberger and Dickson [1939], p.552.

7．人間関係論にもとづく経営管理：動機づけ理論の発端

　ホーソン実験は、従来の合理的な科学的管理にもとづき、作業能率をいかに高めるかを狙って開始されたものであったが、実験の結果は当初の意図とまったく異なり、人間、作業、組織、工場、企業のそれぞれの面において新たな発見がなされ、組織の経営管理に新しい視角と新しい課題を提供し、経営管理のあり方に本質的な変化をもたらしたのである。たとえば非公式的な人間集団のなかでの共通感情（価値観、仲間意識）が作業の能率を大きく左右し、集団的な統制力になりうるという事実が発見されたことは、ホーソン実験の重要な成果であった。この発見は、それまでに組織的怠業という生産制限の原因を賃率設定の不合理性に見出したテイラーとは対照的なものであり、長い間悩まされつづけてきた問題の本質に迫るものであるといえよう。

　メイヨーの主張とテイラーの主張を対立するものとしてとらえる議論は多いが、それは誤解かもしれない。なぜかというと、この２人は実際、産業における調和、すなわち経営者と労働者の敵対状態の終焉というまったく同じゴールを追求していたのである。ただし、ホーソン実験によって、それまで支配的な「経済人」の人間観から新しい「社会人」の人間観への転換が促され、人間関係論が誕生した。テイラーらの伝統モデルでは個人よりも組織が重視されるのと対照的に、メイヨーらの人間関係モデルでは組織よりも個人が重視されることになる。人間関係論の立場からいうと、企業の成功には従業員個人の役割が大切であり、生産性を向上するためには労働者個人に対する配慮がもっとも重要である。レスリスバーガーの言葉を借りると、「人間問題は人間的解決を要求する。……人間問題がそれにふさわしい人間的解決を与えられるためには、人間的データと人間的道具が必要なのである（A human problem requires a human solution. …… A human problem to be brought to a human solution requires human data and human tools）」[37]。

　メイヨーとレスリスバーガーらは、テイラー流の経済利益誘導型の動機づけ方法を否定し、人間関係論の視点から従業員欲求の究明と提供を中心内容とする動機づけ理論（motivation theory）をはじめて提起した。ホーソン実験の後、従業員とのコミュニケーションを強化して人間の満足感を高めることを目的とする数々の経営管理の施策が考案され、「人間の理解」による人間的管理と呼ばれていた。その具

---

[37] Roethlisberger［1941］, p.9（野田・川村訳［1965］、11頁）.

体策として、たとえば提案制度の導入と従業員福祉の充実などが挙げられた。こういう動機づけ理論の処方箋は、科学的管理法に欠けていた人間性を重視した点で広く歓迎されていた。その結果、怠業問題の改善、従業員のモラル向上、企業への帰属意識の強化、勤労意欲の向上といった多くの成果が得られた。当時は、「満足した労働者は生産的な労働者である（A happy worker is a productive worker）」という表現が広く流行していた。

8．メイヨーの人間関係論への評価

　労働者の態度や感情などの心理的側面に訴え、不平・不満を解消し、労働者を管理活動に積極的に参加させ、労働者のやる気を喚起するという人間関係論の考え方をはじめて示したのはメイヨーであった。メイヨー本人の著作はあまり体系的なものになっていないが、彼の後継者となるレスリスバーガーたちは人間関係論の理論体系の構築に尽力していた。メイヨーの人間関係論を発端に、経営管理の問題に心理学の視点が取り入れられ、マスローの欲求階層説、マグレガーのＸ理論・Ｙ理論、ハーズバーグの動機づけ・衛生理論などの学説が次々と誕生し、行動科学という新しい学問分野が形成され、経営学の発展に大きく寄与した。またメイヨーの人間関係論は産業社会学や産業心理学などの新しい学問領域の形成に大きなインパクトを与え、社会科学全体の発展に大きく寄与した。そのため、メイヨーの功績を高く評価し、彼を「行動科学の父（Father of behavior science）」と崇めるような表現すらある。

　メイヨーらの人間関係論は学問と実務の両面で大きな変化をもたらし、高い評価に値するものに違いないが、それに対する批判的意見も少なくない。たとえば実務に携わる経営者からは、人間関係論者の主張は「甘い管理（sugar management）」と批判する意見も多く聞かれた。つまり、公式組織よりも非公式組織を重視し、組織規則よりも人間の感情を強調すると、本当の組織管理ができなくなり、上司が部下のご機嫌をとるような「ニコポン主義」が横行する。その場合、仮に職場の雰囲気が良くなっていても、生産性は一向に上がらないという弊害が生じる。

　他方では、マスコミと知識人の世界では、人間関係論の偽善性や実効性などを問題視し、「満足している牛は満足していない牛より多くのミルクを絞り出される」、「民主主義の代替的療法だ」、「人間の能力と自由を拡大するのではなく、人間を機械に合わせるだけだ」といった厳しい意見も出されている。

　そのほか、メイヨーはホーソン実験の結果を自分の従来の見方に合わせて勝手に

解釈したという指摘もある。たとえば継電器組立て実験において、生産性の向上をもたらしたもっとも重要な要因は小集団作業による人間関係と人間感情の改善であるとメイヨーは解釈していたが、実験に参加した作業員はその解釈に納得せず、手取り収入が大幅に増えたことがもっとも重要なモティベーション要因であると証言していた。[38]

---

[38] Wren and Greenwood [1998], p.176.

第5章

マスローの欲求階層説

1．マスローの人物像[*1]

マスロー[*2]（Abraham Harold Maslow: 1908.4.1～1970.6.8）の父親サミュエル（Samuel Maslow）はユダヤ系で、14歳のときに単身でロシアのキエフ（Kiev）からアメリカへ渡った。数年後にニューヨークで樽（cooperage）修理のビジネスを始め、間もなく従妹のローズ（Rose）と結婚した。そして、1908年4月1日に、アブラハム・マスローは、ブルックリン（Brooklyn, New York）で生まれ、貧しい家の7人兄弟の長男となった。

両親はともに教養がなく、繊細さを欠く人であった。父親は酒癖が悪く、母親は迷信深かった。夫婦喧嘩が多く、父親は家を空けがちであった。家庭内での疎外感に加え、地域や小学校のなかでユダヤ人への偏見と敵意が強かった。自分の人種、家系、性格、容貌といったほぼすべてのことについて、内気ではにかみ屋のマスロー少年はひどく気にしていて、心理的なコンプレックスを抱いていた。その結果、マスローは親しい友人もなく図書館で本に埋もれて孤独な少年時代を過ごした。マスローの24歳の日記によると、「私の幼少年時代はみじめで悲惨だった。今から思

[*1] Hoffman［1999］（上田訳［1995］）．Gabor［2000］，pp.153-185．Goble［1970］（小口監訳［1972］）．http://en.wikipedia.org/wiki/Abraham_Maslow http://webspace.ship.edu/cgboer/maslow.html 写真出所：http://en.wikipedia.org/wiki/Abraham_Maslow
[*2] Maslow の日本語訳として、マズローとマスローの2つがあるが、本書では引用部分を除いてすべてマスローに統一している。

えば、実に暗くて悲しい時期であった。……どんなに記憶をまさぐっても、楽しかった思い出などかけらもない……。父は私を理解していなかったし、私を馬鹿で低能だと思っていた。おそらく父は私に失望していたのだろう（My childhood and boyhood were miserably unhappy. In retrospect, it seemed so dark and sad a period ……. I can find no single glimpse of happiness in all my memories …… My father misunderstood me, thought me an idiot and a fool. Probably, too, he was disappointed in me)」[*3]。

マスローが大学入学後に両親が離婚した。のちに事業に失敗した父親をマスロー夫婦が受け入れて一緒に暮らし、父親との和解が成立したが、母親との関係は修復できず、10代に家を出てから、母親とは2、3回しか会わなかった。「彼は母親の葬式に参列することさえも拒んだ。彼は母親を残酷で、無知で、冷たい人間、子供を狂気に追いやりかねないほど愛情の薄い人間だと評した（He even refused to attend her funeral. He characterized Rose Maslow as a cruel, ignorant, and hostile figure, one so unloving as to nearly induce madness in her children)」[*4]。母親をこれほど嫌う理由について、冷蔵庫に鍵をかけること、自分の意見を無視すること、宝物のレコードを踏み砕いたこと、拾った猫の頭を壁に打ちつけて殺したことなどのエピソードが挙げられている。一方、反面教師としての母親から、マスローは多くのことを学んだという。彼女の価値観、ケチ、徹底した利己主義、愛情の欠如、うぬぼれ、人種偏見、他者搾取、まったく根拠のない自己正当化、友人がいない、不潔でだらしない、自己中心的といったすべてのことにマスローが反発し、拒み続けていた。この反発と拒否から彼のユートピア的理想主義、倫理の重視、ヒューマニズム、親切、愛、友情といったものが芽生え、人生哲学に対する探究と理論化の原動力となった[*5]。

1922年1月にマスローはブルックリンのボーイズ高校（Boys High School）に進学した。在学中にさまざまな本を読み漁り、社会や道徳への関心が目覚めた。1926年に高校を卒業した後、ニューヨーク市立大学（CCNY: City College of New York）に入学した。そこに在籍しながら、1926年9月からブルックリン法科大学（Brooklyn Law School）の夜間部で法律の勉強を始めた。しかし、法律に興味を持たず、途中で退学してコーネル大学（Cornell University）の農学部に転学した。

---

*3　Hoffman [1999], p.6（上田訳 [1995]、8頁).
*4　Hoffman [1999], pp.6-7（上田訳 [1995]、9頁).
*5　Hoffman [1999], pp.8-9（上田訳 [1995]、11-12頁).

コーネル大学でのマスローは悪質な反ユダヤ主義の差別的な扱いに耐えられず、興味をひくような講義にも出会わなかった。そのため、わずか1学期後の1927年9月に彼はCCNYに戻った。

その時期に、マスローは、「文明哲学」の授業でエール大学（Yale University）教授のサムナー（William Graham Sumner）の著書『習俗（Folkways）』に出会い、知的興奮で全身が震え、はじめての至高経験（peak experience）を体験したという。また1928年夏に、『1925年の心理学（The Psychologies of 1925）』という論文集に出会い、アメリカの行動主義心理学の創設者であるワトソン（John B. Watson: 1878～1958）の思想に大いに感銘を受けた。人間の理性、社会の進歩、純粋な科学的精神は社会の不合理と迷信を除去し、人間の生存状態を改善する手段になりうると悟り、自分を苦しめてきた人種差別、民族優越感、児童体罰などの社会問題の解決を行動主義心理学に求められるのではないかと感じ、ふたたび至高経験を覚えた。

1928年9月にマスローはウィスコンシン大学マディソン校（Madison campus of the University of Wisconsin）に転校し、哲学と心理学のコースをとった。1928年12月31日に従妹のバーサ（Bertha Goodman）と結婚し、のちにAnnとEllenという2人の娘をもうけた。マスローはほぼすべての教科で好成績を収め、1930年に卒業した後に同校の大学院に進んだ。1931年に心理学修士号を取得した後に、さらに博士課程に進み、Monkey Manと呼ばれる霊長類心理学研究者のハーロウ（Harry Frederick Harlow: 1905～81）教授の第1号の弟子となった。

マスローは、動物園にほぼ2年間通い、食事習慣、求愛儀式、統治制度に関するサルやオランウータンやヒヒの行動を細かに観察し、創造性豊かな研究を行なった。たとえば通常の給食後にはほぼ満腹になり、普通の餌には見向きもしなくなったにもかかわらず、ピーナツやチョコレートなどの嗜好品ならば強烈な興味を示すという現象から、食欲（appetite）と飢え（hunger）との違いを発見した。つまり、食欲と飢えは別次元の動機づけ要因と分類されるべきであり、それぞれの持つ動機づけ効果も当然異なる。また、マスローは異なるステータスにいるサルたちの性的行動と支配行動の違いを通じて、より複雑になっている人間の性的関係と社会関係を分析しようと試みた。彼の観察によると、サルの性的行動は、ホルモン衝動だけによるものでなく、支配者としての地位を確立しようという欲求による部分も大きい。しかも、サル社会での支配関係は、体格の大きさ、肉体の強さ、身体的な攻撃力だけでなく、ある種の「内在的自信」、「優越感」、「支配欲」に依存する部分が大きい。サルたちのなかで社会的な序列が存在しているので、武力闘争よりも、相互

の凝視と視覚的評定によって勝敗が決まり、支配関係が樹立される。これらの重大な発見は、のちに彼の欲求階層理論の基礎となった。

マスローは1932年以降に学会誌に研究論文を次々と発表し、1934年にウィスコンシン大学から心理学博士号を取得した。しかし、大恐慌時代にはユダヤ人に対する差別と偏見がアメリカ社会に充満していたため、研究職をみつけるのは困難であった。多くの挫折を味わった後、やっと1935年8月にコロンビア大学教育研究所（Institute of Educational Research of Columbia University）の教育心理学者ソーンダイク教授（Edward L. Thorndike）が率いる研究チームの特別研究員となった。

1937年2月からマスローはニューヨーク市立大学のブルックリン・カレッジ（Brooklyn College）で常勤の心理学下級講師（tutor）を務めはじめ、翌年に講師（instructor）に昇進した。1938年夏にブラックフット・インディアン（Blackfoot Indians）の部落に入り、「支配性と情緒的安定性（Dominance and Emotional Security）」をテーマとする現地調査を行なった。このフィールド・ワークからマスローは多くの収穫を得た。彼らはインディアンである以前に、まず人であり、個人であり、人間である。インディアンとそれ以外の人種との間に、相違点は当然あるが、むしろ類似点のほうがはるかに多く、かつ本質的なものである。たとえばこの約800人の部落では、牛や馬などの財産を多く蓄える人よりも、自分のほぼすべてのものを他人に分け与えるという気前のよい人が賞賛され、尊敬される。また部落の人々は他人への敵意が少なく、部落リーダーは利他的行動をとることが多い。この現地調査にもとづき、人類は有意義な生活と尊厳を求めるという内面的な欲求があり、暴力的喧嘩や破壊的攻撃などを引き起こす人間の敵対心理は、自然動物としての遺伝の結果であるよりも、人間社会としての文化がもたらした結果であるとマスローは確信した。そして、自民族中心と文化相対主義の偏狭さを超越し、医学と生物学に根ざした人間主義的心理学を確立する必要性を強く感じた。

ヒトラー（Adolf Hitler）は1933年1月にドイツの首相に就任し、4月にすべてのユダヤ人と社会主義者を全ドイツの大学から追放した。その後、ドイツにかぎらず、多くの知識人がヨーロッパ各国からアメリカに渡った。マスローはニューヨーク亡命中の知識人との交流を積極的に求め、知的喜びを満喫していた。マスローが直接に交流した人々のなかには、個人心理学を創設したアドラー（Alfred Adler: 1870～1937）、ゲシュタルト心理学を開拓したヴェルトハイマー（Max Wertheimer: 1880～1943）とコフカ（Kurt Koffka: 1886～1941）、近代神経精神病学を開拓したゴールドシュタイン（Kurt Goldstein: 1878～1965）、女性解放論者として知られる精神分析学者のホルネイ（Karen Horney: 1885～1952）、社会批評家として知ら

れる精神分析学者のフロム（Erich Fromm: 1900～80）といった偉大な知識人も含まれていた。

　これら知識人との個人的な交流を通じて、マスローはアメリカで主流となる行動主義的心理学への疑問を強く持ちはじめ、ヨーロッパで主流となるフロイト（Sigmund Freud: 1856～1939）の精神分析的心理学の最先端を学ぶことができた。そのうえ、なんらかの異常性を持つ一部の病的人間だけを分析対象とする、というフロイト心理学の重大な欠陥に気づき、異常人間と正常人間のすべてを対象とする包括的な心理学を確立する必要性を感じた。さらに、これら知識人の日常行為と価値観から尊厳欲求と自己実現欲求の人間像を見出し、行動主義にもフロイト主義にも属さない第三勢力（the third Force）としての、自分自身の人間主義心理学の創設に向けての現実的な基盤を築き上げた。そして、その数年後に、自分がもっとも尊敬し、かつ多くの指導を受けたゲシュタルト心理学者のヴェルトハイマー（Max Wertheimer）と文化人類学者のベネディクト（Ruth Benedict）の2人を原型に、「自己実現人」や「完全なる人間」といった概念を打ち出した。[*6]

　1943年秋にマスローは欲求階層説を学術雑誌で発表し[*7]、学界から大きな注目を浴び、1946年1月に准教授に昇進した。1951年にブランダイス大学（Brandeis University）心理学部の教授として招聘され、1954年に大作の *Motivation and Personality* を出版した。[*8] 1960年代に重要な著作を次々と出版し、アメリカ心理学会の会長（1967～68）に選ばれるほど、心理学の発展への大きな貢献が認められた。

　マスローは、1967年12月に激しい心臓発作に襲われた後、1969年にブランダイス大学を去り、カリフォルニア州メンロー・パーク（Menlo Park）に移り、ローリン慈善財団（Laughlin Charitable Foundation）の特別研究員となった。療養生活を送りながら、旧著の改訂と新著の執筆をするつもりであったが、1970年6月8日に自宅の庭において心臓障害で急死した。享年62歳であった。

2．マスローの著作

マスローによる論文と著書は100点以上にのぼるが、主な著書は次のものである。[*9]

---

* 6　Maslow［1971］, p.40（上田訳［1973］、51頁）.
* 7　Maslow［1943］.
* 8　Maslow［1954］（小口訳［1987］）.
* 9　マスロー研究業績の完全リストは次の文献に収められている。Hoffman［1999］, pp.325-330（上田訳［1995］、441-446頁）.

- Maslow, A. H. [1954], *Motivation and Personality*, 2nd ed., New York, NY: Harper & Row, Publishers, 1970（小口忠彦訳 [1987]、『(改訂新版) 人間性の心理学：モチベーションとパーソナリティ』産業能率大学出版部).
- Maslow, A. H. [1962], *Toward a Psychology of Being*, Princeton, New Jersey: D. Van Nostrand Company, Inc.（上田吉一訳 [1979]、『完全なる人間：魂のめざすもの』誠信書房).
- Maslow, A. H. [1964], *Religions, Values and Peak-experiences*, New York, NY: Penguin Compass, 1976（佐藤三郎・佐藤全弘訳 [1981]、『創造的人間：宗教、価値、至高経験』誠信書房).
- Maslow, A. H. [1965], *Eupsychian Management: A Journal*, Homewood, Ill: Richard D. Irwin, Inc.（原年廣訳 [1967]、『自己実現の経営：経営の心理的側面』産業能率短期大学出版部).
- Maslow, A. H. [1966], *The Psychology of Science: A Reconnaissance*, New York, NY: Harper & Row, Publishers（早坂泰次郎訳 [1971]、『可能性の心理学』川島書店).
- Maslow, A. H. [1971], *The Farther Reaches of Human Nature*, New York, NY: Viking Press, Inc.（上田吉一訳 [1973]、『人間性の最高価値』誠信書房).
- Maslow, A. H. [1996], *Future Visions: The Unpublished Papers of Abraham Maslow*, (edited by Hoffman, Edward), Thousand Oaks, California: SAGE Publications（上田吉一・町田哲司訳 [2002]、『マスローの人間論：未来に贈る人間主義心理学者のエッセイ』ナカニシヤ出版).
- Maslow, A. H. [1998], *Maslow on Management*, New York, NY: John Wiley & Sons, Inc.（金井寿宏監訳 [2001]、『完全なる経営』日本経済新聞社)[*10]。

3．欲求の階層

マスローは、まず1943年論文のなかで、人間の欲求階層（hierarchy of human needs）に関する見解を発表し、人間の欲求を生理的欲求、安全欲求、帰属と愛の欲求、尊重欲求、自己実現欲求という5つの階層に分けた[*11]。そして、のちの1954年

---

*10　この1冊は、1965年版の *Eupsychian Management: A Journal* の増補版である。題名も言葉表現も内容構成も少し変更しており、マスロー理論に対するほかの研究者のコメントを大量に挿入しているが、基本的には同じ書物である。

図5-1 欲求階層のピラミッド

例：人生の道	
わが道を歩むことへ	自己実現欲求
管理職へ	尊重欲求
中堅社員へ	帰属と愛の欲求
正社員へ	安全欲求
派遣社員へ	生理的欲求

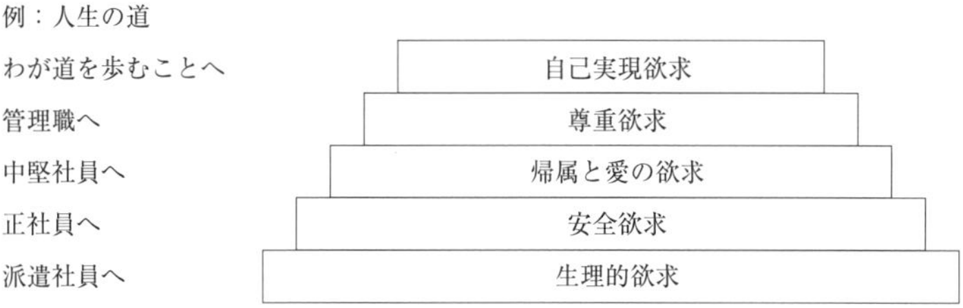

の著書のなかで、認知欲求と審美欲求を追加した。[*12]

　認知欲求（cognitive needs）とは未知のことを探究して自分の知識範囲を広げるような知的欲求、すなわち"知る"と"理解する"欲求である。たとえば「真の知識に対する認知的欲求（好奇心）と理解に対する認知的欲求（哲学的、理論的、価値体系樹立の説明欲求）がある（the cognitive needs for sheer knowledge（curiosity）and for understanding（the philosophical, theological, value-system-building explanation need））」。

　また、審美欲求（aesthetic needs）とは美しいものを鑑賞したり求めたりして、それを楽しむような美学的な欲求である。たとえば「美・調和・単純・完成・秩序などに対する衝動と、表現・実行・運動的完成に対する欲求（the impulse to beauty, symmetry, and possibly to simplicity, completion, and order, …… and the needs to express, to act out, and to motor completion）」がこれに当たる。

　もちろん、人間は認知と審美の欲求を有していると考えられる。しかし、後で追加されたこの2つの欲求を欲求階層のどこに入れるかについての疑問が多く、統一した理解がみられず、むしろ最初の5段階欲求説のほうがわかりやすく説得力が強い。[*13] こうして、7段階欲求説に関する議論は体系的に展開されていなかったため、ほとんど広がらず、5段階欲求説だけが一般的に受け容れられている。その内容については、おおむね次のようなものである。[*14]

[*11] Maslow [1943].
[*12] Maslow [1954], p.2（小口訳 [1987]、2頁）.
[*13] 実際、マスローの著作のなかでは欲求階層のピラミッドのような図形はまったく存在せず、それらの欲求を前後の順番で論じただけである。また、マスローは認知欲求と審美欲求の2つをほかの5つと別々に議論しており、順位をつけていない。ただし、この2つを自己実現欲求のすぐ下の階層に位置づけると主張する研究者の意見がある。
[*14] Maslow [1954], pp.35-46（小口訳 [1987]、55-72頁）.

①生理的欲求（physiological needs）：これは、呼吸、食事、排泄、睡眠、衣、住、性といった、人間の生命を維持するために欠かせない本能的な欲求である。「これらの生理的欲求は、疑いの余地なく、あらゆる欲求の中で最も優勢なものである。特に極端なまでに生活のあらゆるものを失った人間では、生理的欲求が他のどんな欲求よりも最も主要な動機づけとなるようである（Undoubtedly these physiological needs are the most prepotent of all needs. What this means specifically is that in the human being who is missing everything in life in an extreme fashion, it is most likely that the major motivation would be the physiological needs rather than any others）」[*15]。

②安全・安定の欲求（safety and security needs）：これは、安全、健康、雇用といったように、身体的安全と経済的安定を望み、危険、恐怖、混乱、不安などから逃れ、保護、平和、構造、秩序、法制度などを求めようとする欲求である。

③帰属と愛の欲求（belongingness and love needs）：これは、友人、仲間、恋人、家庭、社交クラブ、宗教団体といった、自分以外のなんらかの人間集団や社会団体に所属し、その人間集団のなかで自分の居場所をみつけようとする欲求であり、「社会的欲求（social needs）」とも呼ばれる。

④尊重欲求（esteem needs）：この種の欲求は「自我欲求（egoistic needs）」と表現される場合もあり、2つのレベルに区別される。低いレベルのものは「他人からの尊重（esteem of others）」であり、そこには、地位、名声、栄光、承認、注目、重視、威信、評価、権力、支配権などがある。高いレベルのものは「自尊心（self-esteem）」であり、そこには、強さ、適切さ、自信、能力、成功、熟達、独立、自由などがある。両者の本質的な違いとして、「他人からの尊重」はあくまでも他人依存的なものであり、失われる可能性がつねにつきまとう。それに対して、「自尊心」は自己依存的なものであり、いったん獲得されると、簡単に失われることはない。

　また、それまでの低次元欲求とは大きく異なり、尊重欲求は金銭で獲得することはできないが、金銭以上の満足感をもたらす。この点について、マスローは次のように説明している。「特筆すべきは、偉大なリーダーとされた人物がしばしば無一文だったにもかかわらず、無一文であることは、リーダーの要件ですらあった。なぜなら、それは彼の気前の良さを示す証拠となるからだ。リーダーの豊かさは、彼がどれだけ稼ぐことができ、それをどれだけ人に与える

---

*15　Maslow [1954], pp.36-37（小口訳 [1987]、57-58頁）。

ことができるかという尺度で測られていたのである。……人間が大いに尊敬、尊重され、高い評価を得て歓待されるならば、金銭的報酬は不要となる（The point is that …… in spite of the fact that this great leader frequently was penniless. That is part of the picture of the great leader ――his total generosity. His wealth there was defined in terms of how much he could afford to earn and give away. …… If such a man were greatly admired, respected, appreciated, approved, applauded, welcomed, then he would need no money）」[*16]。

⑤自己実現の欲求（self-actualization needs）：これは、独立性、達成感、自己啓発、精神的成長、創造性といった、他人の評価にかかわらず、自己の潜在能力を探求し、自己の成長と発展の機会を求める欲求である。この種の欲求について、マスローによる次の表現はとても有名である[*17]。「自分自身、最高に平穏であろうとするなら、音楽家は音楽をつくり、美術家は絵を描き、詩人は詩を書いていなければならない。人は、自分が**なりうる**ものになら**なければならない**。人は、自分自身の本性に忠実でなければならない。このような欲求を、自己実現の欲求と呼ぶことができるであろう（A musician must make music, an artist must paint, a poet must write, if he is to be ultimately at peace with himself. What a man *can* be, he *must* be. He must be true to his own nature. This need we may call self-actualization）」。

4．欲求階層説の要点

マスローの欲求階層説は広く知られており、その要点は以下のとおりである[*18]。

①人間は性格の異なる欲求を数多く持っているが、それらの欲求の間にある種の階層的な秩序が存在している。

人間は欲張りで多くの欲求を求めると同時に、人間は合理的に思考し、すべての欲求を一遍に手に入れることはできないということを知っている。そのため、人間の欲求追求は、もっとも低い階層にある生理的欲求から始まり、もっとも高い階層にある自己実現欲求に達するまで、順次に上位の階層に登っていくように、相互に

---

*16 Maslow［1998］, pp.232-235（金井監訳［2001］、323-324頁）.
*17 Maslow［1954］, p.46（小口訳［1987］、72頁）.
*18 Maslow［1954］, pp.98-100（小口訳［1987］、146-150頁）. 高次元欲求と低次元欲求の差異と系列関係は16カ条にわたって説明されている。しかし、その議論はかなり煩雑であるため、本書では重要なポイントだけを整理して説明している。

関連しあう連続的なプロセスの形をなしている。

マスローによれば、「人間というものは、常に何かを欲している動物であり、ほんの短時間を除いて、完全な満足の状態に到達することはほとんどない。ひとつの願望が満たされると、それに代わって別の願望がひょっこり現れる。それが満たされるとまた別の願望が前面に現れるといった具合である（Man is a wanting animal and rarely reaches a state of complete satisfaction except for a short time. As one desire is satisfied, another pops up to take its place. When this is satisfied, still another comes into the foreground, etc.）」[*19]。そして、注意すべき点として、「第一に、人間というものは、相対的にあるいは一段階ずつ階段を踏んでしか満足しないものであり、第二にいろいろな欲求間に一種の優先序列の階層が存在する（first, that the human being is never satisfied except in a relative or one-step-along-the-path fashion, and second, that wants seem to arrange themselves in some sort of hierarchy of prepotency）」[*20]。

②階層的な欲求秩序のもとでは、人間の欲求は、「あるレベルの欲求の充足」→「当該欲求の重要性の低減」→「次の高いレベルの欲求の重要度の増大」というように変化する。

まず、人間欲求が満たされる度合の増大につれて、それの持つ重要性が低減する。マスローの説明によると、「人間がパンのみによって生きるということは、パンのない時には確かに真実である。……しかし欲求は、満たされると、もはや欲求ではなくなる。ひとたび飢えが満たされると、その時には飢えは個人の力動においては重要なものではなくなってしまう（It is quite true that man lives by bread alone —— when there is no bread …… But a want that is satisfied is no longer a want. If hunger is satisfied, it becomes unimportant in the current dynamics of the individual）」[*21]。

次に、人間が２つか３つの階層の欲求を同時に求めるのは可能である。このことについて、マスローは次のように述べている[*22]。「普通の人の場合、たったひとつだけ非常に重要な動機があるという場合は少なく、むしろ同時にあらゆる動機が様々に絡みあって作用することの方が多い（In most persons, a single primary all-

---

*19 Maslow [1954], p.24（小口訳 [1987]、39頁）.
*20 Maslow [1954], p.25（小口訳 [1987]、40頁）.
*21 Maslow [1954], p.38（小口訳 [1987]、60頁）.
*22 Maslow [1954], p.3（小口訳 [1987]、3頁）.

important motive is less often found than a combination in varying amounts of *all* motivations working simultaneously)」。

③人間は、もっとも重要な欲求によって大きく動機づけられて行動する。またごく稀な場合では、人間はただひとつの欲求によって動機づけられて行動する。

人間が複数の欲求を同時に求めるのは普通であるが、その複数の欲求の重みが異なり、動機づけの効果も異なる。極端な場合、人間の行動はひとつだけの欲求によって決定される。たとえば「極度に危険なまで飢えている人にとっては、食べ物以外には何の関心もなくなってしまう。食べ物を夢み、食べ物を思い出し、食べ物のことを考え、食べ物だけに対して感情を示し、食べ物だけを知覚し、食べ物だけを欲するのである（For the man who is extremely and dangerously hungry, no other interests exist but food. He dreams food, he remembers food, he thinks about food, he emotes only about food, he perceives only food, and he wants only food)」。[*23]

5．欠乏欲求と成長欲求

マスローによれば、欲求階層のうち、生理的欲求から尊重欲求という下位の4つの欲求は、満たされていないから求められるが、一旦満たされるともう必要ないという飽和性を持ち、いずれ限界に達する。つまり、あるものを持っていないからそれに対する欲求を感じる。しかし、それを十分に持つと、それに対する欲求はなくなる。こういう意味から、これら4つの低次元欲求を欠乏欲求（deficit needs, or D-needs）と名づけた。一方、自己実現欲求という最高位の欲求は、満たされていないから求められるだけではなく、満たされていけばいくほど、より強く求められるという非飽和性を持ち、無限に求めることができる。そのため、自己実現欲求だけを成長欲求（growth needs, or B-needs）と名づけた。

両者の違いについて、マスローは次のように説明している。[*24]「欠乏に動機づけられている人々は、他の人が誰か自分に尽くしてくれないと**困る**のである。というのは、彼らの欲求の主なもの（愛、安全、尊敬、名声、帰属）は、他の人間によってのみ満たされるからである。しかし、成長によって動機づけられている人々には、実際には他人は欲求充足の**妨げとなっている**のかもしれない。彼らにとって、満足や良き生活を規定するものは、今や内なる個人であって、社会的なものでは**ない**の

[*23] Maslow [1954], p.37（小口訳 [1987]、58頁).
[*24] Maslow [1954], p.162（小口訳 [1987]、243頁).

である。彼らは非常に強いので、他の人々の良い意見や愛情によってさえも影響を受けない。他の人々の与えてくれる名誉、地位、報酬、人気、名声、愛は彼らにとって自己発展や内的成長ほど重要ではなくなっている（Deficiency-motivated people *must* have other people available, since most of their main need gratifications (love, safety, respect, prestige, belongingness) can come only from other human beings. But growth-motivated people may actually be *hampered* by others. The determinants of satisfaction and of the good life are for them now inner-individual and *not* social. They have become strong enough to be independent of the good opinion of other people, or even of their affection. The honors, the status, the rewards, the popularity, the prestige, and the love they can bestow must have become less important than self-development and inner growth）」。

こうして、欠乏欲求は外から与えられるのに対して、成長欲求は自己の内面から沸き上がってくるものである。したがって、厳密な意味では、欠乏欲求の階層にいる人間に対して、不足しているものを外部から与えることによってその人の動機を「付ける」ことはできるが、成長欲求の階層にいる人間に対して、不足しているものを外部から与えることはできないので、その人の動機を「付ける」ことはもはやできず、本人の継続的な発達は動機の向上をもたらす唯一の手段である。この点について、マスローは次のように説明している[25]。

「自己実現的人間の動機づけられた生活は、普通の人々のそれとは量的のみならず、質的にも異なっている。……おそらく、動機づけという概念は非自己実現者にのみ適用されるべきであろう。……（自己実現者は）もはや普通の意味での努力をしているのではなく、むしろ発展しているのである。彼らは完全を目指して成長しようとしている。自分自身のやり方でよりいっそう完全に発展しようとしている。普通の人の場合、動機づけとは自分たちに欠けている基本的欲求を満足させるために努力をすることである。しかし、自己実現的人間の場合には、実際のところ基本的欲求の満足について何ら欠けるところはないのだが、それでもなおかつ彼らには衝動があるのである。普通の意味でではないのだが、彼らは働き、試み、そして野心的である。彼らにとって動機づけとはまさに人格の成長であり、性格の表現であり、成熟であり、発展である。すなわち、一言で言えば自己実現なのである（The motivational life of self-actualizing people is not only quantitatively different but also qualitatively different from that of ordinary people. …… Perhaps the ordinary

---

[25] Maslow［1954］, p.159（小口訳［1987］、237-238頁）.

concept of motivation should apply *only* to nonself-actualizers. ……（They）no longer strive in the ordinary sense, but rather develop. They attempt to grow to perfection and to develop more and more fully in their own style. The motivation of ordinary men is a striving for the basic need gratifications that they lack. But self-actualizing people in fact lack none of these gratifications; and yet they have impulses. They work, they try, and they are ambitious, even though in an unusual sense. For them motivation is just character growth, character expression, maturation, and development; in a word self-actualization)」。

以上の議論からわかるように、欠乏欲求を求める人間は利害関心が多く、周辺の環境に適応することによってその欲求の満足を獲得することになる。一方、自己実現欲求を求める人間は利害関心が少なく、外部環境に順応することを嫌い、また環境適応的行動から自己実現欲求を満たすこともできない。つまり、前者は環境依存型人間で、後者は環境独立型人間といえる。[26]

6．自己実現的人間

自己実現の社会性

自己実現というマスローによる造語はいまや随所で使われているが、マスローの本意に沿わない使われ方が多い。たとえば自己実現という概念は、善悪の区別がなく、自分のなしうる最大限の努力をし、自分の資質を十分に生かして自分らしい存在になるようにめざす、と解釈される場合が少なくない。そういう解釈に従うと、なにかにはまっているオタク・タイプの人間が、たとえ社会的に「成功」と評価されていなくても、本人が自分の生き方に満足していれば、「自己実現をしている」と主張することができる。しかし、このような見解はマスローの本意を完全に誤解しているものである。

自己実現の社会的な有益性について、マスローは次のように説明している。[27]「真の達成のためには価値ある立派な仕事が要求される。くだらない仕事を見事にやり遂げたとしても、それを真の達成と呼ぶことはできない。無益な仕事は、立派にやり遂げる価値がない。これが私の考えだ（Real achievement means inevitably a worthy and virtuous task. To do some idiotic job very well is certainly *not* real

---

[26] Maslow［1962］, p.31（上田訳［1979］、56頁）.
[27] Maslow［1998］, p.16（金井監訳［2001］、25頁）.

achievement. I like my phrasing, "What is not worth doing is not worth doing well")」。

　マスローによると、自己実現的人間は、決して利己的、自己中心的、自己満足的、受動的、不完全な存在ではなく、その本来の意味としては、利他的、献身的、問題中心的、自己超越的、能動的、社会的な存在である。自己実現の社会的な有益性をより強調するために、マスローは、Motivation and Personality［1954］の続編となる Toward a Psychology of Being［1962］のなかで、自己実現（self-actualization）の概念を「完全な人間性（full-humanness）」と再定義した。[*28]

自己実現的人間の希少性

　マスローは、人間は個人所有の物質的な富から人生の喜びと意義を見出せないと主張する老子（Lao Tzu）の道教思想が自己実現的人間をよく説明しているとしながら、他人の救済に貢献せず自分自身の救いだけを求める東洋の哲人と僧侶はある意味で偽善的で、真の自己実現はできないと指摘している。[*29] 実際、マスローは、自己実現という境地に到達できる人間はきわめて少なく、人類の約2％にすぎないと考えていた。彼が名前を挙げたのは、Abraham Lincoln、Thomas Jefferson、Albert Einstein といった歴史上の偉人や Max Wertheimer や Ruth Benedict といったマスローと同時代の知識人である。

　なお、注意すべき点として、「完全な人間性」を有する自己実現者は優れた創造的な人間性を有すると同時に、多くの欠点も有する。たとえば強い個性、強い自信、魅惑的興味への没頭などによって周囲の人間を無視したり、傷つけたりすることは少なくない。また画家のゴッホ（Vincent van Gogh: 1853〜90）のように、自己実現型人間の一部は非健全的な一面を持ち、精神が安定しない場合もしばしばである。この意味では、「**完全な人間は存在しないのである**（*There are no perfect human beings!*）」。[*30]

自己実現と至高経験

　マスローによると、「至高経験（peak experience）」を多く体験した人（たとえば詩人、音楽家、哲学者、宗教家など）は自己実現的人間をめざす傾向がより強

---

*28　Maslow［1962］, "Preface," p.iv.（上田訳［1979］、「序文」、4頁）.
*29　Maslow［1996］, pp.33-35（上田・町田訳［2002］、51-54頁）.
*30　Maslow［1954］, p.176（小口訳［1987］、266頁）.

い。その至高経験とは、もっとも感動を覚える瞬間で、強烈な感情、偉大なる幸福、有頂天、恍惚感、驚きと畏敬の念、力強さと無力感の共存、時間と空間に身の置きどころのないような混沌状態であり、ある種の非現実的な神秘的な体験である。一般的には、至高経験は成功、創造、美、愛情、宗教などによって得られるものである。[*31]

しかし、「**至高経験は善や望ましいものだけを意味し、決して邪悪や望ましくないものとしては経験されることではない**(*The peak-experience is only good and desirable, and is never experienced as evil or undesirable*)[*32]」。いいかえれば、至高経験は神秘的で非現実的な性格の強いものであるが、真善美を崇める社会規範から逸脱せず、決して麻薬使用や残虐殺人などによる妄想と快感のような反社会的なものではない。マスロー本人の言葉を引用すると[*33]、「健康な至高経験と発作的な躁状態を客観的に識別する (distinguishing objectively between a healthy peak-experience and a manic-attack)」ために、時間という変数を導入し、真の至高経験と見せかけの至高経験を区別しなければならない。「幻覚剤による至高経験は時間の経過とともに個人を望ましくない状態に導く。薬物によるような類の至高経験は、『自然』に起こる至高経験のように効果が長続きしないのである (The psychedelic experience is less and less desirable for the individual as time goes by. This kind of chemically induced peak does not hold up as well as the "natural" peak-experience)」。

自己実現の方法

自己実現をめざす方法について、マスローは8項目に分けて説明している[*34]。
① 自己実現とは、完全に熱中し、全面的に没頭しつつ、無欲になって、十分に生き生きと経験することを意味する (First, self-actualization means experiencing fully, vividly, selflessly, with full concentration and total absorption)。
② 人生を次から次へと選択する過程として考える (Second, let us think of life as a process of choices, one after another)。
③ 自己実現について語ることは、実現されるべき自己のあることを示している

[*31]　Maslow [1954], p.164 (小口訳 [1987]、246頁).
[*32]　Maslow [1962], p.76 (上田訳 [1979]、116頁).
[*33]　Maslow [1996], pp.29-30 (上田・町田訳 [2002]、47-48頁).
[*34]　Maslow [1971], pp.44-47 (上田訳 [1973]、56-61頁).

(Third, to talk of self-actualization implies that there is a self to be actualized)。
④迷ったときには、嘘をつくよりむしろ正直になりなさい（Fourth, when in doubt, be honest rather than not)。
⑤自己実現へのすべてのステップは、よりよい人生への選択を保証してくれる（Fifth, …… all these are steps toward self-actualization, and all of them guarantee better life choices)。
⑥自己実現は、ひとつの終着点であるばかりではなく、何時に如何なる程度においても、人間の可能性を実現する過程でもある（Sixth, self-actualization is not only an end state but also the process of actualizing one's potentialities at any time, in any amount)。
⑦至高経験は、自己実現の瞬間的な達成である（Seventh, peak experiences are transient moments of self-actualization)。
⑧自分自身に自分を開くこと（Eighth, …… opening oneself up to himself)。

7．マスローの人間主義心理学

　1930～40年代当時のアメリカの心理学界は行動主義とフロイト主義という2つの大きな流派に分かれていた。アメリカ本土で生まれた行動主義心理学は実証的・実験的なアプローチをとり、人間をほかの動物と区別せず、人間の本性を「機械的」に取り扱っていた。一方、ヨーロッパから伝来したフロイト主義心理学は精神分析的なアプローチをとり、人間の病的で異常な側面だけを扱い、人間の本性を「邪悪な衝動」としてとらえていた。いずれにせよ、精神的に健康で正常な人間は当時の心理学分析の対象になっていなかった。

　マスローは最初から行動主義心理学の系統に属する研究者であり、大学院で行なわれた動物観察実験はすべて行動主義的なアプローチによるものであった。しかし、ヨーロッパの戦火から逃れてきた知識人との交流を深めたことをきっかけに、行動主義心理学からの脱皮を始めた。そして、1938年1月の長女誕生後に行動主義からの完全独立を決めたという。「父親となることで私の全人生が変わった。それはまるで天啓のように、私に教えてくれた。私があんなにも夢中になっていた行動主義が、あまりにも馬鹿げたものに思えてきた。行動主義なんか、もう耐えられず、考えられなかった（Becoming a father changed my whole life. It taught me as if by revelation. It made the behaviorism I had been so enthusiastic about look so foolish that I couldn't stomach it anymore. It was impossible)」[*35]。

行動主義心理学と決別したものの、フロイト心理学に合流することに強い抵抗感があった。なぜなら、個人的にたびたび偏見に苦しめられていたにもかかわらず、マスローは根っからの完全な理想主義者であったためだ。同時代の心理学者の多くは行動主義心理学とフロイト心理学の影響を受けて個人と社会の病理的な側面だけを研究対象としていたのに対して、マスローは楽観主義的な人間像を持ち、大多数の人間は生まれつき向上心を持っていると信じていた。「彼の人生を通して、マスローは思いやり、創造性、倫理性、愛情、精神性といった人間的能力を認識し、それをより発達させることに役立つような新しい人間哲学を求めていた（Throughout much of his life, Maslow argued for a new philosophy of humanity to help recognize and develop the human capacity for compassion, creativity, ethics, love, and spirituality)」[36]。

生身の人間は大体、病的と健康的という2つの側面を持ち合わせているので、当然、心理学はその両面をともに扱うべきである。また病的人間より、健常な人間がはるかに多いので、健常な人間を分析対象とする心理学は絶対に必要である、とマスローは直感的に理解し、次のように述べている[37]。「注目に値する動機づけ理論であるなら、損なわれた心の持つ防衛的策略ばかりでなく、健康で強靭な人間の持つ最も高度な能力をも扱わなければならない。人間の歴史の中で、最も偉大で最も素晴らしい人達が抱いた最も重要な関心事をすべて含め、説明しなければならない。病人だけを扱っていては、それらに対する理解は決して得られない。我々は健康な人間にも同様に注意を向けなければならない。動機づけの理論家達は、その方向を、もっと肯定的なものに向けなければならない（Any theory of motivation that is worthy of attention must deal with the highest capacities of the healthy and strong man as well as with the defensive maneuvers of crippled spirits. The most important concerns of the greatest and finest people in human history must all be encompassed and explained. This understanding we shall never get from sick people alone. We must turn our attention to healthy men as well. Motivation theories must become more positive in their orientation)」。

1930年代後半から、マスローは、フロイト主義、新フロイト主義、行動主義、ゲシュタルト学派、有機体説といった現代心理学のさまざまな理論の統合を試み、病

---

[35] Hoffman [1999], p.128（上田訳 [1995]、169頁).
[36] Gabor [2000], p.155.
[37] Maslow [1954], p.33（小口訳 [1987]、53頁).

的な人間だけでなく、正常な人間も分析対象に入れ、「すべての人間のモティベーションに関する包括的な理論（a comprehensive theory of human motivation）」を構築しはじめた。1941年の著書のなかで正常な人間の欲求を詳しく分析し、1943年の論文ではすべての人間を対象とする欲求階層理論を明確に打ち出した。

健常な人間を研究対象とするマズローの人間主義心理学（humanistic psychology）は、アメリカ生まれの第一勢力としての行動主義学派（behaviorism）とも、ヨーロッパ生まれの第二勢力としてのフロイト学派（Freudianism）とも、性格的に大きく異なるので、第三の勢力（the third force）と呼ばれ、マズロー本人は「第三勢力の父（the father of Third Force）」と崇められている。マズローの人間主義心理学の重要な特徴として、心理学の実験的研究よりも、人間のとらえ方に注目しており、個人の全体性と独自性を強調し、人間の可能性と成長性に大きな関心を払っている。この新しい人間主義心理学の影響を広げるために、マズロー自身がリーダーになって1961年1月に『人間主義心理学（*Journal of Humanistic Psychology*）』という学術雑誌を創刊した。

マズローの晩年の日記には、人間主義心理学の根拠を次のように表現している。「原則として、人間は生まれつき自己実現の人間になる能力を備えている。だから、だれひとりに対しても、諦めてはならない。人間は向上する本能を持っている。しかし、社会はそれの実現を手伝うことも妨げることも可能である（Every baby born is capable, in principle, of self-actualization. You should never give up on anyone, ever. Man has an instinctoid high nature. It's possible to grow this or to stunt it. Society can do either）」。さらに、1966年8月に彼の人間主義心理学の基本原理を次のようにまとめている。

①すべての人間はひとりひとり、われわれのこれまでの予想をはるかに超えて、高次の性質を持っている（Every human individual has a higher nature, far better than we have ever suspected）。

②人間は心理学的に進歩することができるし、また**実際に心理学的に進歩している**（Human beings can improve psychologically and *do* improve psychologically）。

---

*38　Maslow and Mittelmann [1941].
*39　Maslow [1943].
*40　Wren and Greenwood [1998], p.182.
*41　Maslow [1996], pp.96-98（上田・町田訳 [2002]、129-132頁）．

③人間社会は全体として進歩可能である。それは改良され、**本当に進歩する**（Human society as a whole can improve. It can be improved, and it *does* improve）。
④完全に機能している人間は人生に対して熱意を持っている（The fully functioning human being has a zest for life）。
⑤すべての人が自分の可能性を実現する権利を持っている（All persons have a right to actualize their potential）。
⑥すべての人間は1個の種から成り立っている（All humans compose a single species）。
⑦人間主義および実存主義心理学者は、すべての人が根源的な欲求や価値を持っており、もしそれらが否定されたり、傷つけられたり、満たされなかったりすると、何らかの病気やメタ病理が生じてくるということを、これまで以上に認識している（Humanistic and existential psychologists are more aware than ever that all persons possess certain underlying needs and values and that if these are denied, denigrated, or unfulfilled, then certain forms of illness or meta-pathologies will result）。
⑧天国は経験的体系のなかにあり、人のうちにある。それはごくたまに、とくに至高経験あるいは神秘体験のときに起こる。それは大体において、一過性で束の間のものである。（Heaven exists within this empirical system. It is inside the person. It happens only occasionally, particularly during peak or mystical experiences, and it is typically transient and brief）。

8．欲求階層説にもとづく動機づけ

マスローの欲求階層理論によると、個人の行動は主として、まだ満たされていないもっとも低い階層の欲求を満たすことによって動機づけられる。「満たされた欲求は、動機づけ要因ではない。事実上、存在しない消失したものと見なすべきである（A satisfied need is not a motivator. It must be considered for all practical purposes simply not to exist, to have disappeared）」[*42]。たとえば生理的欲求があまり満たされていない場合、人間の行動は主として生理的欲求によって動機づけられるが、生理的欲求、そして安全欲求、社会的欲求、尊重欲求などの満足度が向上する

[*42] Maslow［1954］, p.57（小口訳［1987］、88頁）．

につれて、これらの欲求を満たすことを通じての動機づけの効果は逓減し、より高次元の欲求を満たすことによってのみ、その人間を動機づけなければならない。したがって、組織の人間を組織目標に向かって行動するように喚起するためには、まず各個人の求めている欲求内容を知り、それを満足させる条件を用意しなければならない。

　低次元欲求と高次元欲求のいずれも重要で、それを求めている人間にとって大きなモティベーション効果を持っているが、マスローは低次元欲求よりも高次元欲求により注目している[*43]。「当然のことながら、それぞれの動機づけのレベルに応じて、異なる経営管理原則を当てはめるべきである。だが、低レベルの人々向けの経営管理原則を確立する必要性は、それほど高くない。むしろ私は、普段意識されることの少ない、人間の高次の発達レベルというものをより明確にしていくことに主眼を置きたいと思う（Clearly, different principles of management would apply to these different kinds of motivational levels. We don't have any great need to work out management principles for the lower levels in the motivation hierarchy. My main purpose here is to keep on making more explicit the high level of personal development that is unconsciously being assumed）」。

　なぜならば、賃金や安全などの低次元欲求によるモティベーション効果は一時的なものにすぎず、その種の欲求がある程度満たされるとモティベーション効果も失われる。それに対して、自己実現欲求から生まれるモティベーションこそが副作用のほとんどない健全なものであり、しかも永続性を持つものである、という理由からである。したがって、初期段階では各個人の欲求ニーズに応えなければならないが、生理的欲求から尊重欲求という低次元の欠乏欲求を100％満たす必要はない。できるだけ早く自己実現という最高階層に持ち上げることができれば、それ以降のモティベーションは従業員個人の自発的なものとなる。要するに、人間の欲求階層に応じて動機づけを行なうべきであり、しかも最上位の自己実現欲求を満たすことは人間を動機づける究極的手段である。

　マスローの欲求理論に照らしてみると、課業目標の達成者に高い報酬を支払ってその生活を保証するというテイラーの科学的管理法における動機づけは、従業員の生理的欲求と安全欲求に働きかけるものである（*making people alive*）。また、感情の論理と非公式組織の役割を重視するというメイヨーの人間関係論における動機づけは、従業員の社会的欲求に働きかけるものである（*making people feel impor-*

---

*43　Maslow [1998], p.19（金井監訳 [2001]、29-30頁）.

tant)。それらに対して、低次元欲求がすでに満たされている従業員をより高次元の欲求で動機づけるべきであると主張するマスローの人間主義心理学は、従業員の最高次元欲求としての自己実現欲求に働きかけるものである（*making people to be important*）。なぜならば、「重要だと思っている仕事をうまくやっているときだけ、人々は幸せと感じる（The only happy people are the ones who are working well at something they consider important）」[*44]のである。

マスローのモティベーション理論は基本的に性善説から出発し、人間は強い自尊心を持って次のような社会存在になるように積極的に努力しているととらえている[*45]。

- 自分が原動力であること（To be a prime mover）。
- 自己決定できること（Self-determination）。
- 自分の運命を自分で支配すること（To have control over one's own fate）。
- 自分の行動を自分で決めること（To determine one's movements）。
- 計画を立て、実行に移し、成功すること（To be able to plan and carry out and to succeed）。
- 成功を期待すること（To expect success）。
- 責任を負うのが楽しいと思えること、あるいは、とにもかくにも進んで責任を引き受けること。とくにそれが自分のためである場合（To like responsibility or at any rate to assume it willingly, especially for one's self）。
- 受身ではなく、積極的であること（To be active rather than passive）。
- 物ではなく、人間として扱われること（To be a person rather than a thing）。
- 意思決定の主体としての自己を経験すること（To experience one's self as the maker of one's own decisions）。
- 自律的であること（Autonomy）。
- 主導権を握ること（Initiative）。
- 自発的であること（Self-starting）。
- 他者から能力を正当に評価してもらうこと（To have others acknowledge one's capabilities fairly）。

企業と経営者にとって、従業員のこういう自尊心を正しく理解することが重要である。なぜなら、尊厳、承認、自尊心といったものを満たすには、経済的負担はほ

[*44] Gabor［2000］, p.183.
[*45] Maslow［1998］, p.56（金井監訳［2001］、82頁）。

とんどともなわず、実にたやすいことである。経営側が正しい態度をとり、従業員の気持ちを十分に理解していれば、良好な経営環境を作り出すことができ、企業の経営業績も自然に向上するのである。

　そして、産業界の「研究課題は次のようなものとなる。人間の尊厳を奪ったり、損なったりしない組織を作るにはどうすればよいのか。組立てラインのような非人間的な環境は、産業界では避けることができないが、こうした環境を浄化し、労働者の尊厳と自尊心をできる限り保つためには、どうすればよいのか（The research questions then are:"How can we avoid the industrial situations which cut human dignity and make it less possible? In those situations which are unavoidable in industry, as with assembly lines, how can we decontaminate these so as to retain the dignity of the worker and his self-esteem as much as possible in spite of the circumstances?")」[*46]。

　この研究課題の解決策について、マスローは一貫して、旧来の組織階層的、権威主義的な経営管理に代わって、進歩的、民主主義的、人間主義的、健康心理学的な経営管理を促進すべきであると主張している。彼は心理学者であり、経営学者ではないので、従業員の動機づけの方法と手段については詳細で具体的な説明を展開しなかったが、その方向性を示したのである。つまり、収益性などの経営指標を含む企業の目標を実現するためには、従業員個人の教育と発達、管理者の適切な訓練、組織雰囲気の改善などに努力し、個人の目標と企業の目標に整合性を持たせ、完全なる経営（Eupsychian Management）の実現をめざす必要がある、という主張である。「なぜなら、ユートピア的、健康心理学的、道徳的、倫理的目標を追求することによって、企業はあらゆる面を、**したがって利益をも**、向上させることができるからだ。……それが経済的成功を含めあらゆる成功に通じる道だからだ（This is so because practically all the utopian and eupsychian and ethical and moral recommendations that must be made for such an enterprise will improve everything in the situations; *and this includes profits.* …… because this is the path to success of any kind whatsoever, including financial success）」[*47]。

---

*46　Maslow［1998］,p.66（金井監訳［2001］、96-97頁）.
*47　Maslow［1998］,p.50（金井監訳［2001］、74頁）.

9．マスロー理論への評価

　マスローの欲求階層説に対しては、最初から批判が多かった。たとえば「なぜ5段階なのか」、「5段階は互いに独立できるのか」、「5段階の順番は絶対変わらないのか」、「個人差を認めないのか」、「自己実現欲求の中身が曖昧すぎる」、「実証的な根拠が十分ではない」といったようなさまざまな批判がある。しかし、こういう批判は、ほとんど的外れのものであり、マスローの本意を理解していない。マスロー本人も1954年著書のなかで例外性、個人差、ヒエラルキーの逆転、ある階層の欲求を持たない人間の存在といったことを説明している。[*48] また実証的根拠について、欲求階層説そのものは実験と調査による結果ではなかったが、マスロー本人によって行なわれた大量な動物研究、児童研究、ならびに臨床心理学的な人間実験がその基礎にあった。たとえば自己実現型人間になりうる対象者23名に対して、伝記分析法（biographical analysis）などの手法による実験を行なった。[*49] たしかに自己実現的人間に関する議論のなかで、eupsychia[*50]というマスロー独自の造語が使われ、曖昧でわかりにくい部分もあったが、斬新な概念であるがゆえに、未知な部分が多いのは当然であるといえるかもしれない。

　さまざまな批判をよそに、マスロー理論の影響はきわめて大きかった。たとえばマスロー理論の最大の特徴は人間の欲求を階層的に分けるところにあったが、この発想に追随した理論として、人間の欲求を生存欲求（existence needs）、関係欲求（relatedness needs）、成長欲求（growth needs）の3種類に分けたうえ、各欲求間の単純な階層性を否定し、生存・関係・成長という3つの欲求を横一線に並べ、それぞれをちょうど経済人・社会人・自己実現人という3つのモデルに対応させる、というアルダーファー（Clayton Paul Alderfer）のERG理論は非常に有名である。[*51] またマグレガーのX理論・Y理論も、ハーズバーグの動機づけ・衛生理論

[*48] Maslow [1954], p.51（小口訳 [1987]、80頁）.
[*49] Maslow [1954], p.152（小口訳 [1987]、226頁）.
[*50] eupsychiaはマスローによる造語であり、健康的な心理的・精神的状態を意味する。古典的で実在しないユートピアとは異なり、eupsychiaは実現可能な理想郷だとマスローは説明する。マスローによれば、「私はユーサイキアという言葉を考案し、これを、千人の自己実現型人間が外部からいっさい干渉を受けない島に暮らした場合に生まれる文化と定義した（I have coined the word Eupsychia and defined it as the culture that would be generated by 1,000 self-actualizing people on some sheltered island where they would not be interfered with）」。Maslow [1998], "Preface to the First Edition," p.xxii（金井監訳 [2001]、「第一版への序文」、44頁）.

も、ともにマスローの欲求階層説から大きな影響を受けたものである。

　この点に関して、マスロー研究者は次のように述べている[*52]。「マスローの第三勢力は人間に関する管理的思考を変化させる重大な機会を提供してくれた。人間の欲求を発見したのも、人間の欲求をはじめて重要性に沿って階層的に並べたのもマスローではなかった。しかし、彼の観察によって、われわれは自分自身の潜在的可能性をもっと意識するようになった（Maslow's Third Force provided a significant opportunity for changing managerial thinking about people. He did not discover human needs, nor was he the first to put them in a hierarchy of strength, but his observations made us more aware of the potential within each of us）」。

　マスローはトップクラスの大学の卒業生でもなければ、そこに務めた経験もなく、アメリカ心理学の本流にも加わっていなかった。とくに戦後のアメリカではOR（Operation Research）をはじめとする計量的管理方法が経営学研究の主流となり、マスローの人間主義心理学は非科学的であると批判され、その影響力は限定的なものであった。しかし、騒然たる1960年代に彼の名声は着実に広がり続け、1970年に死去したときには、人々からの賞賛は頂点に達していた。今日では、マスローの欲求階層説が世界規模で一般的に知られており、ビジネスの世界では「自己実現」という言葉を知らない人はいないであろう。とりわけ知識経営の時代と呼ばれる1990年代に入ってから、従業員がもっとも大切な資産とみなされ、知的資本、人的資源、知識労働者、潜在能力といった用語が多く使われ、人本主義の経営が大いにもてはやされている。当然、人間主義心理学を創設したマスローはふたたび脚光を浴び、人間の本質、人間行動の特徴、人間の潜在能力などに関する彼のかつての主張は改めて注目されるようになっている。

---

*51　Alderfer [1972].
*52　Wren and Greenwood [1998], p.182.

第 6 章

マグレガーのX理論・Y理論

1．マグレガーの人物像[*1]

　マグレガー（Douglas Murray McGregor: 1906.9.16～1964.10.13）は、1906年9月16日にミシガン州デトロイト市（Detroit, Michigan）で生まれた。曽祖父、祖父、父親は三代にわたって厳格なスコットランド長老派（Scotch Presbyterian）の牧師として慈善事業に熱心であり、マグレガーは教会活動のなかで育ち、宗教的な慈善精神を受け継いだ。家族が営む臨時雇いや浮浪者のための宿泊施設でさまざまな手伝いをした。

　父親（Murray）は弱者救済の活動に献身的であったが、人間の罪深さや救い難さという本質に悲観主義的な態度をとっていた。一方、ダグラスは父親と異なり、人間の向上心と意志の強さに希望を持っていた。1923年に高校を卒業してから、デトロイト・シティ・カレッジ（City College of Detroit）に進学し、心理学を約2年間勉強した後、1926年に牧師を養成するオバーリン学院（Oberlin College）に転入学した。しかし、親子の意見が対立し、牧師になる人生の道が閉ざされ、ダグラスはわずか1学期後にオバーリン学院から退学した。聖職者になる夢を諦めたものの、父とのこの意見対立はのちにダグラスのX理論・Y理論の出発点となった。ま

---

* 1　Gabor［2000］, pp.153-185. Wren and Greenwood［1998］, pp.198-203. http://en.wikipedia.org/wiki/Douglas_McGregor_（business_theorist）写真出所：http://wiki.mbalib.com/w/images/9/9d/Douglas_McGregor.JPG

た強い宗教心、真理探求への熱意、人生に対する情熱は彼の一生を貫き、彼の自己啓発理論の原動力であった。

大学中退後にガソリンスタンド運営会社（Buffalo Grey Auto Stations）に勤務しはじめ、1年後に地区マネジャーに昇進した。1928年にキャロリン（Caroline Ferris）と結婚した。のちに娘（Patricia Jane）と息子（Peter Murray）をもうけた。1930年から家業の宿泊施設で働きながら大学の単位を取得し、1932年にデトロイト・シティ・カレッジで文学士、また Rangoon Institute of Technology で機械工学学士の学位を取得した。1932年にボストンに移り、ハーバード大学において1933年に修士号（心理学）、1935年に博士号（心理学）を取得した。

1935年卒業後、ハーバード大学で社会心理学の講師（instructor）として採用された。1937年から MIT の経営学部に移り、心理学を担当し、講師、准教授、教授へと昇進した。1943年に MIT の産業関係学部（Industrial Relations Section）の創設に加わり、初代学部長を務めた。1948年にアンティオーク大学（Antioch College）の学長に転出したが、任期満了の6年後に MIT 経営学部に戻り、新設されたビジネス・スクール（Sloan School of Management）の発展に尽力した。学内外で多くの役職を務めながら、自分の研究に精力的に挑んでいたが、1964年10月13日に心臓病に襲われ、58歳の若さで亡くなった。

マグレガーの研究は、主としてアメリカの労使関係を心理学的に分析しようとするものであった。最初はメイヨーとレスリスバーガーの方法論を用いて産業界での人間関係を研究していたが、のちにバーナードの組織論、レウィンのTグループ（Training Group）実験[*2]、マスローの欲求階層説などにもとづき、自分のY理論を生み出した。さらにY理論を用いて、研究対象を生産現場レベルの労使関係から拡大し、人事政策や従業員教育や組織文化といったより一般的な人間関係を研究するようになった。その研究における基本的な姿勢は、人間の潜在能力を強調し、人間の成長過程を重視し、産業社会における人間の役割を高めようとするものであった。こうして、マグレガーは純粋な心理学者から組織行動学者に変身をとげたのである。

多くの研究者からさまざまな影響を受けたが、マグレガー本人はマスローとの関

＊2　Kurt Zadek Lewin（1890〜1947）はドイツ生まれのユダヤ人で、ベルリン大学の心理学教授を務めた後、1933年にアメリカへ亡命した。MIT の教授を務めている間に数多くの社会実践を指導し、「社会心理学の父」と崇められる。人間の行動は人格性と環境によって決定されるというレウィン方程式（The Lewin's Equation: $B = f(P, E)$）で知られ、「よい理論ほど実用的なものはない（Nothing is so practical as a good theory）」という名言を残している。

連性がもっとも緊密で、自分のY理論はマスローの自己実現人をモデルにしていると率直に認めている。たとえば1957年9月にマグレガーからマスローに送られた手紙のなかに、次のような記述がある[*3]。「この春のMIT講座で私はモティベーションに関するあなたの考え方を詳しく紹介しました。……私の考え方を強化するためにあなたの考え方を通常の意味で使ったことを認めて頂きたいです。管理哲学と産業政策に関するあなたのモティベーション理論が意味していることは実に重大である（In a talk which I gave here at MIT last spring I drew heavily on your ideas about motivation. …… I hope you will approve in general of the way I have used your thinking to strengthen some of my own. The implications of your theory of motivation for management philosophy and policy in industry are indeed significant）」。またその後のマグレガーは自分の著書と論文のなかで、マスローの欲求階層理論を頻繁に引用していた。

　他方で、マスローは多くの場合、Y理論とマグレガーの名前に言及し、人間を真善美の存在としてみなすマグレガーの人間観は自分の人間主義心理学と一致していると言明した。たとえばマスローの晩年に、サガ社（Saga Corporation）の中間管理職の研修会において、経営理論に関する重要文献として、マグレガーの著作を読むように勧めた。「1冊挙げろと言われれば、私は、ダグラス・マグレガーの『企業の人間的側面［1960］』を挙げたいと思います。……マグレガーによるもっと最近の、素晴らしい本は、『専門的経営者［1967］』です。……そのような本を読むことによって、皆さんは、有能な経営者になるだけでなく、自己の昇進可能性も向上させるのです（If I had one book to suggest, it would be Douglas McGregor's (1960) *The Human Side of Enterprise*. …… A more recent, excellent book by McGregor (1967) is *The Professional Manager*. …… By reading such books, you would not only become effective managers but also improve your promotability）」[*4]。

　こうして、マグレガーとマスローは互いに相手の理論を高く評価し、親近感を持っていた。しかし、同じボストン周辺に在住していた2人の個人的な交流は1960年代に始まったが、緊密な関係にまでは至らなかった。書斎に閉じこもって文献研究と瞑想をするマスローと異なり、マグレガーは産業界と緊密な関係を持つ実践主義者であった。大学の教授と教会の牧師は似た者同士で、知識の生産者と知識の使用者の橋渡しをすることが真の使命だとマグレガーは考えていた。実際、教職のかた

＊3　Gabor［2000］, p.177.
＊4　Maslow［1996］, p.192（上田・町田訳［2002］、245頁）.

わら、コンサルタントやカウンセラーとして、多くの大企業を訪れ、組織発展（Organization Development）という産業運動を積極的に推進していた。戦時中の1943～45年の間に大手化学会社（Dewey and Almy Chemical Company）の労務関係役員を務め、この従業員数約1500名の会社で協力的な労使関係の構築を試みた。しかし、経営側の権威主義的な伝統が強く、労働者からの提案が受け入れられても実施されることがなく、この実験は失敗に終わった。

　また、アンティオーク大学の学長を務めていた6年間に、さまざまな先進的な取組みを試行した。民主主義的なグループ活動と意思決定参加活動を推進しながら、学校と地域コミュニティとの関係促進、分野横断的なカリキュラムの設定、教育方法の改善といった面で多くの成果を挙げた。マグレガーの功績を記念するために、アンティオーク大学は1970年代に the McGregor school というビジネス・スクールを設立し、2000年に Antioch University McGregor と名称を変更した。

2．マグレガーの著作

　マグレガーは MIT というトップレベルの研究機関に務めながら、自分自身の研究業績の発表には熱心ではなかった。雑誌や学会誌に執筆した論文は比較的に少なく（30数点とされている）、最初で唯一の単著は54歳のときに出版された。死後の記念論文集に加え、彼の著書は次の3点である。

- McGregor, D. M.［1960］, *The Human Side of Enterprise*, annotated edition, New York, NY: McGraw-Hill, 2006（高橋達男訳［1970］、『（新版）企業の人間的側面：統合と自己統制による経営』産業能率大学出版部）．
- McGregor, D. M.［1966］, *Leadership and Motivation: Essays of Douglas McGregor* (edited by Warren G. Bennis and Edgar H. Schein), Cambridge, MA: MIT Press（高橋達男訳［1974］、『（新版）リーダーシップ』産業能率大学出版部）．
- McGregor, D. M.［1967］, *The Professional Manager* (edited by Caroline McGregor and Warren G. Bennis), New York, NY: McGraw-Hill（逸見純昌・北野徹・斉藤昇敬訳［1968］、『プロフェッショナル・マネジャー』産業能率短期大学出版部）．

3．X理論とY理論：2通りの人間像

　経営の問題はまず人間の問題であり、人間の性質と人間の行動に関する基本仮説はすべての経営決定と経営行動の前提になるとマグレガーはとらえている。彼はマスローの人間主義心理学の研究成果を経営学に応用し、「人間の本性とは何か(What is the true nature of man?)」という従業員の人間像に関する基本仮説を2通りに分類し、それぞれをX理論とY理論と名づけた。

X理論（Theory-X）の人間仮説[*5]

① 「普通の人間は生まれつき仕事が嫌いで、できることなら仕事を避けたい(The average human being has an inherent dislike of work and will avoid it if he can)」。この仮説は実に根が深い。「知識の樹」の果実を食べた咎でエデンの園から追放され、自分の犯した罪を償うために、汗まみれになって働かなければ食っていけないアダム（Adam）とイブ（Eve）の子孫として、われわれ人間は罪深いものである。そのため、労働者に「1日の適正労働量（a fair day's work）」を課す必要があり、また厳しく監督する必要もある。

② 「仕事は嫌いだという人間の特性があるために、たいていの人間は、強制・統制・命令されなければ、また処罰の脅しを受けなければ、組織目標を達成するために相応な力を出さないものである(Because of this human characteristic of dislike of work, most people must be coerced, controlled, directed, threatened with punishment to get them to put forth adequate effort toward the achievement of organizational objectives)」。つまり、人間を統制（control）するためには、報酬（rewards）と処罰（punishment）という2つの手段があるが、仕事が嫌いという特性はあまりにも強いために、報酬の効き目は非常に限定的なものであり、処罰だけが頼れる最終手段である。この見方は非常に根深いので、企業組織のシステム構築において、集権型か分権型か、専制主義か民主主義か、という論争はいつまでも繰り返される。

③ 「普通の人間は命令されるほうが好きで、責任を回避したがり、あまり野心を持たず、なによりもまず安全を望んでいるものである(The average human being prefers to be directed, wishes to avoid responsibility, has relatively little

---

[*5] McGregor [1960], pp.45-46（高橋訳 [1970]、38-39頁). ただし、訳文の変更がある。

ambition, wants security above all)」。時代の進歩につれて、「凡庸の大衆（mediocrity of the masses）」という言葉はほとんど公言できなくなったが、この見方は社会体制のすみずみまで浸透し、人間組織の管理施策の多くを裏づけている。労使間の上下関係を表わす恩情主義（paternalism）の経営理念は厳しく批判されているが、それは決して消滅したわけではない。

これらの仮説にもとづく人間像はX理論である。この人間を生まれつき罪深い悪者としてとらえる性悪説のX理論において、従業員はまったく信頼に値しないものである。当然、トップ・ダウンの意思決定が一般的に行なわれ、専制主義（hard management）または温情主義（soft management）が経営管理の基本理念となり、アメとムチ（carrots and sticks）の混合運用が労務管理の基本方針にならざるをえない。

Y理論（Theory-Y）の人間仮説[*6]

① 「仕事がもたらす身体的、精神的な消耗は、遊びや休憩と同じように、自然なことである（The expenditure of physical and mental effort in work is as natural as play or rest）」。つまり、普通の人間は生まれつき仕事嫌いというわけではなく、条件次第で仕事は満足感の源にも、または懲罰の源にもなりうる。

② 「外部の統制と懲罰の脅威は人間を組織目標に向かわせる唯一の手段ではない。人間は自分の一体化した目標を達成するために、自律的にもなりうるし、自己統制することもできる（External control and the threat of punishment are not the only means for bringing about effort toward organizational objectives. Man will exercise self-direction and self-control in the service of objectives to which he is committed）」。

③ 「組織目的へ一体化するかどうかは、目的達成による報酬次第である（Commitment to objectives is a function of the rewards associated with their achievement）」。個人の求める報酬は金銭から自己実現までさまざまあるが、組織目標と個人動機が統合されている組織のなか、たいていの場合、組織目標の実現は個人報酬の増大と連動するので、組織への一体化、すなわち連帯感と忠誠心も強い。

④ 「普通の人間は成長するし、また条件次第では、責任を消極的に引き受けるだ

＊6　McGregor［1960］, pp.65-66（髙橋訳［1970］、54-55頁）. ただし、訳文の変更がある。

けでなく、自ら進んで責任を積極的にとろうとする（The average human being learns, under proper conditions, not only to accept but to seek responsibility）」。つまり、責任回避、無野心、安全第一といったX理論での人間仮説は人間本来の性質を正しく反映していない。
⑤「組織の諸問題を解決するために必要とされる想像力、創意、創造性といった比較的高い能力は、一部の人にかぎってみられるものではなく、たいていの人に一般的にみられるものである（The capacity to exercise a relatively high degree of imagination, ingenuity, and creativity in the solution of organizational problems is widely, not narrowly, distributed in the population）」。
⑥「現代の企業運営において、普通の従業員の知的な潜在能力はほんの一部しか生かされていない（Under the conditions of modern industrial life, the intellectual potentialities of the average human being are only partially utilized）」。この⑤と⑥を合わせれば、「凡庸の大衆」というX理論の仮定が間違っていることは明らかである。

Y理論のこれらの仮定はX理論のすべての仮定を真正面から否定している。Y理論にもとづいて考えると、「組織内の人間がうまく協調できないのは、人間性が本来そういうものだというためではなく、人間の持つ能力を引き出す手腕が経営者にないからである（the limits on human collaboration in the organizational setting are not limits of human nature but of management's ingenuity in discovering how to realize the potential represented by its human resources）」[*7]。いいかえれば、組織運営のあらゆる失敗を招く原因は、基本的に、従業員側ではなく、管理者側にあるとみなされる。

真善美を追求するすばらしい存在として人間をとらえる性善説のY理論においては、向上心の強い従業員に対して強制的な命令を出す必要はまったくなく、また潜在能力の高い従業員に全般的な信頼を置くことが得策である。したがって、ボトム・アップの意思決定が一般的に行なわれ、温情主義または専制主義とまったく異なり、従業員の自己実現を手伝うことが経営管理の基本理念となる。上司の仕事である「統合（integration）」と部下の仕事である「自己統制（self-control）」を労務管理の基本に据えなければならない。

[*7] McGregor [1960], p.66（高橋訳 [1970]、55頁). ただし、訳文の変更がある。

4．経営管理に関する諸概念：権限、統制、統合、影響

　組織行動科学の開拓者のひとりとして、マグレガーは経営管理にかかわる多くの問題に取り組み、とくにX理論で重要視される権限と統制、Y理論で重要視される統合と影響に対して重点的な分析を加えている。

権限

　従来型すなわちX型組織の管理に関して、多くの原理原則はあるが、その中心にあるのは権限（authority）の原則であり、「権限こそが経営統制の中心的、不可欠の手段である（Authority is the central, indispensable means of managerial control）」という考え方である[*8]。組織に関するほかの原則、たとえば命令の一元性、指揮の統一、統制の範囲、分権化、階層化などの原則は、たいていこの権限の原則からそのまま導き出されたものである。そして、権限の効力はペナルティを課す能力の有無によって大きく決定される。

　一方、Y型組織では、リーダーがその役割を果たすときに、権限より統合（integration）が強調される。「Y理論の考え方は権限の妥当性を否定するものではないが、権限があらゆる目的あらゆる場合に通用するということを否定するものである（The assumptions of Theory Y do not deny the appropriateness of authority, but they do deny that it is appropriate for all purposes and under all circumstances）」[*9]。とくに組織内の上下関係にもとづき、部下に対する説明責任を果たさないまま、権限による統制を一方的に行使するのは間違ったやり方であると説明している。

　ただし、Y型組織においても、権限は依然として重要なものであるとマグレガーは明確に認識している。アンティオーク大学の学長職を去るとき、トップ・リーダーを6年間務めた感想について、マグレガーは次のように述べた[*10]。「リーダーはどうしても権限を行使せざるをえないのであり、これは組織の中に突発する出来事に対して職責を回避できないのと同じことである。事実、最高経営者の最大の役目は、重要な決定に常に付きまとう不確定要素を自分自身の責任で解決していくこと

＊8　McGregor [1960], p.24（高橋訳 [1970]、20頁）.
＊9　McGregor [1960], p.76（高橋訳 [1970]、65頁）.
＊10　McGregor [1966], pp.67-68（高橋訳 [1974]、83頁）.

である。……よきリーダーは、勝つためには徹底的にタフではあるが、倒れた相手を踏んづけようとはしないものだ。……よき人間関係は弱さからではなく、強さから生まれる（A leader cannot avoid the exercise of authority any more than he can avoid responsibility for what happens to his organization. In fact, it is a major function of the top executive to take on his own shoulders the responsibility for resolving the uncertainties that are always involved in important decisions. …… A good leader must be tough enough to win a fight, but not enough to kick a man when he is down. ……Good human relations develop out of strength, not of weakness)」。要するに、「ボスはボスたれ（The boss must boss）」である。

統制

かつての管理システムのなかで、統制（control）はもっとも重要な概念のひとつであり、そこには権威や命令といった強制的な意味合いが非常に強かった。とくにX型組織では、統制の概念はかなり恣意的に解釈されている。従業員が経営者の思い通りに動かないと、経営者は決まって従業員を責めることになる。失敗したのは従業員が愚鈍で、非協力的で、怠けていたせいだと叱り、自分の統制方法に問題はないかと反省する経営者はほとんどいない。しかし、よく考えてみると、組織の失敗を従業員のせいに帰結することは、X理論からみてもY理論からみても、適切な見方ではない。なぜならば、X理論では従業員はもともと怠け者、愚か者、悪者であるので、そういう従業員をいくら叱ってもなにひとつ変わらず、経営側の統制方法に改善を求めるしかない。またY理論では従業員はみんな勤勉で、責任感が強く、協力的かつ創造的な存在であるので、組織失敗の原因はそういう優秀な従業員側にあるはずがなく、管理体制すなわち管理者側にあるに違いない。

実際、間違った統制方法に起因して組織の失敗が招かれたケースがもっとも多い。マグレガーによると[*11]、「統制ということは、相手の人間性を自分の望みに合わせるのではなく、自分のほうが相手の人間性に合わせるやり方をすることだと認識してはじめて、統制力を向上させることができるのである。もし統制に失敗したなら、その原因は自分の選んだやり方が適切でなかったことにある場合が多い。自分の見通しどおりに動かなかったと従業員を責めてみたところで、自分の経営力が向上するものではないようだ（We can improve our ability to control only if we recognize that control consists in selective adaption to human nature rather than in

---

[*11] McGregor [1960], p.14（高橋訳 [1970]、13-14頁）。

attempting to make human nature conform to our wishes. If our attempts to control are unsuccessful, the cause generally lies in our choice of inappropriate means. We will be unlikely to improve our managerial competence by blaming people for failing to behave according to our predictions)」。

こうして、統制とは、従業員の人間性を組織の目標に合わせるのではなく、組織の目標を従業員の人間性に合わせるものである。そのため、あらゆる産業組織では、上司と部下間の「命令vs.服従」の関係においても、労働報酬や労働規則などの組織管理においても、統制は必要不可欠の概念でありながら、統制を実施する前に、従業員の人間としての本性を理解し、その欲求を把握し、人間行動に関する「自然法則（natural laws）」を十分に考慮しなければならないとマグレガーは主張している。

統制の方法について、マグレガーは次のように述べている。「経営者の関心の中心は、次の質問で分かる。すなわち、どうしたら従業員にやる気を起こさせ、企業目標に貢献させうるか。経営者の答えは、次の3つの統制方法のどれかひとつである（A central concern is expressed in the question: how can we motivate people to contribute to the objectives of the enterprise? Management's answers are expressed in terms of one of three strategies of control)」[*12]。

①処罰の脅威に頼る「断固たる」管理（"Hard" management: relies heavily on the threat of punishment）
②報奨の約束に頼る「甘い」管理（"Soft" management: relies primarily on the promise of reward）
③前の2点の妥協となる「厳格だが公平な」管理（"Firm-but-fair" management: a compromise between the other two）

この3つは表面上で大きく異なるようにみえるが、実際、そのいずれもX理論の人間モデルにもとづくものである。いいかえれば、これら既存の統制方法をY理論の人間モデルへ適用することは難しく、統制に代わる新たな概念が必要とされる。そのため、マグレガーは統合という概念を開発したのである。

統合

マグレガー理論のなかで、統合（integration）はもっとも重要な概念のひとつである。その統合とは、従業員の個人欲求と組織全体の共通目標との間の矛盾やコン

---

*12 McGregor [1966], p.244（高橋訳 [1974]、289頁）。

フリクトを解消させ、個人欲求と組織目標の両方を同時に実現させる、ということを意味する。マグレガーは、「統合の原則」を次のように説明した。「従業員が企業の繁栄のために努力することによって各自の目標を『最高に』成し遂げられるような条件をつくってやることである（The creation of conditions such that the members of the organization can achieve their own goals *best* by directing their efforts toward the success of the enterprise）」。この統合の原則に従うと、組織目標と個人欲求は同等に重要であり、どちらも無視できない。また個人欲求を組織目標に強制的に服従させるというやり方も間違っている。

上述文章のなかの「最高に」という表現について、マグレガーは次のように補足説明している。「『最高に』というのは、ほかのやり方、たとえば無関心、無責任、渋々ながらの服従、敵意、怠惰といったやり方より、このやり方のほうが従業員に魅力的であるということである。つまり、従業員は絶えず自発的に自分の能力・知識・技術・手腕を高め、かつ実地に生かして企業の繁栄に尽くそうとするようになるということなのだ（"Best" means that this alternative will be more attractive than the many others available to him: indifference, irresponsibility, minimal compliance, hostility, sabotage. It means that he will continuously be encouraged to develop and utilize voluntarily his capacities, his knowledge, his skill, his ingenuity in ways which contribute to the success of the enterprise）」。

さらに、すべての経営戦略が決定される背後に、統合の実現をめざすことがもっとも本質的な意図であるとマグレガーは指摘する。たとえば管理力（managerial power）を論じるときに、マグレガーは次のように述べている。「最も適切な経営戦略とは、個人の支配的目標を達成するための最も魅力のある機会は**組織の**目標に向かって努力するプロセスの中に存在する、ということを従業員個人に認識させるような組織環境を作り出すことである（The most appropriate managerial strategy, ……is to create an organizational environment in which man perceives the most attractive opportunities for achieving his dominant goals to lie in expending effort toward *organizational* goals）」。

こうして、X理論では統制が組織づくりの中心原則であるのに対して、Y理論で

---

*13 　McGregor［1960］, pp.67-68（高橋訳［1970］、56頁）.
*14 　McGregor［1960］, p.75（高橋訳［1970］、64頁）.
*15 　McGregor［1967］, pp.136-137（逸見・北野・斉藤訳［1968］、188頁）. ただし、訳文の変更がある。

は統合が組織づくりの中心原則である。しかし、X理論が統合を完全に否定し、Y理論が統制をすべて否定する、というわけではない。たとえば軍隊は典型的な集権型組織として、X理論にもとづいて運営されているとみなされるが、上官がどんなに達成困難な命令を出すにしても、大体、部下に対する高度な信頼が前提条件となっている。そのため、上官の命令を統制ではなく、統合として解釈することも可能である。またマグレガー本人が大学という典型的な分権型組織をY理論にもとづいて運営していたが、学長の強権を発動する、つまり統合ではなく、統制を強行することもしばしばあったのである。

影響

マグレガーは統合の概念とともに、影響（influence）という概念の使用を勧めている。彼によると、市民社会が大きく進歩しているアメリカでは、専制主義的な組織運営はもはや行き詰り、部下に対して強制的な命令を一方的に出す上司は嫌われ、その人数も急激に減っている。現実の企業組織のなかで、「人に影響を与える力の強さは自分の行使できる権限の大きさによって決定されるのではなく、むしろ、特定の環境状況に応じて影響を及ぼす手段を適切に組み合わせる能力によって決定される（The power to influence others is not a function of the amount of authority one can exert. It is, rather, a function of the appropriate selection of the means of influence which the particular circumstances require）」[*16]。

マグレガーのいう影響は、いろいろな意味で、経済学での「取引（transaction）」と似たような性格を持っている。つまり、

①関係者双方が高度に相互依存しており、相手に影響を与えると同時に相手から影響を受けることは一般的である。伝統理論における統制関係と違い、上司から部下へという一方通行のものではない。

②市場での取引と同様に、影響力を行使するプロセスはゼロ・サムのゲームと異なり、利益の対立を前提とする「勝つか負けるか」という奪い合いになる必要はない。むしろ共存共栄を前提にして合理的な妥協をすれば、ウィン・ウィンのゲームになることも十分可能である。

③取引の関係と同様に、影響の関係は双方が意思決定を独立に行なう主体であり、自分の意志を相手に押しつけることはできない。そのため、互いに配慮し、互いに譲歩する基本姿勢を保っていかなければならない。

＊16　McGregor [1960], pp.38-39（高橋訳 [1970]、37頁）．ただし、訳文の変更がある。

④双方の持つ影響力の強さに差異はあるものの、その差は相対的で、絶対的ではない。いいかえれば、影響関係の双方を取り巻く内外の環境状況が変われば、影響関係の力対比も変わる。

　影響が持つこれらの性格から考えると、組織リーダーの影響力を高めるためには、伝統的な権限委譲説にもとづく命令、統制、仲裁ではなく、バーナードの権限受容説にもとづくコミュニケーション、説得、統合、影響といった方法がより効果的である。

5．自己統制の理論

　マグレガーはマズローの欲求階層理論からヒントを得て、人間の欲求をXとYの2種類に大雑把に分けた。前者はマズローの低次元欲求に相当し、後者はその高次元欲求に相当する。しかし、X型とY型は区別をつけるために便宜上、分けたにすぎず、実際は二分法で完全に切り離せるものではなく、むしろ大多数の人間はこの両極端の中間のどこかに位置している。そこでは、人間としての成熟性と独立性が重要な決定要因となり、成熟性と独立性の高い人間はY型に近く、自己統制と統合にもとづく管理体制が望ましいが、成熟性と独立性の低い人間はX型に近く、命令と統制にもとづく管理体制が必要とされる。

　従業員をX理論とY理論のどちらで理解するかによって、企業の経営戦略は大きく変化するとマグレガーは主張している。[*17]「X理論とY理論は経営戦略では**ない**。それらは人間性についての基本的信念であり、その信条は管理者の戦略選択に大きな影響を与える。実際、管理者の現実認識の特性と彼の置かれている特別な状況次第では、管理者はそれにふさわしい戦略を選択することになる（Theory X and Theory Y are *not* managerial strategies: They are underlying beliefs about the nature of man that *influence* managers to adopt one strategy rather than another. In fact, depending upon other characteristics of the manager's view of reality and upon the particular situation in which he finds himself, a manager …… could adopt a considerable array of strategies）」。つまり、人間をX型と仮定し、アメとムチによって動機づけを行なうならば、人間はX型に向かう。逆に人間をY型と仮定し、挑戦的な仕事によって動機づけを行なうならば、人間はY型に向かう、というのがマグレガーの主張である。

---

*17　McGregor［1967］, p.79（逸見・北野・斉藤訳［1968］、113頁）. ただし、訳文の変更がある。

1960年代のアメリカ産業においてさまざまな管理施策が実験されていたが、その多くは基本的にX理論にもとづき、金銭利益を唯一の動機に据え、階層化、権限委譲、命令、統制、監督などの手段を頼りにしていたために、低いレベルのモティベーションしか生み出せなかった。また、メイヨーらの人間関係論にもとづき、社内福祉制度と提案制度を取り入れ、従業員の不満を解消するような管理施策も試行されているが、そのモティベーション効果も限定的なものであった。その原因について、マグレガーは次のように分析している[*18]。「従業員の満足感と生産性の間には直接的な相関関係はない。……従業員の不満・不和・衝突を取り除いても、企業が自動的に健全になるものではない。平穏無事ということと企業が健全であることとは同じではないし、社会的責任をともなう経営は『まあまあ主義経営』とは同列なものではない（There is no direct correlation between employee satisfaction and productivity. …… Industrial health does not flow automatically from the elimination of dissatisfaction, disagreement, or even open conflict. Peace is not synonymous with organizational health; socially responsible management is not coextensive with permissive management）」。

　マグレガーの見解として、人間の低次元欲求がかなり満たされているアメリカ社会では、Y理論にもとづく経営管理を実施しなければならない。「人間には自己統制していく能力があると認めてこそ、企業は、はじめて専門家という人材の持てる実力を余すところなく発揮させて、成果を挙げることができるのである（In the recognition of this capacity of human beings to exercise self-control lies the only fruitful opportunity for industrial management to realize the full potential represented by professional resources）[*19]」。この観点から、従来型の外部統制の代わりに、従業員自らによる経営参加と組織目標への一体化が強調される。それは、人間能力の向上と成熟をうながすために部下の仕事範囲を拡げ、人間の創造性を奨励するとともに、外部統制を必要最小限に減らし、挑戦的な仕事を与える、ということを意味する。要するに、従業員が主体となる自己啓発と自己統制を組織運営の手段とすれば、高いレベルのモティベーションを生み出すことができるし、また組織業績の向上も期待できるとマグレガーは主張する。

　マグレガーのY理論のなかで、自己統制（self-control）は、統合と並ぶ2つのもっとも重要な概念である[*20]。実際の運用において、自己統制は自己啓発を前提条件と

---

*18　McGregor［1960］, p.64（高橋訳［1970］、53頁）. ただし、訳文の変更がある。
*19　McGregor［1966］, p.28（高橋訳［1974］、35頁）.

しており、自己啓発なしの自己統制はありえない。また、自己統制は決して、経営放棄、リーダーシップ不在、温情主義などを意味するものではない。この点について、マグレガーは次のように述べている[*21]。「自己統制は絶対的なものではなく、相対的な概念である。状況によって自己統制が多い場合もあれば少ない場合もあろう。仕事に慣れていない部下には完全な自己統制をさせられないことは明らかである（Self-control is a relative, not an absolute, concept. There may be more or less of it, depending upon a variety of circumstances. A subordinate who is new on the job is obviously not in a position to accept the responsibility for complete self-control）」。したがって、「自己統制の原理を理解し、それを実施している管理者は、状況に応じていろいろと戦術を調整するものである（The manager who understands the principle of self-control and is committed to it will adjust his tactics in many ways to meet the circumstances）」。

6．リーダーシップ論

リーダーシップの決定要因

「りっぱな管理者というのは先天的なものか後天的なものか（Are successful managers born or "made"[*22]?）」という問題提起に対して、マグレガーは、1954年から数年間にわたって百数十名の管理者の話を聞き、リーダーの育成に関する調査研究を始めた[*23]。

1930年代までの一般的な見解は、リーダーはさまざまな才能を生まれつきに持っており、リーダーとしての能力と性格はだれでも学習すれば身につけられるものではない。つまり、リーダーは先天的なものであり、リーダーにふさわしい人物はごくわずかしか存在していないと信じられていた。しかし、マグレガーはそれまでの文献と資料を詳細に検討し、「すべてのリーダーに共通の能力や人柄の基本型は唯

[*20] これが原因で、マグレガーの主著の邦訳版に「統合と自己統制による経営」という原著にないサブタイトルがつけられている。

[*21] McGregor［1960］, p.221（高橋訳［1970］、189頁）.

[*22] McGregor［1960］, p.247（高橋訳［1970］、209頁）.

[*23] マグレガーはGM社の会長、MIT大学の評議員、Sloan Schoolのスポンサーであるスローン（Alfred P. Sloan Jr.: 1875～1966）からこの質問を受けた。つまり、もしリーダーは先天的なものであるならば、ビジネス・スクールでの経営学教育プログラムは無用ではないかという。Wren and Greenwood［1998］, p.199.

一であるということは全くありえない（It is quite unlikely that there is a single basic pattern of abilities and personality traits characteristic of all leaders）」とほぼ断定した。[24]

さらに、リーダーシップの性格を決定する要因は次の4つであると主張する。[25]

① リーダーの特性（The characteristics of the leader）

② 部下の態度、欲求、およびその他の個人的な特性（The attitudes, needs, and other personal characteristics of the followers）

③ 組織目標、組織構造、および果たすべき職務の性質といった組織特性（Characteristics of the organization, such as its purpose, its structure, the nature of the tasks to be performed）

④ 社会的、経済的、および政治的な環境（The social, economic, and political milieu）

これらの要因はつねに変化しながら、互いに影響し合っている。そのため、「リーダーシップは個人の特性ではなく、これらの変動要素の複雑な組み合わせだ（Leadership is not a property of the individual, but a complex relationship among these variables）」。[26]

そして、結論として、「現在までの研究成果から判ったように、リーダーシップとは特定の人々しか持っていない特性の一般的な型ではなく、むしろリーダーとその環境との関係である。……さらにリーダーの手腕と態度は重要であるが、それは習得することができるので、個人の生まれつきの特性ではない（Research findings to date suggest, then, that it is more fruitful to consider leadership as a relationship between the leader and the situation than as a universal pattern of characteristics possessed by certain people. …… Moreover, research studies emphasize the importance of leadership skills and attitudes which can be acquired and are, therefore, not inborn characteristics of the individual）」。[27] 要するに、リーダーの資質は後天的なものであり、教育と訓練を通じて、Y理論が想定した高い潜在能力を持っている一般の人間をリーダーに育成することは可能である。

---

*24　McGregor [1960], p.248（高橋訳 [1970]、211頁）.
*25　McGregor [1960], p.250（高橋訳 [1970]、213頁）.
*26　McGregor [1960], p.250（高橋訳 [1970]、213頁）.
*27　McGregor [1960], p.253（高橋訳 [1970]、216頁）.

第6章　マグレガーのX理論・Y理論

リーダー育成の方法

　リーダーの育成は可能であるが、その方法として、「工業的（manufacturing）」と「農業的（agricultural）」という2つのアプローチがあるとマグレガーは説明する。

　まず「工業的」なアプローチでは、管理者の育成を製品の生産と同様に考える。つまり、計画（市場分析、需要予測、目的設定）、組織（人材仕様の決定、人員の募集と採用）、命令（教育と訓練）、統制（評価と選抜）という流れで実施する。「個々人の持っている能力、関心、および目標、才能などはそれぞれ違っている。工業的な管理者育成は、個人に『対して』、そして個人の『ために』、多くの施策を行なう。しかし、この場合一般に、会社のためになることは個人のためにもなることだという、暗黙の仮定の上に立っているのである（Each individual is unique in terms of his capacities, his interests and goals, his talents. The manufacturing approach to management development does many things *to* him and *for* him, but generally with the tacit assumption that what is good for the organization is good for him）[28]」。人間が会社に役立つための製品に作り変えられるという製造過程において、当然、普通の工業製品の製造と同様に、分業、標準化、規格化、作業能率などの観点が浸透している。そのため、育成された管理者は受動的で、個性を持たない画一的な人間になりがちである。

　次に「農業的」なアプローチでは、管理者を、機械的組織（mechanical organization）のなかで「製造する」のではなく、有機的組織（organic organization）のなかで「育てる」ということになる。それは、各個人の特性と潜在能力が順調に成長できるように、外部の経営環境と組織内の経営風土に合わせる形で、分権化を進め、組織構造、上下関係、昇進制度、管理規程などを合理的に整備することに重点を置く、ということである。従業員個人の才能、手腕、潜在的能力が成長するのに適する組織環境を作り出して維持していけば、個人による自己啓発と自己統制が自然に進み、リーダーとしての能力は最大限に伸びていくのである。マグレガーの説明によると、「我々が度々繰り返し述べている理想は、従業員が自己を啓発するようになるということである。経営者の育成は、自己啓発の一過程でなければならない（The ideal, however, which we reiterate to ourselves with some frequency, is this. Men develop themselves; the process of manager development can only be a process of self-development）[29]」。つまり、「農業的」な方法とは、従業員の自己啓

---

*28　McGregor［1960］, p.264（高橋訳［1970］、223頁）.

発、自己統制の延長線上にリーダーを育成していく、ということである。

いうまでもなく、マグレガーは、「工業的」な方法よりも、「農業的」な方法を勧めている。その理由について、マグレガーは次のように説明している。「個人が仕事をする環境は、本人の育成を左右する最も重要な要素である。その環境が成長を促進するものでない限り、本人に対して、または本人のためにいろんな施策を施しても効果が上がらない。これが『農業的』な管理者育成法が『工業的』な方法よりも望ましい理由である（The job environment of the individual is the most important variable affecting his development. Unless that environment is conducive to his growth, none of the other things we do to him or for him will be effective. This is why the "agricultural" approach to management development is preferable to the "manufacturing" approach）」。

リーダー育成の心得

上述したように、リーダーシップの決定要因についても、リーダー育成の方法についても、マグレガーは環境の重要性を特別に強調している。「リーダーとその環境との関係は、本質的に相互に原因となり、また結果となるものである（The relationship between the leader and the situation is essentially circular）」と両者間の相互作用を認めながら、環境決定論の視点から議論を展開している。さらに、マグレガーは、それまでのリーダーシップに関する研究成果にもとづき、リーダーの育成についての心得を次の4点にまとめた。

① 環境はつねに変化するので、将来のためのリーダーを現在の基準で選択することはもはや不可能である。したがって、「経営者の主要な仕事のひとつは、将来における特殊な状況、予測できない事態に備えるために、異質で多種多様な人材を用意することである（One of management's major tasks, therefore, is to provide a heterogeneous supply of human resources from which individuals can be selected to fill a variety of specific but unpredictable needs）」。

② 「リーダー育成のプログラムは少数のエリートに限定すべきではなく、組織内の多くの人々にチャンスを与えなければならない（A management develop-

---

*29　McGregor［1966］, p.174（高橋訳［1974］、207頁）.
*30　McGregor［1960］, p.285（高橋訳［1970］、240頁）.
*31　McGregor［1960］, p.250（高橋訳［1970］、213頁）.
*32　McGregor［1960］, pp.253-256（高橋訳［1970］、217-220頁）. ただし、訳文の変更がある。

ment program should involve many people within the organization rather than a select few)」。つまり、学歴や血縁によって一部の人間だけを幹部候補に絞るのではなく、人間の潜在的能力に信頼を置き、できるだけ多くの人に成長するチャンスを与える。
③「すべての対象者に同じ目標を設定するよりも、個々人の独特の能力および潜在能力の開発を目標と設定すべきである（Management should have as a goal the development of the unique capacities and potentialities of each individual rather than common objectives for all participants)」。つまり、個々人の特異性を尊重し、対象者が異なる領域のリーダーに成長するように手伝うことである。
④「ポストが空いたらこれらの異質な人材を実際に使うように、会社の昇進政策を決めなければならない（The promotion policies of the company should be so administered that these heterogeneous resources are actually considered when openings occur)」。つまり、事前に幅広い人材を教育しておいても、特定のポストを埋める際に、適格者の一部がなにかの原因で排除されるような状況となれば、事前教育制度の意義がなくなってしまう。

7．Ｙ理論にもとづく動機づけ施策

　伝統的なモティベーション理論では、金銭がもっとも重要なインセンティブ要因として位置づけられているため、給与体系と昇進制度の設計はもっとも重要な課題とされている。しかし、マグレガーは1960年代のアメリカ企業の実態をよく観察した結果、経済報酬によるモティベーション効果は非常に限定的なものであると指摘している。「この結論では、経済的報酬が重要でないと言わんとするものでは決してない。ここで言わんとすることは、公平な給与体系で主たる経済的報酬を決めるのは良いが、『このような体系の枠内で経済的報酬をわずかばかり増やして』、『生産性』を上げさせようとするのは、あまり効果がなかったということである（There is no implication in this conclusion that economic rewards are unimportant. The implication is that an equitable salary structure furnishes the major economic rewards, but that our attempts to get greater "productivity" *through the use of small increments of economic reward within such a structure* have not been particularly effective)」[33]。

　マグレガーは、アメリカの企業社会に向けて、時代の変化とともに、古い人間観

としてのX理論を捨てるとともに、新しい人間観としてのY理論を取り入れ、金銭的報酬を中心とする賞罰制度の代わりに、統合と自己統制による経営管理を取り入れ、尊重と自己実現という高次元欲求にもとづいて動機づけを行なうべきであると呼びかけた。そして、Y理論にもとづく実践的な経営施策として、職務拡大、スキャンロン・プラン、経営参加、目標管理などを推奨した。

職務拡大

「職務拡大（job enlargement）」とは、職務の細分化をやめ、ひとりの人間が行なう職務をなるべく多様化させようとの試みである。

近代工場体制のなかで、分業、専門化、標準化などがいきすぎ、労働者の職務範囲は極端に縮小されている。作業の能率と生産性は大幅に向上するが、モティベーションの低下や人間性の疎外などの弊害が明白に現われている。この種の問題を解決するために、職務の範囲をある程度拡大する必要はあるが、それによる能率低下の弊害を同時に防がなければならない。そこで、職務交替（job rotation）はもっとも有効な方法であるとマグレガーは考えていた。なぜなら、能率の低下を防ぐために、職務の範囲を同一時期に大幅に拡大することはできない。しかし、組織内の異なる職能部門の間で担当職務を定期的に交替させ、従業員に広範な職場体験を与えると、仕事内容の新鮮さが保たれると同時に、組織全体に対する理解が深まる。その結果、能率の向上とモティベーションの向上は同時に実現できるのである。

職務交替は職務拡大の代表的な方法であるが、それが順調に進むとはかぎらない。マグレガー自身の説明によれば、交替の範囲（同一部門内か、異なる部門間か）、交替の時間間隔（一律に定期的か、習得度で臨機応変的か）、交替の対象（新人だけか、ベテランも含むか）といった課題が多く残っている。また交替の有無を問わず、職務に対する態度は個人差が大きい。$B = f(P, E)$ というレウィン方程式（The Lewin's Equation）が示すように、経験から学ぶかどうかという人間行動（Behavior）は、個人の人格性（Personality）と環境条件（Environment）によって決定される結果である。

スキャンロン・プラン

スキャンロン・プラン（Scanlon Plan）は、労働組合リーダーからMIT教授に

---

*33　McGregor [1960], pp.132-133（高橋訳 [1970]、115頁）.
*34　McGregor [1966], pp.176-177（高橋訳 [1974]、210-211頁）.

転身したスキャンロン（Joseph P. Scanlon）の名前にちなんで命名された制度である。マグレガーによると、スキャンロン・プランは、普通の意味での技法や方策ではなく、経営者、労働組合、従業員個人の生活態度を反映し、企業活動のすべての面に影響を及ぼすような、「組織の哲学（philosophy of organization）」である。その実施に当たり、次のような3つの大きな柱が必要とされる。この3つの柱を樹立すれば、すべての従業員は会社の利益が実現されるように自然に協力することになる。[*35]

①全社的な労使協調を実現するために、「労使協調の範囲」を正式に決定し、またそのための機構（生産委員会や審査委員会）を作る。ただし、それは団体交渉を骨抜きにしたり、組合支部を弱体化したりするものではない（A formally established "area of collaboration" and machinery (production and screening committees) for coordinating such collaborative efforts throughout the whole organization. This is accomplished without undermining collective bargaining or weakening the local union）。

②労使協調の効果を客観的に計る物差しとして、精密かつ現実的な共通の目標（比率）を設定する（A meaningful, realistic, common objective (the "ratio") in terms of which such collaborative efforts can be objectively measured）。

③企業の業績に対する全般的貢献に報いるために、心理学的にみて適切な報酬制度（金銭的および非金銭的）を設定する（伝統的な能率給、利益分配制度、提案賞金制度は、現代心理学からみるとまったく不適当である）（A psychologically adequate system of rewards (noneconomic as well as economic) for a wide range of contributions to the effectiveness of the enterprise (Traditional incentive wages, profit sharing, and suggestion-system awards are quite inadequate in terms of modern psychological theory)）。

このように、スキャンロン・プランとは、Y理論の人間像にもとづき、人間に対する心底からの信頼を前提に置き、分権化を進め、労使協調と適正報酬をめざすための利潤分配制度（gain-sharing plan）である。その主な特徴は、従業員の経営参加によって増加された分の利益または節約された分の生産コストを従業員集団（個人ではない点に留意すべき）に還元するということである。この意味で、スキャンロン・プランは従業員への報奨制度でもある。たとえば株式会社の場合、会社の売上高からコストを引いた金額は営業利潤となるが、その利潤は株式配当、役員賞

[*35] McGregor [1966], p.128（高橋訳 [1974]、153頁）。

与、内部留保という3つの用途に配分される。そこで、スキャンロン・プランの考え方は、従業員賞与をその第4の用途として追加するというものである。具体的なやり方として、労働分配率を一定値に考え、売上の増加によって人件費比率が下がったり、人件費の節約によって労働生産性が上がったりするときに、その成果に比例した分を従業員賞与として労働者に還元する、ということである。

　スキャンロン・プランのなかで、利益の配分はもっとも注目される点であるが、実際、そのほかには、従業員全員による経営参加、各種小委員会の設置、社内人間関係の構築、労使双方の相互尊重と相互理解といった多くの特徴がある。この制度は1930年代のアメリカで大いに注目され、多くの企業で実験的に取り入れられていた。しかし、資本主義社会体制のなかでは、剰余価値（付加価値）の帰属に関して、あくまでも資本源泉説が支配的であり、労働力に剰余利益を配分することに法的根拠がないと批判されていた。また創業者一族が企業の経営権を握っていたアメリカ産業界では、自分の取り分の一部を従業員に分け与えることへの抵抗感が根強かった。これらの原因によって、スキャンロン・プランは大きく広がらずに終わってしまった。ただし、従業員の労働を価値創造の源泉のひとつとしてとらえ、従業員に企業利潤の配分に参加させ、株主や経営者と同様に利益関係者として会社経営に強い関心を持たせるという基本的な発想は、1970年代以降の従業員持ち株制度、1980年代以降の株式オプション制度、1990年代以降の知識資産経営といった制度的な枠組みのなかで生かされている。

経営参加
　経営参加はマグレガーが最初にいいだした概念ではなかったが、マグレガーは経営参加に関する多くの誤解を正し、新しい方向性を提示したのである。マグレガーによると、それまでの経営参加の施策の多くは、事実上、X理論にもとづくものであり、低いレベルの経営参加にとどまっていた。従業員による経営参加は経営者の権限を奪い取り、従業員への統制ができなくなり、企業目標を従業員利益の最大化に方向転換するのではないかと心配する経営者が非常に多いため、経営参加運動の実施に当たり、従業員参加の範囲を作業方法、品質管理、技能向上、能力開発といった生産現場レベルに制限し、企業目標を従来の株主利益最大化あるいは経営者裁量最大化に保とうとする企業は多い。そういう企業では、経営参加は見せかけのものにすぎず、従業員を巧みに操る技法のひとつとなっている。

　一方、自分のY理論にもとづく経営参加について、マグレガーは次のように説明している。「Y理論から生まれた参加で、部下は自我の欲求を満足する本質的機会
[*36]

をつかみ、ひいては会社の目標を自ら進んで達成するようにふるまえるのである。それは統合を達成する手段である。……参加は万能薬でもなく、ごまかしの道具でもなければ、からくり、あるいは脅迫でもない。賢明に、かつよく理解して用いるならば、これから『統合と自己統制による経営』がごく自然に生まれるものである（Participation which grows out of the assumptions of Theory Y offers substantial opportunities for ego satisfaction for the subordinate and thus can affect motivation toward organizational objectives. It is an aid to achieving integration. …… Participation is not a panacea, a manipulative device, a gimmick, or a threat. Used wisely, and with understanding, it is a natural concomitant of management by integration and self-control)」。

　経営参加の要領として、まずＸ理論の代わりにＹ理論を基本とし、従業員に全般的な信頼を置かなければならない。また経営参加の機会を職場団体にかぎらず、従業員個人にも与えるべきである。さらに企業経営に関する意思決定をボトム・アップの形で行ない、職場管理を上司による統合（integration）と部下による自己統制（self-control）で行なう。ただし、経営参加は決して万能薬ではなく、企業経営のさまざまな問題の解決に必ず貢献できるとはかぎらないし、また経営参加のプロセスのなかで上司と部下間の緊密なコミュニケーションが必要不可欠であるとマグレガーは指摘している。

目標による管理

　「統制による管理（management by control）」という従来の考え方に相対する概念として、マグレガーは「目標による管理（management by objectives）」を提唱している。目標による管理とは、人間への信頼をベースに、自己啓発、自主的な目標設定、職務遂行の自己管理、業績の自己評価などを内容とするものである。つまり、従来の経営管理では、Plan と See を上司が行ない、部下は Do だけを行なうのに対して、目標管理を取り入れる場合、Plan-Do-See の全過程が部下の職務範囲に入る。部下に自己統制の役割が要求されると同時に、上司の役割は統制（control）から統合（integration）へ変わる。上司は部下の仕事に細かく指示することはしないが、部下の仕事の各段階で調整と拒否の権限を持っている。この意味で、目標管理はリーダーシップの不在や上司責任の放棄をまったく意味しない。

　目標管理における目標は、基本的に、組織全体にかかわる長期目標、経営目標で

---

*36　McGregor［1960］, pp.175-176（高橋訳［1970］、152頁）.

はなく、従業員個人にかかわる短期目標、業務目標を指している。そこでは、目標決定の方法がとくに重要である。X理論では目標はつねに外から、上司から押しつけられるのに対して、Y理論では、目標は従業員自身が決めるものである。その理由について、マグレガーは次のように説明している。「目標が外から押し付けられたときには、めったに本当の納得というものはなされないものである。おとなしく納得するというのが精一杯のところで、無関心とか抵抗のほうがもっとありそうである（Genuine commitment is seldom achieved when objectives are externally imposed. Passive acceptance is the most that can be expected; indifference or resistance are the more likely consequences）」。たしかに、自分の能力、欲求、長所、短所などについて、だれよりも本人が一番よく知っているし、少なくとも知ることができる。そのため、仕事の目標を決める適任者は、監督の立場にいる上司ではなく、仕事を遂行する部下本人のほうが望ましいと考えられる。

さらに、目標管理を実施するプロセスについて、次のような基本的な段階を経ていかなければならないとマグレガーは説明している。

① 「部下は、自分の職務は何であるかを上司から命令されるのではなく、自分自身で責任を決定しなければならない。本人が責任を持たなければならないものは何であるかについて話し合いによって相互に理解し合わなければならない。この話し合いそのものが双方にとって勉強になる場合が多いのである（The subordinate should assume the responsibility for determining what his job is, not the superior for telling him. Through discussion they should come to a mutual understanding of what the man is accountable for. Frequently this turns out to be quite a learning process for both parties）」。

② 「部下は、短い期間内に、例えば6カ月以内に、自分の仕事について明確な目標を定めなければならない。この目標を設定し、それを達成しようと努めるに当たって、彼は会社の利益だけでなく、自身の成長と発展をもたらす方法を採り、戦略を凝らすことにも関心を持たなければならない（The subordinate should set specific objectives for his operation within some immediate period of time, e.g., six months. In setting and trying to achieve these objectives, he should be concerned not only with what is good for the company, but with adopting methods and devising strategies that will result in his own growth

---

*37　McGregor［1960］, p.94（高橋訳［1970］、79頁）.
*38　McGregor［1966］, pp.182-183（高橋訳［1974］、217-218頁）.

and development)」。
③「部下は、彼の目標を達成するにふさわしい『自治権』を与えられなければならない。ここで決め手となるのは、この部下は箸の上げ下ろしまで監督しなければならないのか、一般的監督で足りるのか、を判断する上司の態度と能力である（The subordinate should be given an appropriate degree of autonomy to accomplish his objectives. The critical factor here will be the attitude of the superior and his ability to decide whether the man requires close or "general" supervision）」。
④「目標期間の終わりに、部下と上司は一緒になって、定められた目標について部下の業績を評価しなければならない（At the end of the stated period, the man and his superior should sit down together while the subordinate evaluates his own performance with respect to the established targets）」。

8．マグレガー理論への評価

　マグレガーのY理論は、基本的にマスローの欲求階層説にもとづいている。アメリカ社会の進歩につれて、生理欲求と安全欲求は基本的に満たされ、ハード管理とソフト管理を組み合わせた従来型の管理方法はすでに効力を失いつつある。従業員が求めている尊重と自己実現のような高次元欲求を組織目標へ統合させ、その高次元欲求にもとづくモティベーションを実行すべきである。しかし、性善説、人間への信頼、自己実現人モデルなどの理想主義的な発想はY理論の前提となっているため、Y理論を実際の経営管理の実践に応用するときに、理想主義でとらえられている人間像に当てはまる従業員は少なく、高次元欲求にもとづくモティベーション手法は実用的ではないとよく批判される。とくに目標管理の実施に当たり、従業員の能力と適性が高く評価されず、努力の度合いのみが過大に高く評価され、自己評価の客観性が失われる恐れがある。自分の仕事ぶりを不当に過大評価する従業員が現われると、ほかのより有能な従業員のやる気が損なわれ、組織全体の士気と能率が低下してしまう。
　しかし、マグレガーの見方からすれば、この種の問題は解決可能である。彼が強調したように、Y理論にもとづいた管理施策を導入するときに、自己啓発と自己統制が基本思想であり、しかも自己啓発は自己統制の前提条件となっている。明らかに、上述した過大評価の問題は自己啓発を十分に行なっていないことに起因するものである。いいかえれば、従業員の能力開発や道徳教育などを含む自己啓発を十分

に行なっておけば、自己評価を含む自己統制は正当に行なわれるはずであろう。[*39]

　マグレガーのX理論・Y理論は独創的とはいいがたいが、そのわかりやすさと従業員を企業の重要資産としてとらえる視点が高く評価されるべきである。Y理論の考え方では、従業員をカットされるべき人件費ではなく、価値を創造するエンジンとしてとらえなければならない。この基本観点はその後の組織行動、組織発展、産業関係、人的資源管理、産業心理学、組織社会学といった諸分野の発展に大きな影響を与え続けている。経営学史研究者のBennisが指摘したように[*40]、「彼は旧来の経営分野および『組織行動』と『組織発展』のような新しい分野において『新しい味覚』を創造した。人の観点の違いによって、彼の著作に賛同したり反対したりするが、それらの著作はつねに目の前にあって無視することはできない。……すべての経済学者が、明確にあるいは暗黙に、ケインズに恩義を感じると同様に、われわれ全員が、ある意味で、みんなマグレガーの弟子である（He created a "new taste" across the entire field of management and the newest fields of "organizational behavior" and "organizational development." One can agree or disagree with his writings, but they are always there as something to shoot for or at, depending on one's viewpoint. …… Just as every economist, knowingly or not, pays his dues to Keynes, we are all, one way or another, disciples of McGregor)」。

　Y理論が持つ実践的意義について、マグレガーは主著『企業の人間的側面』の「結論」部分のなかで、次のように述べている[*41]。「経営者がY理論を認めたことは重要ではない。……重要なのは経営者がX理論のような狭い仮説を捨てることである（It is not important that management accept the assumptions of Theory Y. …… It is important that management abandon limiting assumptions like those of Theory X)」。

　X理論からY理論へ転換すべきだというマグレガーの主張は大いに注目され、広い範囲で大きな共鳴が沸きあがった。しかし、「あなたの理論は素晴らしいが、役

[*39] マグレガーが提唱した目標管理は、のちにドラッカーらの理論によって改善され、3つの基本部分によって構成されている。①明確、簡潔、伝達可能な目標を立てる（establishment of clear, concise, and communicated goals)。②仕事を実際に遂行する人を目標設定の過程に参加させる（participation in the goal-setting process by those who will be expected to work under the system)。③仕事の結果にもとづいて業績評価を行なう（performance evaluation based on results)。したがって、③の実施によって自己評価の客観性が保たれることが期待される。Duncan [1999], p.126.

[*40] Bennis, W. G., "Foreword" in McGregor [1960], p.xv（筆者訳文）.

[*41] McGregor [1960], p.329（高橋訳 [1970]、284頁).

に立たない」とか、「いままでと違ったやり方をわれわれがはっきりみえるように示せ」とか、「理論を適用する方法を示せ」などといったような、実務界からの疑問は多かった。[*42] マグレガー本人は生前かなり奮闘していたが、それらの疑問に完全に答えるまでには至らなかった。そして、残念ながら、マグレガーのX理論・Y理論が世に出てからおよそ半世紀経ったいまの現実をみると、彼が主張するYタイプの組織と管理者は着実に増えているものの、Xタイプの組織と管理者は依然として世の中の主流であるようにみえる。とくに景気が低迷しているときに、集権主義への復権、労働規則の強化、賃金カット、サービス残業、人員削減、非正社員への不当な差別などの現象は、オーナー型の中小企業だけでなく、Toyota、Samsung、Wal-Martのような知名度の高い多国籍企業のなかでも多くみられている。多くの管理者は、性善説のY理論を信じながら、性悪説のX理論を実行する（Trust in Allah, but tie up your camel）と心に決めているようである。この意味では、X理論とY理論のどちらがより有効かという本質的な問題に対して、いまだに明確な答えは出ていないかもしれない。

---

*42 Schein, E. H., "Introduction" in McGregor [1967], p.xii（逸見・北野・斉藤訳［1968］、13頁）。

第7章

ハーズバーグの動機づけ・衛生理論

1．ハーズバーグの人物像[*1]

　ハーズバーグ（Frederick Irving Herzberg: 1923.4.18〜2000.1.19）は1923年4月18日にマサチューセッツ州のリン（Lynn, Massachusetts）で生まれた。父親（Lewis）はリトアニア生まれのユダヤ人で、幼いときに両親と一緒にイギリスに移民した後、ひとりでアメリカに渡り、フレッドが生まれた当時は靴型工の職人であった。母親（Gertrude）は10代前半にポーランドからアメリカに渡り、リンの工場で働きながら育った。この貧しい移民労働者家庭に生まれたフレッドは5人兄弟の長男で、6歳のときに家族全員がニューヨークに引っ越し、父親はペンキ屋を開業した。しかし、その店はのちに大恐慌の荒波に呑み込まれ、家族はバージニア（Virginia）に移住した。そのとき、13歳のフレッドは父親を説得してひとりでニューヨークにとどまり、働きながら中学校に通っていた。
　フレッドは小さいときから歴史に強い興味を持っていたため、1940年にニューヨーク・シティ・カレッジ（CCNY: City College of New York）の歴史学科に入学した。しかし、教科書内容の暗記という学習方法に飽きて、心理学科に転向した。在学中にフットボール部で活躍していたが、胸部の骨折でプレーを続けられなくなっ

＊1　Herzberg［1993］, pp.3-37. 渡辺・角野・伊藤編著［2003］、122-130頁。http://en.wikipedia.org/wiki/Frederick_Herzberg 写真出所：http://management4best.blogspot.com/2010/02/frederick-herzbergs-biography.html

たため、金銭的に困窮しはじめ、最終学年の1943年に米国陸軍に入隊することとなった。兵役中に上官の姪であるシャーリー（Shirley Bedell）と出会い、1944年に結婚した。

　ハーズバーグはフランス前線の歩兵連隊に派遣され、ドイツ軍と戦った。最後の作戦任務はドイツのダッハウ（Dachau）にあるナチス強制収容所を解放することであった。この収容所の警備活動に何カ月間も務めていたため、被害者の惨状、ナチスの暴行、人間社会の狂気などに驚かされた。ナチスの戦争犯罪に対する彼の認識は、どんな社会にもなんらかの理由で精神的に狂った人々は若干いる、しかし、社会全体が狂気に走ったのはこういう狂った人々のせいではないというものであった。むしろ彼ら以外の普段は正気である人間が狂気に走ったからである。実のところ、世間が考える狂人と犯罪者より、むしろ平凡な、または非論理的な正気の人間がより重大な問題を引き起こしている。そして、「外見上で正常な人たちがなぜこれほどひどいことをしたのか。正気の人々を狂気から守り、人間の正気を維持することが心理学者の最も重要な役割である（How could apparently normal people do such terrible things? I concluded that the most important role of a psychologist was to help keep the sane from going insane）」と考えるようになった。[*2]

　終戦後の1946年3月に帰国したハーズバーグは、まずCCNYでの勉強を終わらせ、必要な単位と学士号を取得した。そして、ダッハウ収容所での観察と体験から人間の肉体的・精神的な健康状態に興味を持ちはじめたため、ピッツバーグ大学（University of Pittsburgh）の大学院に進んだ。1948年に修士課程を修了し、バージニア州リッチモンド市（Richmond, Virginia）で同市の人事評価システムを構築する部局のリーダー職を務め、黒人の雇用拡大に尽力した。

　1949年に大学に戻り、電気ショック療法に関する学位論文を執筆し、1950年にピッツバーグ大学の公共衛生スクールから臨床心理学の博士号を取得した。またこの時期に精神病患者の行動および病院側の治療方法を詳細に観察し、「異常」より「正常」に対する認識が乏しく、健康状態に対する明確な定義がないことに気づいた（I found that at that time no one had a concept of what health is）[*3]。「正常」という方向性を知らないまま、「異常」を治療しているという異常な実態を変えなければならないと考えた。

　博士号取得後にまず空軍の心理訓練プログラムの補助スタッフとなり、心理学者

＊2　Herzberg［1993］, p.5.
＊3　Herzberg［1993］, p.7.

であるフラナガン（John C. Flanagan）から臨界事象法（CIT: Critical Incident Technique）を直接に学んだ[*4]。そして、大学の研究助手、コンサルティング会社の調査主任（research director of Psychological Service of Pittsburgh[*5]）などの仕事を務めた。

ハーズバーグが大学院生の頃から一貫して追求し続けていた研究テーマは、人間はなぜ働くのか、すなわちなぜ仕事に満足感を覚えるのか、ということであった。彼は同僚と一緒に、過去50年間に著わされた約2000本の職務態度に関連する文献を徹底的に調べ、1957年にその結果を雑誌で発表した[*6]。しかし、そこから得られた結論は、「まだ何もわかっていない」ということであった。

1957年にケース・ウェスタン・リザーブ大学（Case Western Reserve University）の助教授に就任してから、当時最新の研究手法である臨界事象法を取り入れ、職務態度に関する実態調査を行ない、1959年にその結果を共著として出版した[*7]。人々を満足にする要因と不満にする要因はまったく異なるものであると主張する斬新な動機づけ・衛生理論（Motivation-Hygiene theory, M-H 理論）は大いに注目され、若いハーズバーグは名声を上げた。

1960年に教授に昇格すると同時に、心理学部長に就任した。その後の1960年代には、ハーズバーグは自分の M-H 理論を臨床医学へ応用することに情熱を注ぎ、精神的に健康な人々は精神的に病気の人々の単なる裏返しではない、つまり精神的健康が精神的病気の対極ではない（Mental health is not the opposite of mental illness）、という自分の若いときからの主張を裏づける診療方法を模索していた。そして、自分の理論と療法を広げるために、勤務大学に産業心理衛生プログラム（Industrial Mental Health Program）を立ち上げた。

1965年にフィンランドに留学した期間中に、現地の管理者を対象にアンケート調査を行ない、自分の M-H 理論が支持されていることを確認した。しかし、その結果をまとめた投稿論文は主流の学術論文誌に拒否され、自分の研究領域に対する学界の無知と無関心に大きなショックを受けた。そこで闘志を奮い立たせ、自分のそ

---

*4 　フラナガン大佐は第二次大戦中にアメリカ空軍の飛行訓練に関する心理学プログラムの責任者で、critical incidents classification test を用いてパイロット、爆撃手、射撃手といった異なる職務の適格者を選別していた。

*5 　多くの日本語文献では、ハーズバーグはピッツバーグ市精神衛生局の調査主任を務めたと書いているが、ハーズバーグの自伝ではそれに該当する部分がなく、誤訳の可能性が大きい。

*6 　Herzberg, Mausner, Peterson and Capwell [1957].

*7 　Herzberg, Mausner and Snyderman [1959]（西川訳 [1966]）。

れまでの研究成果を整理し、はじめての単著[*8]を書き上げた。

　ハーズバーグはかねてから職務充実（job enrichment）に注目していて、多くの事業組織で自ら職務充実の実験を指導した。1968年に *Harvard Business Review* で発表した論文[*9]は実業界の好評を得て、翌69年に彼の理論と実践を紹介するドキュメンタリー映画 *Job Enrichment in Action* が製作された。

　ハーズバーグは学部長など多くの要職を務めると同時に、3つのコンサルティング会社の社長と複数のコンサルティング会社の取締役も務めており、非常に多忙であった。また、M-H 理論が企業の経営実践に多く応用されるにつれて、彼の学問的な関心は徐々に心理学から経営学に移った。そればかりではなく、同僚の心理学者のなかには、嫉妬心などの理由で彼の理論を激しく批判する人もいた。ハーズバーグは、自分自身の職務内容にも職務環境にも強い不満を抱き、モティベーションも低下して、精神的健康が害されていた。そのため、妻がユタ大学（University of Utah）の医学部に教職をみつけたことをきっかけに、ハーズバーグは1972年にユタ大学の経営学部に転職し、経営学担当の特別教授になった。

　1970年代以降のハーズバーグは社会主義陣営を含む世界中の国々から依頼を受け、職務充実や能力向上などの実験を指導していた。彼本人も共産主義体制下の労働者と資本主義体制下の労働者の動機づけの違いに対して、強い関心を持っていた。1973年にハーズバーグは南アフリカ共和国を訪問した際、人種隔離制度のもとで生存権利すら保障されていない労働者にとって、必要とされるのは自分が取り組んできた勤労意欲向上や職務充実などのような社会改良活動ではなく、さまざまな管理制度を根本的に変えるような社会革命であると悟った。またこの時期に、彼は多くの論文を発表し続け、職務充実を主な内容とする論文集を1976年に出版した[*10]。

　1980年代以降のハーズバーグは、コンサルティング会社の経営、旧著の改訂出版、職務充実運動の指導などに取り組むとともに、大量の論文をアメリカ内外の各種の雑誌に発表し、講演会を行なった。そして、2000年1月19日に心臓発作のため、ユタ大学病院で病死した。享年76歳であった。

＊ 8　Herzberg［1966］（北野訳［1968］）.
＊ 9　Herzberg［1968］.
＊10　Herzberg［1976］（北野訳［1978］）.

2．ハーズバーグの著作

ハーズバーグの大量な研究論文と著書のなかで、もっとも有名なものは以下である[*11]。

- Herzberg, F., B. Mausner, R. O. Peterson, and D. F. Capwell [1957], *Job Attitudes: Review of Research and Opinion*, Pittsburgh, PA: Psychological Services of Pittsburgh.
- Herzberg, F., B. Mausner, and B. B. Snyderman [1959], *The Motivation to Work*, New York, NY: John Wiley & Sons, Inc.（西川一廉訳 [1966]、『作業動機の心理学』日本安全衛生協会）.
- Herzberg, F. [1966], *Work and the Nature of Man*, New York, NY: Thomas Y. Crowell Publishers（北野利信訳 [1968]、『仕事と人間性：動機づけ・衛生理論の新展開』東洋経済新報社）.
- Herzberg, F. [1968], "One More Time, How Do You Motivate Employees?" *Harvard Business Review*（January-February）.
- Herzberg, F. [1976], *The Managerial Choice: To Be Efficient and To Be Human*, Homewood, Illinois: Dow Jones-Irwin, Inc.（北野利信訳 [1978]、『能率と人間性：絶望の時代における経営』東洋経済新報社）.

3．満足要因と不満要因

心理学者としてのハーズバーグは、仕事へのモティベーションという研究分野に強い関心を持っていた。それまでの先行研究にもとづき、彼は3つの問題を提起した[*12]。

①ある個人の仕事に対する態度をいかに測定するか（How can you specify the attitude of any individual toward his job?）。

②仕事態度を形成する要因はなにか（What leads to these attitudes?）。

③仕事態度はどんな結果をもたらすか（What are the consequences of these

[*11] 彼の膨大な研究業績リスト（1952〜90）は次の文献に収められている。Herzberg [1993], pp. 25-37.

[*12] Herzberg, Mausner and Snyderman [1959], p.5（西川訳 [1966]、5頁）.

attitudes?）。

　この3つの問題を究明するために、ハーズバーグは研究仲間と一緒に、実証研究を緻密に設計した。まずさまざまな研究手法を比較してから、フラナガンが開発した臨界事象法（CIT）を選んだ。次に小規模の実験調査（第1回は2社の13人、第2回は1社の39人）を経て、調査対象を文章で説明する能力を持つ専門職（professional）に限定した。そして、質問内容の適切性を十分に検討し、すべての準備が整った1957年に、ピッツバーグ地域に立地する企業（鉄鋼業、機械製造業、造船業などの産業界に属する9社）に勤務する技師と経理（engineers and accountants）203人を対象に、臨界事象法を用いて、職務の満足と態度に関するアンケート調査ならびにインタビューを実施した。

　アンケート調査において、対象者に14の質問項目を設けて次のように切り出した。[*13]「あなたの現在あるいはかつての仕事経験の中で、格別に好ましいあるいは格別に好ましくないと感じた場面を思い出して、そのときに起きたことを教えてくれ（Think of a time when you felt exceptionally good or exceptionally bad about your job, either your present job or any other job you have had ……. Tell me what happened)」。そして、回答者のストーリーによる説明にもとづき、人間の職務態度は2組の要因、すなわち満足要因と不満要因によって大きく影響されるという結論に至った。

満足要因

　まず職務に関して「とくに良い（exceptionally good）」と感じた要因（すなわち喜びや幸せなどの満足感を味わった対象）は次のようなものである。[*14]

　①業績の承認（recognition for accomplishment）
　②仕事の達成感（achievement）
　③個人能力の成長（growth and development）
　④昇進の機会（opportunity for promotion）
　⑤仕事そのもの（work itself）
　⑥責任の度合い（increased job responsibility）

　これらの要因は職務内容（job content）、または仕事そのもの（the doing of the job）に関連するものである。それに関する状況は従業員の考えるある程度の適正

---

*13　Herzberg, Mausner and Snyderman［1959］, p.141（西川訳［1966］、123頁）.
*14　Herzberg, Mausner and Snyderman［1959］, p.81（筆者訳文）.

水準を上回ると、「満足（satisfaction）」が生じる。しかし、適正水準を下回る場合、「満足」は生じないが、「不満（dissatisfaction）」が生じるのではなく、「無満足（no satisfaction）」が生じる。ハーズバーグはこれらの要因を「満足要因（satisfiers）」と名づけた。

不満要因

一方、職務に関して「とくに悪い（exceptionally bad）」と感じた要因（すなわち悲しみや怒りなどの不満を味わった対象）は次のようなものである。[*15]
①会社の経営方針と政策（company policies and administrative practices）
②監督方式（supervision-technical）
③作業条件（physical working conditions）
④給与水準（salary）
⑤社内福祉（benefits）
⑥上司・同僚・部下との人間関係（interpersonal relations with co-workers）
⑦社内の地位と雇用の安定性（status and job security）
⑧私生活（factors in personal life）

これらの要因は職務背景（job context）、または職務環境（job environment）に関連するものである。それに関する状況は従業員の考えるある程度の適正水準を下回ると、「不満（dissatisfaction）」が生じる。しかし、適正水準を上回る場合、「不満」は生じないが、「満足」が生じるのではなく、「無不満（no dissatisfaction）」が生じる。ハーズバーグはこれらの要因を「不満要因（dissatisfiers）」と名づけた。

動機づけ要因と衛生要因

上述したように、「満足要因」は働くという行為そのもののなかに存在し、内生的な要因（intrinsic factors）で、高次元の欲求を満たすものである。それに対して、「不満要因」は、仕事そのものではなく、その外に存在し、外発的な要因（extrinsic factors）で、低次元の欲求しか満たさないものである。基本的な考え方として、満足要因は、人間の自己実現と精神的成長に関連するものであり、マスローの高次元欲求（尊重欲求、自己実現欲求）に相当するものである。不満要因は、人間の苦痛の回避に関連する要因であり、マスローの低次元欲求（生理的欲求、安全

[*15] Herzberg, Mausner and Snyderman [1959], p.81（筆者訳文）.

欲求、社会的欲求）に相当するものである[*16]。

さらに、ハーズバーグの研究では、仕事の内容にかかわる「満足要因」は働く人々に満足感をもたらし、モティベーションを高めることに効果的であるため、それを「動機づけ要因（motivators）」と名づけた。しかも、このような満足要因が不十分であっても、満足感はないものの、不満の原因にはならない。一方、仕事の環境にかかわる「不満要因」の悪化は人間の不満を呼び起こし、モティベーションの向上を妨げる原因になりうるが、不満要因をいくら改善させても、不満が解消されるだけで、満足感の獲得やモティベーションの向上に寄与することは非常にまれである。医学的にたとえると、よい衛生習慣は病気の発生を未然に防ぐ効果を持つが、かかった病気を治す効果は持たない。こうして、不満の発生を防止する意味から、不満要因を「衛生要因（hygienic factors）」と名づけた[*17]。

2要因理論の誕生

「働く人間に満足感を与える要因と不満足感を与える要因とはまったく別個のものである（The factors in our study that made people happy with their jobs turned out to be different from the factors that made people unhappy with their jobs）」[*18]という発見は、M-H理論の最大の特徴である。

職務満足に関する伝統的なアプローチは一元性の仮説である。つまり、満足と不満は一本軸の両端であり、両者の中間点は満足も不満もない中立状態である。それに対して、M-H理論では、満足と不満は平行する2本の軸であり、満足の対極は不満でなく、無満足である。また不満の対極は満足ではなく、無不満である。こうして、職務満足をもたらす諸要因と職務不満をもたらす諸要因は互いに独立した2組の異質なものであるという二元性の仮説にもとづいているため、ハーズバーグのM-H理論は2要因理論（Two Factor Theory）または二重構造理論（The Dual Structure Theory）と名づけられた。マスローやマグレガーの理論と比べて、ハーズバーグの2要因理論はやや難解で、それに関する誤解と批判も比較的に多いため、特別な注意を払う必要がある。

[*16] Herzberg [1966], p.141（北野訳 [1968]、159-160頁）.
[*17] のちに「保全要因（maintenance factors）」と呼んでもよいと述べた。Herzberg [1966], p.74（北野訳 [1968]、87頁）.
[*18] Herzberg, Mausner and Snyderman [1959], p.111（西川訳 [1966]、98頁）.

4．人間状態の分類

　M-H理論によると、人間のモティベーションは「満足」または「動機づけ要因」のみから生まれ、「不満」または「衛生要因」との関連性が薄い。働く人間にとって、「衛生要因」が満たされていないと当然「不満」になり、モティベーションの向上を妨げる可能性はあるが、モティベーションを低下させる可能性はほとんどない。一方、「衛生要因」を改善することによって「不満」が解消されたとしても、ただちに「満足」となってモティベーションが向上することにはならない。仮に衛生要因の改善がモティベーションの向上に若干の効果をもたらすとしても、「その効果は短期間しか持たない。……衛生要因は麻薬のように作用する：使えば使うほど効果が薄くなる（The effect of improved hygiene lasts for only a short time. …… Hygiene acts like heroin ──it takes more and more to produce less and less effect）」[19]。したがって、従業員の「満足」を生み出すためには、「衛生要因」をいくら改善しても効果がなく、「動機づけ要因」を改善しなければまったく期待できないのである。

　ハーズバーグの見解として、「満足要因は職務不満にほとんど貢献しない。これとは逆に、不満要因は職務満足にほとんど貢献しない（They (satisfiers) contribute very little to job dissatisfaction. Conversely, the dissatisfiers contribute very little to job satisfaction）[20]」。「職務満足を生み出すのに関連した要因は、職務不満を招いた要因から**分離**した、**別個**のものである。……職務満足と職務不満という2つの感情は互いの表裏ではない。したがって、職務満足の反対は職務不満でなく、むしろ**無職務満足**であろう。同様に、職務不満の反対は**無職務不満**で、職務満足ではない（The factors involved in producing job satisfaction were *separate* and *distinct* from the factors that led to job dissatisfaction. …… These two feelings were not the obverse of each other. Thus, the opposite of job satisfaction would not be job dissatisfaction, but rather *no* job satisfaction; similarly, the opposite of job dissatisfaction is *no* job dissatisfaction, not satisfaction with one's job」[21]。

　こうして、ハーズバーグ理論のきわめて重要な特徴は、満足していないこと≠不

---

*19　Herzberg [1966], pp.169-170（北野訳 [1968]、191頁）．
*20　Herzberg [1966], p.77（北野訳 [1968]、90頁）．ただし、訳文の変更がある．
*21　Herzberg [1966], pp.75-76（北野訳 [1968]、88-89頁）．ただし、訳文の変更がある．

表7-1 動機づけ・衛生理論による人間状態の分類

		動機づけ要因	
		×：元気でない（Not healthy）	○：元気である（Healthy）
衛生要因	×：病気である（Unhealthy）	"Down and Out"： 不満があって満足していない （病気で元気でない） ⇒悪い状態	"Starving Artist"： 不満だが満足している（病気だが元気である） ⇒次善の状態
	○：病気ではない（Not unhealthy）	"I'm All Right, Jack"： 不満はないが満足していない （病気ではないが元気でもない） ⇒最悪の状態	"The Best of All Possible Worlds"： 不満がなく満足している （病気ではなく元気である） ⇒最良の状態

出所：筆者作成。

満であること、満足していること≠不満がないこと、という独自の表現方法である。「動機づけ要因」は主として満足感に作用し、不満足感には作用しない。逆に「衛生要因」は主として不満足感に作用し、満足感には作用しない。

　この解釈にもとづき、働く人々の状態を望ましい順序に並べると、①世の中で最良（The Best of All Possible Worlds）、②飢える芸術家（Starving Artist）、③故障による戦力外選手（Down and Out）、④怠け者（I'm All Right, Jack）、という4つに分類できる（表7-1）[22]。この4分類法からわかるように、人間のモティベーションを高めるためには、衛生要因は必要条件となりうるが、十分条件にならない（④のケース）。一方、動機づけ要因は場合によって単独でも必要かつ十分条件となりうるが、モティベーションの効果は長続きしない（②のケース）。したがって、動機づけ要因と衛生要因の両方を備えるのはモティベーションを高める理想的な条件である（①のケース）と理解できよう。

5．アダムとアブラハム

　ハーズバーグは、彼の実証研究にもとづいたM-H理論を1959年に出版した後[23]、数多くの講演と産業実践を行ない、人間の二次元的欲求をひとつの体系に統合する理論の開発に努力していた。その結果、1966年の著書のなかで、旧約聖書の創世記[24]

---

*22　Herzberg [1993], p.12.
*23　Herzberg, Mausner and Snyderman [1959].

に出てくる話にちなんで、人間は本質的に異なる2組の欲求を同時に持っていると主張した。

まずひとつは、彼が人間のアダム的側面と呼んだものである。アダム（Adam）は神の警告を無視して善悪の知識の木から果実をとって食べたことで、エデンの園から追放され、地上での労働という苦しみの終身刑を宣告された。ハーズバーグによると、われわれ人間は、アダムと同様に、生命喪失、飢え、痛み、性的欠乏などを恐れ、安全や所属などを求めており、すなわち環境に関連した動物的欲求（animal needs）を持っている。[25] モティベーションに関連して、こういう動物として環境からもたらされる苦痛を回避する欲求（pain-avoidance needs）は衛生要因である。

もうひとつは、彼が人間のアブラハム的側面と呼んだものである。アブラハム（Abraham）は神から与えられた多くの厳しい試練を乗り越え、信心深い聖者になった。ハーズバーグによると、われわれ人間は、アブラハムと同様に、有能であり、しかも生得の潜在能力を大いに与えられ、継続的な精神的成長によって自らの潜在能力を現実化し、偉業を達成することを望んでおり、すなわち職務内容に関連した人間的欲求（human needs）を持っている。[26] モティベーションに関連して、こういう人間として職務内容から得られる精神的成長を追求する欲求（growth-seeking needs）は動機づけ要因である。

われわれ人間は、ほとんど例外なく、アダム的側面とアブラハム的側面を同時に持ち合わせている。「アダムは善でも悪でもない：彼は存在する。アブラハムは善でも悪でもない：彼も存在する。……私は決してアダムをけなしているのではない。私はただ単に、アダムの崇拝がアブラハムの喪失を招くこともありうること、そしてこれが不健康な側面であることを、示唆しているのである（Adam is not good or bad ――he exists. Abraham is not good or bad―― he also exists. …… I am *not* in any way downgrading Adam; I am merely suggesting that the worshipping of Adam can lead to the loss of Abraham, and this is the unhealthy aspect」。[27] いいかえれば、賃金などの衛生要因を持って人間のアダム的欲求を満たそうとする管理方法は、人間の精神的成長というアブラハム的欲求の実現を抑制し、妨害するものであ

---

*24　Herzberg［1966］（北野訳［1968］）．
*25　Herzberg［1966］,pp.16, 56（北野訳［1968］、17、65頁）．
*26　Herzberg［1966］,pp.16, 56（北野訳［1968］、18、65頁）．
*27　Herzberg［1966］,p.174（北野訳［1968］、196頁）．

る。よく知られているように、貧しい人と比べれば、経済的に恵まれている人々は、金銭利益（賃金、福祉など）よりも非金銭的利益（達成感、精神的成長など）をより重視している。つまり、「アブラハムはアダムから出てくる（Abraham emerges from Adam）」というわけである。[28]

　アダムとアブラハムという２つの人間観について、ハーズバーグはさらに次のように説明している。「どちらの人間観が正しいのか。人間は、明らかにアダムでもあり、アブラハムでもある。しかしそれぞれの見方は異なる起源を持ち、一方の欲求が満たされても、他方の欲求にはほとんど効果を持たない。アダムは不幸を回避する人間の性質で、アブラハムは幸福を求める人間の性質である（Which view of man is correct? Man is obviously both Adam and Abraham, but, as each view has a different origin, satisfying the needs of one has little effect on the needs of the other. Adam is the nature of man which is concerned with unhappiness, and Abraham is the nature of man which seeks happiness）」[29]。さまざまな困難と苦痛に直面しながら、熱烈に愛し合っているロミオとジュリエットのように、苦痛を回避する、すなわち別れることによって幸福が得られるというわけでもなければ、幸福を手にする、すなわち結婚することによって苦痛を回避できるというわけでもない。したがって、すべての人間組織において、アダムとアブラハムの両面に配慮する必要があり、その一方に他方を代用させることはほとんどなんの効果も持たない。

　さらに、近代社会において、大多数の人間は、アダムのような動物性に支配される苦痛回避者ではなく、アブラハムのような向上心に満ちて達成感を求める成長追求者に近いとハーズバーグは考えた。こういう人間にとって、労働とは、罪への懲罰でもなければ道徳的な義務でもなく、自己実現を達成する手段である。したがって、近代産業における人的資源の効果的活用と職務満足を高めるために、人間のアブラハム的側面に基礎を置き、職務の再設計と組織の活性化が必要だとハーズバーグは主張した。

６．精神的成長

　ハーズバーグは、アブラハム的な人間観に注目し、現代組織における個人は自分自身の継続的な精神的成長（psychological growth）を強く求めていると主張する。

---

[28]　Herzberg [1966], p.174（北野訳 [1968]、196頁）。
[29]　Herzberg [1976], p.52（北野訳 [1978]、77頁）。

そして、優れた心理学者として、彼は人間の精神的成長を示す特徴について次のように論じた。[30]

第1の特徴は、より多く知る（knowing more）ことである。われわれ人間の知識は書物から得られるものも多いが、職務経験から得られるものも少なくない。また成功経験よりも、失敗経験から得られるものはずっと多い。したがって、仕事をすることは精神的成長を実現する重要な手段となりうる。

第2の特徴は、知識内の関係づけを増やす（seeing more relationships in knowledge）ことである。つまり、ばらばらの断片的な知識を互いに関係づけ、一定の脈絡を辿って知識の体系を築き上げる。たとえば科学の形成において、まず事実が発見される。次に事実が原理になり、原理が法則になり、法則が理論になるというように関係づけられる。この特徴を哲学的に表現すると、知恵の発達（development of wisdom）と呼ぶことができる。一般的に、断片的知識を関係づける能力は経験の豊富さによって大きく左右される。

第3の特徴は創造性（creativity）である。人間の脳は無限に断片的情報を取り入れ、またこれらの断片を連結させ関係づけを行なう。さらに、出来上がった知識体系を種にして、新しい知識体系を生み出すことが可能である。創造性は人間が生来、持っている潜在的能力であるが、仕事をするうえで必要性から刺激されてはじめて実現するケースが非常に多い。

第4の特徴は曖昧さのなかでの効率性（effectiveness in ambiguity）である。人間社会に満ちている曖昧さと不確実性は、不安の源泉でもあれば、挑戦と変化のチャンスでもある。精神的成長を求める人間にとって、日々の仕事のなかで経験を積み、曖昧さと不確実性に耐え、変化を受け入れ、複雑な現象に効率的に対応しなければならない。近代組織のなかでは、曖昧さの事実上の存在を無視して職務規定やマニュアルなどを作成し、組織の効率向上を図っているが、実際、それは人間の能力を否定し、精神的成長の可能性を妨げる行為である。

第5の特徴は個別化（individuation）である。「個人が彼の環境から非社会化し、分離していくことを自然のゆくえととらえ、個人になることは精神的成長の最高レベルのひとつである（One of the highest levels of psychological growth is becoming an individual: desocializing and separating the individual from his environment is a natural thing to do）」とハーズバーグは述べている。[31] 個人は複数

---

*30 Herzberg [1966], pp.57-70（北野訳 [1968]、67-82頁）.
*31 Herzberg [1966], p.67（北野訳 [1968]、79頁）. ただし、訳文の変更がある。

の社会集団に所属してほかのメンバーと共生しているが、この社会化過程のなかで、個人が人間集団から独立し、独自の感情、信念、価値観、判断、観念、行動などを持ち、すなわち独立人格を持つ個体に成長する。個別化が進むと、所属集団への忠誠心が薄れる場合は多いが、他人や集団への協力を拒否することを意味するのではなく、むしろその協力を自分の目標を実現する手段として利用することを意味する。要するに、個別化とは、集団圧力に直面しながら、個性を維持することである。

第6の特徴は現実的成長（real growth）である。ハーズバーグによると、空想、錯覚、虚構といった幼稚な自己満足感（たとえば自分はシンデレラになる、自分は美男子、みんなが自分をかわいがっている）、他人を犠牲にするまで自分の利益を求めたり、自分をよくみせたりするような不当行為（たとえば商品を不当の高値で売りつける、同僚や部下の成績を横取りして出世をはかる）、また他人の成功を自分の功労として自慢するような虚栄心（たとえば息子が医学博士だ、夫が社長だ、妻が美人だといった自慢話）、といったものはすべて非現実的成長である。それに対して、自分自身の努力によってもたらされる成功体験、満足感、能力向上こそが現実的成長である。

以上の特徴からわかるように、精神的成長を実現するためには、動物として環境からもたらされる苦痛を回避するというアダム的な衛生要因はほとんど妥当な貢献要因となりえず、人間として仕事の達成を通じて実現する自分自身の成長を求めるというアブラハム的な動機づけ要因だけが積極的な貢献要因となりうる。そして、ハーズバーグは、動機づけ要因と精神的成長との関連性を表7－2のようにまとめている。

7．動機づけをどう行なうべきか

動機づけの概念

ハーズバーグの定義として、「仕事における動機づけは、良い職務を遂行できる能力と良い職務を担当できる機会が結合して人々に与えられたときに生じる行動を正当化する態度である。動機づけの態度は、人々を促して彼らの能力が使用機会を通じて増進されるのに適した領域を捜し求めさせ、それによってそうした能力がいっそう発達するのを期待させる（Motivation at work is an attitude that justifies the behavior that arises when people are given a combination of ability to do a good job and the opportunity to have a good job. The attitude of motivation impels people to

表7-2　精神的成長の特徴に対応する動機づけ要因

動機づけ要因 Motivator	成長原理 Growth Principle
達成と達成の承認 Achievement and recognition for achievement	知識を増進する機会 Opportunity to increase knowledge
責任 Responsibility	理解を増進する機会 Opportunity to increase understanding
成長の可能性 Possibility of growth	創造性の機会 Opportunity for creativity
昇進 Advancement	意思決定において曖昧さを経験する機会 Opportunity to experience ambiguity in decision making
興味 Interest	個人化し、現実的成長を追求する機会 Opportunity to individuate and seek real growth

出所：Herzberg［1966］, p.177（北野訳［1968］、200頁）.

seek appropriate arenas where their ability can be enhanced by the opportunity to put it to use, in the expectation that there will be further development of that ability）」。[32]

さらに、この理解にもとづき、実際の動機づけでは以下3点が重要であると主張する。[33]

①才能のある人物を選び、その才能を育てなければならない（First, by selecting talent and then developing that talent）。

②才能を最大限に活用しなければならない（Second, by maximizing the use of the talent）。

③動機づけられた行動を心理的成長の機会を提供することによって強化しなければならない（Third, by reinforcement of motivated behavior through providing opportunities for psychological growth）。

衛生要因だけでは十分ではない（Hygiene is not enough）

M-H理論の立場からみると、テイラーの科学的管理法にせよ、メイヨーの人間

---

*32　Herzberg［1976］, p.99（北野訳［1978］、133-134頁）.
*33　Herzberg［1976］, p.100（北野訳［1978］、135-136頁）.

関係論にせよ、過去から当時に至る産業環境のなかで、管理者は衛生要因を過度に強調し、動機づけ要因を不当に無視していた。彼らの管理方法において、報酬や対人関係や作業条件や管理技法（原則）といった仕事の周辺環境ばかりが注目されているが、それらのものはすべて衛生要因にすぎず、本当の動機づけ要因にはならない。そういう衛生要因をいくら改善しても、従業員の動機づけの向上につながらない。したがって、衛生要因ではなく、動機づけ要因を用いて従業員の動機づけを行なわなければならないとハーズバーグは主張している。

「我々の結果は明らかに良い衛生は低いモラールの多くのネガティブな結果を防ぐだろうという考えを支持している。しかし、良い衛生はそれ自身、目標ではありえない。それは単なる始まりである。衛生を過大に強調することはそれ自身の中にトラブルの種をまく。それは仕事の前後関係に存在する付帯的な報酬にさらに大きな焦点を合わせることになる。我々の強調は動機づけ要因の強化でなければならない。スローガンは『衛生がすべてではない』といえよう（Our findings definitely support the notion that good hygiene will prevent many of the negative results of low morale. Yet good hygiene cannot be an end in itself; it is merely a beginning. An overemphasis on hygiene carries within itself the seeds of trouble. It can lead to a greater and greater focus on the extraneous rewards that reside in the context of jobs. Our emphasis should be on the strengthening of motivators. The slogan could almost be raised, 'Hygiene is not enough'）」。[*34]

ハーズバーグの理論では、マスローやマグレガーの理論と同様に、働く人間が本当に満足できるのは、働くことに効果的に動機づけられたときにかぎる。仕事の衛生要因にもとづいて給与や対人関係や作業条件などを改善しても、従業員は短期的に喜ぶかもしれないが、職務満足感を得られないので、動機づけの向上効果は期待できない。一方、従業員に満足感を与える唯一の効果的な動機づけの方法は、高次元欲求による動機づけ、すなわち責任をともなう挑戦的な仕事を従業員に与え、仕事の達成感を個人に与える、ということである。

8．職務充実の理論

職務拡大と職務充実の違い

M-H 理論では、人間のモティベーションは満足感から得られ、また満足感は仕

[*34] Herzberg, Mausner and Snyderman［1959］, pp.131-132（西川訳［1966］、115-116頁）。

事の内容から得られる。そうすると、産業工学の進歩によって仕事の合理化と能率化がいささか進みすぎた現代の産業組織のなかで、職務の範囲と内容を適切に設計することはきわめて重要な課題となる。そこで、ハーズバーグの独創的な見解として、従業員のモティベーションを高めるためには、マグレガーによって提唱された職務の横方向の広がりを内容とする「職務拡大（job enlargement）」だけでは不十分で、職務の縦方向の質的な深化を内容とする「職務充実（job enrichment）」がより効果的な手段である。「我々の結果から判るように、興味ある仕事はしばしば高水準の動機づけに対する手掛かりである（Very likely, as we can see in our findings, interesting work is often the cue to a higher level of motivation）」。つまり、職務の充実を進めると、従業員の仕事はおもしろくなり、仕事へのモティベーションも高まることとなる。

ハーズバーグ以前の「職務拡大」は、職務の細分化と限定化を認めながら、主に職務交替（rotation）、すなわち職場配置の転換という手段を用いて、ひとりの人間が行なう職務をなるべく多様化させようという「広くて浅い」試みである。この場合、退屈で単調な仕事に若干の多様性が加わり、「水平的な職務負荷（horizontal job loading）」が増え、すなわち職務構造の範囲は広がったものの、その中身に本質的な変化がなく、従業員の精神的成長、または満足感には貢献しないものである。このことについて、ハーズバーグは1968年に発表した有名な論文のなかで、「ゼロ×ゼロ、ゼロ＋ゼロ、ゼロをゼロで置き換え、そのいずれにせよ、結果はゼロである（Multiplying zero by zero, adding zero to zero, substituting one zero for another zero, still equals zero）」という表現を用いて、「水平的な職務負荷」の拡大は人間の満足感に貢献しないことを説明している。

それに対して、ハーズバーグの「職務充実」では、職務の細分化と限定化が廃止され、従来、実施（Do）のみを担当していたひとりの従業員が実施する前の計画（Plan）と実施後の統制（See）まで全責任を持って担当する。これは、職務構造の中身すなわち「垂直的な職務負荷（vertical job loading）」が大きく変化する、という「狭くて深い」試みである。当然、個人の精神的成長と満足感が大きい。一方、上司は単なる調整者（coordinator）になるが、監督する権限と責任を保留しなければならない。

---

*35　Herzberg, Mausner and Snyderman [1959], p.133（西川訳 [1966]、117頁）.
*36　Herzberg [1976], pp.130, 180（北野訳 [1978]、176、243頁）.
*37　Herzberg [1968].

職務充実の原則

垂直的な職務負荷の設定、すなわち職務の充実について、次の原則が設定されている[38]。

① 個人責任をそのままに維持して統制をある程度省く（removing some controls while retaining accountability）。

② 自分の仕事に対する個人責任を増す（increasing the accountability of individuals for own work）。

③ 個人に完結した自然な仕事単位（モジュール、部門、地域など）を与える（giving a person a complete natural unit of work（module, division, area, and so on））。

④ 従業員が行動する際の権限を増す、すなわち職務遂行に自由度を与える（granting additional authority to an employee in his activity; job freedom）。

⑤ 報告書を定期的に作成し、それを監督者ではなく、従業員本人に直接届ける（making periodic reports directly available to the worker himself rather than to the supervisor）。

⑥ いままで扱ったことのない新しい、より困難な仕事を導入する（introducing new and more difficult tasks not previously handled）。

⑦ 個人が専門家に成長することを可能にするために、個人に特殊な、または特殊化された仕事を割り当てる（assigning individuals specific or specialized tasks, enabling them to become experts）。

良い職務の構成要素

職務を充実させるために、職務の内容を注意深く設計しなければならないが、ハーズバーグによると、良い職務を構成する要素は次の8つである[39]。

① 直接的フィードバック（direct feedback）：フィードバックの学習効果を上げるために、個人の業績結果が上司あるいは官僚主義的管理手続きを経由せず、本人に直接手渡されること、また部下の感じる個人的脅威を減らし、学習効果を上げ、伝達される情報の内容が真に迫り正確であるために、このフィードバックは非評価的で、かつ時宜を得ているものでなければならない。

② 依頼人関係（client relationship）：組織の外部または内部において、自分の相

---

*38 Herzberg［1976］, p.131（北野訳［1978］、177頁）.
*39 Herzberg［1976］, pp.114-118（北野訳［1978］、156-161頁）.

手となる顧客または依頼人を持つ必要がある。そうすると、上司に認められているか、職務の規則と手続きを守っているか、組織全体の方針と政策に一致しているか、すなわち、自分が組織のなかでどの程度よく「飼い慣らされている（housebroken）」か、を確認することができ、そして、それによって自分の職務を評価することができる。

③新しい学習（new learning）：個人の精神的成長のために、すべての職場に目的と意義を持たせ、労働者がつねに学習できる機会を提供しなければならない。ただし、職務負荷の場合と同様に、学習にも水平的なものと垂直的なものがあり、職務拡大による水平的学習から新しい事実を経験できるが、まとまった知識を得ることも、精神的に成長することも期待できない。つまり、職務充実による垂直的学習が必要である。

④日程計画の編成（scheduling）：上司が仕事の日程を決めることは多いが、職務を実際に遂行する部下が、自分の仕事のさまざまな側面を一番よく知っているはずである。そのため、上司が仕事の最終期限だけを提示し、仕事の日程を作成する機会を従業員本人に与えるべきである。

⑤独自の専門知識（unique expertise）：近代の産業組織のなかで組立ライン、機械化、自動化などの応用が進み、仕事内容の均一化と単純化の傾向が目立っている。その反動で、働く人間はなんらかの個人的独自性を持ちたいという欲求が強くなっている。したがって、職務内容の設計段階で独自の専門知識と技能をできるだけ保留すべきである。

⑥資源の統制（control over resources）：従業員は生産コストに無関心であると多くの管理者は嘆くが、従業員にコスト管理に責任を持たせないかぎり、状況は改善できない。したがって、従業員の作業に関連した予算を細かく割り当て、生産原価に対する個人責任を負わせるべきである。そうすれば、従業員は経営者と同じ立場からコストや利潤などの経営指標に関心を持つことになる。

⑦直接的コミュニケーションの権限（direct communications authority）：現代の組織構造が複雑になり、直接的なコミュニケーションを実現するルートと機会は非常に少ない。間接的なコミュニケーションが行なわれるプロセスのなかで、情報の変形と喪失があり、また貴重な時間が失われてしまう。そのため、組織メンバー全員の間に直接的なコミュニケーションがとれるルートを用意し、また実行する権限を認めるべきである。

⑧個人責任（personal accountability）：各々の職場で責任と義務を明確にし、成功しても失敗しても仕事の結果を個々の従業員に直接に結びつけ、従業員を客

観的に評価すべきである。個人に責任能力を植えつける正しい方法は、上司による監督と点検ではなく、仕事の結果を個人能力に直接に結びつけることである。

結論として、「これらの構成要素が持つ共通性は、職務に動機づけ要因を組み込むことによって、個人が階層秩序の中で立ち上がり、何を、どのように、実行するかを通じて、承認を得るようにするということである（What these ingredients have in common is that they attempt to build into a job motivators that allow the individual to stand up in the hierarchy and be recognized for both what he does and how he does it）」。[40]

職務充実の実施における障害

ハーズバーグは職務の充実を主張しているが、「すべての職務が充実できるわけでもなく、またすべての職務が充実される必要があるわけでもない（Not all jobs can be enriched, nor do all jobs need to be enriched）」と認識している[41]。職務充実は、働く人間に精神的成長と満足感獲得の機会を提供するものとして考案されたが、実際、その実施において、中間層と上層の管理者のみならず、一部の労働者にも反対されている。とりわけ労働者の間に次のような障害要因が存在している[42]。

①衛生要因と動機づけ要因の混同（confusion between hygiene and the motivators）：金銭は衛生要因にすぎず、仕事そのものがモティベーション要因になるというハーズバーグの見解に対して、多くの労働者は賛同しない。むしろ従来どおり、金銭という衛生要因をもっとも重要な動機づけ要因のひとつとしてとらえている。

②管理陣の動機づけに対する不信（distrust of management's motivations）：職務充実は賃率の切下げと労働強度の増大につながらないかと心配する労働者は多い。

③古参従業員の間に「慣れ」となった職務生活様式（the "adaptive" work lifestyle among older employees）：職務充実にともない、職務内容においてさまざまな変革が起こる。しかし、現状に安住し、学習を嫌い、変革を恐れる古参従業員はかなり多い。

---

*40　Herzberg［1976］, p.118（北野訳［1978］、161頁）.
*41　Herzberg［1968］.
*42　Herzberg［1976］, p.197（北野訳［1978］、267頁）.

④無能についての恐怖（the fear of incompetence）：Plan-Do-See の全過程を任せられると、自分の能力は大丈夫かと心配する従業員は少なくない。
⑤冗員についての恐怖（the fear of redundancy）：職務の充実を行なうと、組織機能の再編がともない、冗員の排除は避けられないと多くの従業員は心配する。

現代組織における職務充実の施策

　ハーズバーグの職務充実理論は、現代で流行っているエンパワーメント（empowerment）と類似したものであり、いまの自律型・自己責任型の組織管理理念にも、能力主義・成果主義の労務管理理念にも共通している。職務の充実を行なうのは一朝一夕でできることではなく、継続する努力（continuous improvement）が必要だとハーズバーグ自身が認識していた。この考え方はのちの「改善運動（kaizen movement）」と非常に似たようなものである。ただし、現代組織における職務充実の施策は大きく発展し、フレキシブル・タイムや在宅勤務や裁量労働を認めた労働時間管理、目標管理と人事考課にもとづく年俸制、小グループ活動、QC サークル活動（TQC、TQM）、自己啓発制度、職位の自己申告制度、社内公募制度、社内ベンチャー制度、キャリア・ディベロップメント・プログラム（CDP）などの形として具体化されている。[*43]

9．ハーズバーグ理論への評価

　M-H 理論はマスローやマグレガーの人間観に共通する部分が多く、ハーズバーグらが行なった多くの実証的調査研究はマスローやマグレガーの理論を立証する裏づけとなっている。ただし、マスロー理論での各欲求階層が相互関連、相互依存しているのに対して、ハーズバーグの動機づけ要因と衛生要因は互いに独立するものである。またマグレガーはX理論を批判し、Y理論の正当性を主張していたが、それを裏づける証拠を明確に示していない。それに対して、ハーズバーグの理論は多くの国と多くの企業で、異なる職位レベルと異なる職種の人々を対象に実験され、実証的な分析結果にもとづいて立証されたものである。

　動機づけ理論の数多くの研究者の主張のうち、ハーズバーグの M-H 理論はきわめて個性が強く、その発想の独自性は高い評価に値するものである。その理由とし

---

*43　伊藤健市「ハーズバーグの動機づけ・衛生理論」渡辺・角野・伊藤編著［2003］、129-130頁。

て、以下の点が挙げられる。

①モティベーションの源泉を、賃金や労働条件などの環境要因ではなく、仕事の中身と人間の内面性に求めるべきだという結論は斬新なものであった。とくに動機づけへの金銭の効果に関して、さまざまな論争があったが、ハーズバーグの考え方として、金銭は基本的に衛生要因であって動機づけ要因ではない。たとえば全員を対象とする通常の賃上げは動機づけに基本的に寄与しない。また特定個人だけを対象とする特別ボーナスは彼のモティベーションを高める効果は若干みられるが、それは一時的なものであり、長く続けることはできない。

②それまでのマグレガーの職務拡大説に対して、独自の職務充実説を主張した点はすばらしい。職務を充実させることによって、従業員の個人的価値が実現され、個性の感覚が育ち、より高いレベルの精神的成長を経験することができる。またいうまでもなく、仕事へのモティベーションは格段に上がることになる。

③心理学者は一般的に人間の病的側面に注目し、人間の精神的な病を治すことを強調するが、ハーズバーグは人間の健全な側面に注目し、人間の健康的状態を維持することを強調している。つまり、ハーズバーグのM-H理論は、マスローの人間主義心理学の基本姿勢を受け継ぎながら、それをより発展させたものである。[*44]

ハーズバーグのM-H理論は従業員全員、とりわけホワイトカラーの人事管理に哲学的な基盤を提供した。その後の産業界において、たとえば募集、選考、訓練、管理者育成、職務拡大、品質管理、賃金管理、モティベーション向上運動といった広範囲にわたって、M-H理論が適用されてきた。

一方、M-H理論に対する批判も非常に多く、たとえば次のようなものがある。[*45]

①ハーズバーグの調査では、サンプル数（203人）、職業範囲（技師と経理）、地域範囲（ピッツバーグ周辺）などのいずれも限定的なものであった。統計学的な有意性が弱く、適用範囲も狭いと思われる。のちには、ハーズバーグと彼の支持者たちは、アメリカ国内各地ないし諸外国で多種多様な産業分野とあらゆる職位階層の大量な被調査者を対象に60以上の調査を行ない、M-H理論はお

[*44] ただし、M-H理論を1959年に打ち出すまで、マスローの主著 *Motivation and Personality* ［1954］を読んだことはなく、マスローの影響を受けなかった、とハーズバーグは述べている。Herzberg［1993］, p.11.

[*45] M-H理論の限界に関して、原口俊道教授が詳しく説明したうえ、簡潔にまとめている。原口［1995］、87頁。

おむね支持されていると結論づけている。しかし、ハーズバーグの実験結果にまったく合致しない復元実験も数多く存在し、M-H理論の妥当性を否定する研究も少なくない。

②ハーズバーグの独自性とされる「2要因」という主張の妥当性が問われている。なぜならば、彼の「2要因理論」では、職務満足に貢献するのは動機づけ要因のみで、衛生要因は関係ない、また職務不満を招くのは衛生要因のみで、動機づけ要因は関係ない、とされている。しかし、多くの調査結果では、昇進などの動機づけ要因も賃金などの衛生要因も実際に職務満足と職務不満の両方に実際の影響を与えていると報告されている。さらに、仮に職務満足に影響を与えるのは「動機づけ要因」という一要因のみであるとすれば、「衛生要因」は職務満足と無関係の要因として言及される必要がなく、「2要因」と表現する根拠が崩れるのではないかと疑問視される。

③P-D-Sという全過程を従業員個人に任せることを内容とする職務充実において、従業員個人の能力に対する要求が高すぎる。つまり、M-H理論の根底にあるのはY理論での人間像で、理想主義の色彩が強く、生まれつきの非現実性という弱点が指摘される。

このように、ハーズバーグのM-H理論は科学的根拠、妥当性、実用性などの点において、疑念が完全に払拭されず、実証の余地が残されている。

第 8 章

バーナードの組織論

1．バーナードの人物像[*1]

　バーナード（Chester Irving Barnard: 1886.11.7〜1961.6.7）は、1886年11月7日、マサチューセッツ州モールデン（Malden, Massachusetts）で機械工の次男として生まれた。5歳のときに母親（Mary Putnam）が難産で亡くなり、父親（Charles H.）の再婚にともない、幼い彼は鍛冶屋を営む母方の祖父一家と暮らすことになった。祖父の家は7、8人の大家族であり、暮らしは貧しかったが、音楽を楽しみ、哲学的議論をするほど知的な雰囲気に溢れていた。この温かい家庭環境のなかで、バーナードは勤勉、個人権利の尊重、精神独立、プラグマティズムといった伝統的なアメリカ精神を身につけ、哲学と読書が好きな青年に成長した。子供のときから視力が弱く、平衡感覚が鈍く、運動神経も優れていないが、ピアノ演奏やチェスや水泳などを趣味としていた。

　バーナードは15歳からピアノ工場などで働きながら独学を続けていた。17歳で進学校のマウント・ハーモン高校（Mount Hermon School）に入学し、20歳の1906年にハーバード大学に入学して経済学を専攻することとなった。ダンスホールでの楽団指揮や学生論文のタイピングなどのアルバイトで生計を立て、好きな語学の勉強

＊1　Wolf［1974］, pp.5-45（日本バーナード協会訳［1975］、32-98頁）. Wolf［1972］（飯野訳［1978］）. Gabor［2000］, pp.67-82. 飯野［1978］、3-44頁。http://en.wikipedia.org/wiki/Chester_Barnard
　　写真出所：http://www.s9.com/Biography/Barnard-Chester-Irving

に熱心であった。しかし、経済的理由や履修規則上の問題などにより、3年次を終了した時点で大学を中退した。バーナードは学士号を取得できなかったが、生涯を通じて多くの大学から名誉博士号が授与された。

1909年に大学を退学した後、バーナードは叔父の紹介でAT&T社の統計部（statistics department）に就職し、1911年にグレース（Grace F. Noera）と結婚した。大学でドイツ語、イタリア語、フランス語をマスターしたため、当初は主として諸外国の電話料金事情に関する情報の収集と翻訳に従事していた。当時のアメリカ国内では、公共サービスを提供する電話企業であるAT&Tを民営のまま残すか、それとも郵便事業と同様に国営にするかという論争が白熱していた。バーナードは彼の経済学的背景と語学能力を遺憾なく生かし、国営と比べて民営の電話事業はより良質のサービスをより安い価格で提供できると論破した。その功績により、彼は社内で高く評価されただけでなく、アメリカ国内でも電話料金システムの専門家として認められるようになった。1915年にコマーシャル・エンジニア（commercial engineer）の地位に昇進し、1922年にはAT&Tの関連会社であるペンシルバニア・ベル電話会社の副社長補佐兼総支配人（assistant vice president and general manager）の職に転出し、1926年に総支配人兼営業担当副社長（vice-president）に昇進した。1927年10月に41歳のバーナードは新設のニュージャージー・ベル電話会社（NJBT: New Jersey Bell Telephone Company）の初代社長に就任し、1948年3月3日までの21年間にわたってその職を務めた。

NJBTのトップ・リーダーとして、バーナードの業績は賛否両論であった。電話の人工交換ステーション方式から直接ダイヤル方式への転換が大幅に遅れたため、財務指標が悪化し、会社の内外から厳しい批判に晒されていた。一方、彼は組織づ

＊2 退学の原因について、バーナード本人は晩年に次のように説明した。「高校で自然科学をやっていなかったので、物理や化学の試験を受けることができませんでした。化学の科目もやり始めましたが、あまりにも負担が大きすぎました。この重荷を負って、食べるために欠かせない仕事をやっていくことはとうてい無理でした（I never had any science at prep school, so I couldn't take any examinations in physics or chemistry. While I started with a course in chemistry, it was too much. I couldn't carry the load and do all the work I had to do to eat）」。Wolf［1972］, p.4（飯野訳［1978］、5頁）.

＊3 それはラトガース（Rutgers）、ニューアーク（Newark）、ブルームフィールド（Bloomfield）、ブラウン（Brown）、ペンシルバニア（Pennsylvania）、プリンストン（Princeton）などの7つの大学である。しかし、晩年には「大学の社会では名誉博士号の価値は認められない」と悟り、距離や気候や健康などの口実でシカゴ大学やカリフォルニア大学などの有名大学を含む多数の大学からの名誉博士号の授与を辞退した。Wolf and Iino（eds.）［1986］, pp.5-6（飯野監訳［1987］、8頁）.

くりに注目し、さまざまな企業福祉政策を取り入れた。権限受容理論の発明者らしく、強制的な命令ではなく、合理的な説得によって部下を動かすことにつねに注意を払っていた。1933年という大恐慌（Great Depression）時代の最中でも、労働時間の削減によって全員の雇用を守るという政策を発表し、部下からの信頼は絶大なものであった。しかし、支社社長の職に21年間ずっととどまっていたことから判断すれば、彼に対するAT&T本社の評価はあまり高くないのではないかと想像される。

1930年代前後のAT&Tはアメリカ国内でもっとも優れていた会社で、社会福祉主義を掲げ、労働者にも政府にも大学にも友好的な連携関係を作ろうとしていた。哲学的な思考に長けているバーナードにとって、活躍する場は多かった。1930年代半ばから、バーナードはヘンダーソン（Lawrence Joseph Henderson: 1878～1942）、メイヨー（George Elton Mayo: 1880～1949）、ドナム（Wallace Brett Donham: 1877～1954）といったハーバード大学の学者たちとの交流を始めた。その交流のなか、バーナードはヘンダーソン教授の依頼を受け、1937年11月から12月にかけてハーバード大学のローウェル研究所（The Lowell Institute）で経営者の役割を中心題目にして連続8回の講演を行なった[*4]。

講演の内容は広範囲に及び、即席の話が多く、受講者はあまり集まらなかった。バーナード本人の記憶によると、「受講者は50名以下、その半数は友人と親族だった（I don't believe there were more than fifty people ever in my audience and half of them were my friends and relatives）[*5]」。しかし、ドナムやメイヨーらに勧められ、その講演内容を拡大、修正したうえ、単行本として翌年に刊行した。それが彼の主著となる『経営者の役割』であった[*6]。

経営学を開拓したテイラーは問題志向の実践者で、理論的な枠組みを作ることに熱心ではなかった。ファヨールは組織全体を包括する一般理論の構築に熱心であっ

---

*4　ローウェル研究所は1836年に創設され、1839年から一般公衆にも公開される各種講座を主催していた。当時のLowell Foundationのただひとりの管財人を務めていたローウェル（Abbott Lawrence Lowell: 1856～1943）は財団創立者（John Lowell, Jr.：1799～1836）の曾孫で、ハーバード大学の学長（任期1909～33）を務めた法学者である。バーナードがハーバード在学中にローウェル教授の政治学の講義を受けたことがあり、心から尊敬する教授のひとりであった。バーナードとすでに親友であったヘンダーソン教授はローウェルの親友でもあったので、ハーバード大学評議会議長を務めていたヘンダーソン教授からバーナードを講演者として推薦されたとき、ローウェルは快く了解したという。

*5　Wolf［1972］, p.14（飯野訳［1978］、19頁）。

*6　Barnard［1938］（山本・田杉・飯野訳［1968］）。

たが、その組織研究に生物学的、システム論的な視点が欠けていた。メイヨーやマスローらは心理学のアプローチを経営問題に応用し、人間の欲求を満たすことによって人間のモティベーションを高めるべきだと主張し、経営学の研究に新たな方向性を定めたが、その枠組みはあくまでも個人本位のものであり、従業員と経営者を含む組織全員を包容する一般モデルを提供しなかった。そういう状況のなかで、バーナードの『経営者の役割』[1938]は、生物学、心理学、システム論、社会学などの最新成果を経営理論に取り入れ、組織全体を包括する一般理論の構築に成功し、偉大な先人たちの空白を埋め、経営学研究の理論的な枠組みづくりに大きく貢献した。

いまでは、この1冊はきわめて高く評価されている。たとえば「組織研究において重要にして永続的な影響を与えてきた学問的な著作である（*The Functions of the Executive* is a scholarly book that has had a significant and lasting influence on the study of organizations）」[7]。また「バーナードが近代組織論または近代管理論の創始者という名声を獲得するのには、この1冊で十分であった」[8]。経営学において、この本はまさに古典中の古典、名著中の名著である。

経営学分野の多くの著作は実務担当者を読者層と想定していたのに対して、バーナードは知識人を読者層と意識していた。経営者としての実務で多忙をきわめていたにもかかわらず、本の出版に先立ち、自分の考え方を理論的に統合するために、バーナードは再三再四、検討を加え、数カ月間に講演原稿を18〜20回も書き改めたという[9]。しかし、バーナードの著書は哲学者風の文体をとっており、徹底して抽象的、理論的な表現に終始している。またアマチュア研究者の作品として、概念の混乱と論理の矛盾も散見される。そのため、本の内容があまりにも難解すぎ、もっとわかりやすい文体で書き直すようにと知人たちに勧められたほどである。しかし、複雑な問題を単純化しすぎるのは愚かしいことだと思い、バーナードは自著の解説版を書くことさえ拒否したのである。改訂を勧めた友人への手紙のなかで、バーナードは次のように説明している[10]。

「複雑な観念や技術が含まれる研究領域では、例えば代数や微積分学においては、単にその書物を読むことからだけでは多くを得ることは不可能です。このことは、

---

*7 Williamson (ed.) [1990], p.3（飯野監訳 [1997]、2頁）.
*8 飯野 [1978]、3頁。
*9 Wolf [1972], p.15（飯野訳 [1978]、20頁）.
*10 Wolf [1974], p.2（日本バーナード協会訳 [1975]、27頁）.

数学の書物と同じように私の書物についても変わらないと思います。人にもよるでしょうが、5回から10回、批判的に読まなければならないのではないかと思います（Where complex ideas and techniques are involved, as for example in algebra or calculus, it is impossible to get very much from a mere reading of the book. I think it is no less true of a book like mine than it is of mathematics. This means that almost nothing can be gained from a mere cursory reading of it. I would think that, depending upon the man, between five and ten critical readings would be required）」。

彼の本意を捕まえるのは容易ではないため、バーナード理論に関する通説はいまだに定かではなく、バーナード理論に対する解釈そのもの自体がひとつの学問分野になっているようにみえる。したがって、バーナード理論の内容を正しく理解するために、原著と長い時間をかけて知的格闘をしなければならない。ただし、彼の著作を読み直すたびに、必ず新たな発見があり、彼の洞察力を改めて認識するというのは学界人の定評である。たとえばメイヨー教授は、バーナードの洞察力を次のように高く評価した[*11]。「物事について、彼は、まず本質的、習慣的、本能的に精通している。次にはシステム的な知識を持っている。そして効果的な思考方式を用いている（He must have first intimate, habitual, intuitive familiarity with things; secondly, systematic knowledge of things; and, thirdly, an effective way of thinking about things）」。実際、バーナードの思想はその時代の多くの人々に影響を与え、バーナードを「アメリカ管理哲学の王様（The Philosopher King of American Management）」と崇める表現もあるほどである[*12]。

バーナードは公共奉仕活動にも熱心であった。NJBT在職中から政府関係の多くの組織に参加し、財務省の特別補佐官（1941）などの重要なポストにも就いていた。とくに戦時中に軍人のリクリエーションと福祉を担当する米軍奉仕協会（USO: United Service Organizations for National Defense）の会長（1942.4～1945.4）を務めた功績によって、大統領功労章が授与された。そのほか、国連原子力委員会アメリカ代表部顧問（1946）、ロックフェラー財団理事長（1948～52）、全国科学委員会議長（1950～56）、全国科学財団理事長（1952～54）、といったように、連邦レベルの公職を含め、数多くの組織の役職に就いていた。そして、1961年6月7日にバーナードはニューヨーク市のフレンチ病院で亡くなった。享年74歳で

---

*11　Mayo［1949］, p.42（筆者訳文）.
*12　Gabor［2000］, p.67.

あった。

バーナードは、経営者として、社会変革のリーダーとして、社会科学者として、また読書家と評論家として、きわめて偉大で魅力的な人物であった。組織と管理に関する伝統理論から近代理論へ転換する基礎を打ち立てたバーナードの理論は、経営学の発展にきわめて大きな影響を与えた。近代的管理論を考察する際に、バーナード理論に対する理解は欠かせない。そのため、管理論、組織論、システム論といった経営学の異なる分野において、「バーナードに帰れ」という原点復帰の声がしばしば聞かれる。経済学における「ケインズ革命」になぞらえ、経営学の「バーナード革命」という表現がある。こうして、科学的管理のテイラー、人間関係論のメイヨーとともに、組織論のバーナードはアメリカ管理学説史上に不動の地位を占め、永くその名をとどめるに違いない。

実際、バーナード理論の影響は経営学にとどまらず、経済学、政治学、社会学、法学、行政学、システム論、コンピュータ科学などの分野にも広がっている。たとえばフランスの高名な政治学者であり哲学者のジュブネル（Bertrand de Jouvenel: 1903～87）は1956年に次のように述べている[*13]。「経済学でケインズ革命というのなら、政治学ではバーナード革命というべきである（As one speaks of a Keynesian revolution in economics, I feel one should speak of a Barnardian revolution in political science）」。また『経営者の役割』出版50周年記念として、日米両国でそれぞれ刊行された記念論文集を読むと、バーナード理論がその後の日米両国のさまざまな学問分野の発展にいかに大きく寄与したかが一目瞭然である[*14]。

2．バーナードの著作

バーナードには多数の論文と講演原稿があり[*15]、またバーナード理論に関する出版物も非常に多いが、バーナード本人の作品といえる著書は以下の4点である[*16]。

[*13] 飯野［1978］、40、148頁。
[*14] 日本では、日本バーナード協会が企画した記念論文集（加藤・飯野編［1987］）が出版され、17編の論文が収められている。アメリカでは、カリフォルニア大学バークレー校で行なわれたバーナード・セミナー・シリーズで発表された8本の原稿をまとめた論文集（Williamson (ed.)［1990］）が出版された。この2つの記念論文集に寄稿した著者はみんな異なる専門分野で活躍するきわめて高名な学者である。
[*15] バーナード研究者の努力によって、計109点の論文と講演原稿が収集された。詳しいリストは次の文献を参照。Wolf［1974］, pp.125-132（日本バーナード協会訳［1975］、229-240頁）。

- Barnard, C. I.［1938］, *The Functions of the Executive*,（30th anniversary edition）Cambridge, MA: Harvard University Press, 1968（山本安次郎・田杉競・飯野春樹訳［1968］、『経営者の役割（新訳）』ダイヤモンド社）.
- Barnard, C. I.［1948］, *Organization and Management: Selected Papers*, Cambridge, MA: Harvard University Press, 1969（飯野春樹監訳［1990］、『組織と管理』文眞堂）.
- Wolf, W. B.［1972］, *Conversations with Chester I. Barnard*, Ithaca, NY: Cornell University（飯野春樹訳［1978］、『経営者のこころ：チェスター・バーナードとの対話』文眞堂）.
- Wolf, W. B. and H. Iino（eds.）［1986］, *Philosophy for Managers; Selected Papers of Chester I. Barnard*, Tokyo, Japan: Bunshindo Publishing Company, LTD.（飯野春樹監訳［1987］、『経営者の哲学』文眞堂）.

3．公式組織と非公式組織

公式組織（formal organization）

組織に関する理論を構築するためには、まず組織を厳密に定義する必要がある。バーナードによれば、「公式組織とは、意識的で、計画的で、目的をもつような人々相互間の協働である（Formal organization is that kind of cooperation among men that is conscious, deliberate, purposeful）」[*17]。より正確に定義すると、それは「2人以上の人々の意識的に調整された活動や諸力の体系（a system of consciously coordinated activities or forces of two or more persons）」である[*18]。

この定義のなかでは、まず「人々の意識」とは、個人動機、協働意欲、貢献、といった概念と関連している。次に「調整」とは、共通目的、誘因、意思伝達、といった概念と関連している。そして、「活動や諸力の体系」とは、協働体系の概念と関連している。これらの概念についてはのちほど詳しく説明するが、要するに、バーナードの組織論では、「公式組織（formal organizations）＝協働体系（cooperative systems）」のように理解されている。この定義に従うと、組織のなかの個人

---

*16　バーナード関連の文献、とりわけ日本語文献に関して、次の文献を参照。経営学史学会編［1995］、203-207頁。
*17　Barnard［1938］, p.4（山本・田杉・飯野訳［1968］、5頁）.
*18　Barnard［1938］, p.73（山本・田杉・飯野訳［1968］、76頁）.

は自由意志を持つ意思決定者として、個人と組織の統合を求める存在である。

実際、「組織」に関する定義は数多く現われていたが、どれも広がらず、学界での共通認識にならなかった。現在では、少なくとも経営学の世界では、ほかの定義がほとんど消え、バーナードによる定義がほぼ唯一のものになっている。しかし、バーナードのこの定義は完全無欠なものではない。たとえばイギリスの著名な経営思想家であるアーウィック（Lyndall Fownes Urwick: 1891〜1983）が指摘したように[19]、「この定義は貧弱なものである。なぜなら、このバーナードの定義を用いると、若い男女がキスする行為も組織として解釈することができるのである（This was a poor definition since "boy kisses girl" could also be considered an organization, using Barnard's definition)」。

非公式組織（informal organization）

バーナードの組織論は公式組織論と呼ばれるが、実際、彼はおそらく非公式組織に理論的な分析を加えた最初の人である。彼の主著のなかで、非公式組織に関する論述は大きな部分を占めており、その議論の多くは今日の組織文化論の基盤をなしている。ホーソン実験から非公式組織を発見したメイヨーとレスリスバーガーはバーナードの知り合いでもあるが、自著が完成されるまではメイヨーらの研究成果をまったく知らなかったとバーナード自身は説明していた。たしかに、メイヨーらは非公式組織の消極的な機能に重点を置いていたのに対して、バーナードはその積極的な機能に注目していた。

バーナードによると、「非公式組織とは、個人的な接触や相互作用の総合、および人々の集団の連結を意味する（By informal organization I mean the aggregate of the personal contacts and interactions and associated groupings of people)」[20]。つまり、非公式組織は人間の相互作用から生まれるが、その相互作用は重複的、習慣的なものになることが多く、そのプロセスのなかで行動方式や価値観に対する共同認識が形成される。意識的に計画したことではなく、非公式組織は自然に結成される。公式組織の外部にいる人間はその存在にあまり気づかないが、内部の人間はその非公式組織に所属するかどうかと関係なく、その存在をはっきり認識している。

---

*19　Wren and Greenwood［1998］, p.166.
*20　Barnard［1938］, p.115（山本・田杉・飯野訳［1968］、120頁）.

非公式組織と公式組織との関係

バーナードによると、「非公式組織はすべての公式組織の中に見出される。公式組織は秩序と一貫性を保つために、非公式組織は活力を与えるために、必須である。両者は協働の相互作用的側面であり、相互依存的である（Informal organizations are found within all formal organizations, the latter being essential to order and consistency, the former to vitality. These are mutually reactive phases of cooperation, and they are mutually dependent)」。

こうして、バーナードの公式組織のとらえ方は、必然的に非公式組織の存在を前提とするものであり、非公式組織なしには公式組織は長続きできない。なぜなら、非公式組織は意識的に調整されていないかもしれないが、人間活動の体系であることには変わりがない。公式組織を人間活動の体系としてとらえる立場は、必然的に公式組織は非公式組織にもとづくか、その一部に非公式組織が含まれると考えなければならない。「公式組織は非公式組織から発生し、非公式組織にとって必要なものである。しかし、公式組織が作用し始めると、それは非公式組織を創造し、必要とする（Formal organizations arise out of and are necessary to informal organization; but when formal organizations come into operation, they create and require informal organizations)」。状況次第では、非公式組織は公式組織の機能発揮を阻害する要因になることもあれば、組織の伝達機能や権威の安定性を高め、組織メンバーの貢献意欲を高めるように、貢献要因になることもある。したがって、バーナードのいう公式組織は、メイヨーのいう非公式組織（informal organizations）を排除するものではなく、その非公式組織を含む組織であると理解すべきである。

非公式組織の役割

公式組織と異なり、非公式組織の重要性は以下2種類の結果をもたらすところにある。

① 一定の態度、理解、慣習、習慣、制度を確立する（it establishes certain attitudes, understandings, customs, habits, institutions）。

② 公式組織の発生条件を創造する（it creates the condition under which formal

---

*21　Barnard [1938], p.286（山本・田杉・飯野訳 [1968]、299頁).
*22　Barnard [1938], p.120（山本・田杉・飯野訳 [1968]、126頁).
*23　Barnard [1938], p.116（山本・田杉・飯野訳 [1968]、121頁).

organization may arise)。

そして、公式組織のなかの非公式組織の役割は次の３点にまとめられた。[*24]
①コミュニケーション能力を強化する機能（communication）。
②貢献意欲と客観的権威の安定を調整することによって公式組織の凝集性を維持する機能（the maintenance of cohesiveness in formal organizations through regulating the willingness to serve and the stability of objective authority）。
③自立的人格保持の感覚、自尊心および自主的選択力を維持する機能（the maintenance of the feeling of personal integrity, of self-respect, of independent choice）。

要するに、非人格的な公式組織は構造的な骨組みを提供するのに対して、人格的な非公式組織はエネルギーとパワーを提供する。

組織発生の方法

組織が生まれる方法として、次の４つの可能性がある。[*25]
①自然発生的である（spontaneous）。
②組織を作ろうとする個人努力の直接的な結果である（the direct result of an individual's effort to organize）。
③既存の親組織から派生した子組織である（infant bodies set off by an existing parent organization）。
④分裂、反乱、あるいは外部勢力の干渉によって既存組織から分離したものである（the result of segmentation of existing organizations caused by schism, rebellion, or the interposition of an external force）。

４．組織成立の３要素

協働意欲（willingness to cooperate）

バーナードは、個人的な行為を組織の目的に沿う非人格的な行為に変換し、協働体系に貢献しようとする積極的な参加意欲を協働意欲と解釈する。「個人ではやれないことを協働ならばやれる場合にのみ協働の理由がある。すなわち協働は、個人にとっての制約を克服する手段として存在理由を持つ（Their Cooperation has no

---

[*24] Barnard [1938], p.122（山本・田杉・飯野訳 [1968]、128頁).
[*25] Barnard [1938], pp.101-102（山本・田杉・飯野訳 [1968]、106頁).

reason for being except as it can do what the individual cannot do. Cooperation justifies itself, then, as a means of overcoming the limitations restricting what individuals can do)」[*26]。まさにその通りで、組織を設立するに際して、それに参加しようとする各メンバーにとって、自分ひとりの力の限界を克服し、みんなの力を合わせて一緒にやろうという協働意欲は欠かせないものである。

　協働意欲には、消極的なもの（negative）と積極的なもの（positive）の2種類がある[*27]。大多数の組織メンバーの持つ協働意欲は消極的なものに対して、ごく少数の組織メンバーは積極的な協働意欲を持っている。組織のなかで、前者が一般メンバーになり、後者がリーダーシップをとることが多いが、この両者は互いに転化可能である。したがって、組織リーダーとして、積極的な協働意欲を持つ少数の組織メンバーを中核戦力に置きながら、消極的な協働意欲を持つ大多数の組織メンバーをその周辺にまとめ、そして、彼らの協働意欲を消極的なものから積極的なものに転換させることはきわめて重要な仕事となる。またいうまでもなく、協働意欲を形成することにも、消極的な協働意欲を積極的な協働意欲に転換することにも、物質的な誘因と非物質的な誘因が必要となる。

共通目的（common purpose）

　個人を「特定の協働体系の参加者（participants in specific cooperative systems）[*28]」としてとらえるバーナードは、「組織のすべての参加者を組織人格と個人人格という二重人格を持つものと見なす（Every participant in an organization may be regarded as having a dual personality: an organization personality and an individual personality)」[*29]。そのため、共通目的と個人動機という両者を明確に区別しなければならない。

　バーナードによると、「われわれは、欲求、衝動、欲望を『動機』と呼ぶこととしよう。その動機は、主として過去および現在の物的、生物的、社会的環境における諸力の合成物である。換言すれば、『動機』は個人の心理的諸要因をいいかえたものであり、行為によって、すなわち事後的に推論されるものである（We shall call desires, impulses, wants, by the name "motives". They are chiefly resultants of

---

[*26] Barnard [1938], p.23（山本・田杉・飯野訳 [1968]、24頁）.
[*27] Barnard [1938], p.85（山本・田杉・飯野訳 [1968]、88頁）.
[*28] Barnard [1938], p.16（山本・田杉・飯野訳 [1968]、17頁）.
[*29] Barnard [1938], p.88（山本・田杉・飯野訳 [1968]、91頁）.

forces in the physical, biological, and social environments present and past. In other words, "motives" are constructions for the psychological factors of individuals, which are inferred from action, that is, after the fact)」[*30]。さらに、組織の参加者個人にとって、「個人の動機は必然的に内的、人格的、主観的なものである。共通の目的は、その個人的解釈が主観的なものであろうとも、必ず外的、非人格的、客観的なものである（Individual motive is necessarily an internal, personal, subjective thing; common purpose is necessarily an external, impersonal, objective thing even though the individual interpretation of it is subjective)」[*31]。

一般には、個人人格（individual personality）の存在は個人と組織間のコンフリクトを引き起こし、組織人格（organization personality）の存在は組織全体をひとつの協働システムに作り上げる。組織参加者はこの二重人格を持ち合わせているために、置かれた立場や状況などに応じて、どちらの人格にもとづくかを調整しながら行動することになる。そして、組織参加者の個人動機を共通目標に統合し、その共通的な組織目標を用いて各参加者の行動を調整できなければ、実際の組織行動では、外的・非人格的・客観的な組織目標は内的・人格的・主観的な個人動機に圧倒され、組織全体の行動は混乱してしまい、組織全体の目標の達成は困難になる（たとえば組織リーダーによる権力乱用と汚職）。そのため、組織の設立に際して、組織内の各参加者の個人動機をひとつの共通的な組織目標に統合する必要がある。さいわい、「組織目的の達成それ自体が、個人的満足の源泉となりうるため、多くの組織において、多数の人々の動機となりうる（The accomplishment of an organization purpose becomes itself a source of personal satisfaction and a motive for many individuals in many organizations)」[*32]。したがって、たいていの組織では、大多数の組織メンバーは、組織共通目的の実現によって自分自身の個人動機が実現されると認識し、自分の動機を組織の目標に合わせていくことに異論を唱えない。

意思伝達 (communication)

組織の共通目的と協働意欲を持つ人間は組織体系の相対する両極であり、この両極を結ぶものが意思伝達である。意思伝達を行なうには特定の手段が必要であり、たとえば言葉、文字、符号、ジェスチャー、表情などがそれであり、また「以心伝

---

*30　Barnard [1938], pp.17-18（山本・田杉・飯野訳 [1968]、18頁）.
*31　Barnard [1938], p.89（山本・田杉・飯野訳 [1968]、92頁）.
*32　Barnard [1938], p.89（山本・田杉・飯野訳 [1968]、92頁）.

心(observational feeling)*33」も重要な伝達手段になりうる。さらに、意思伝達を正確に、迅速に行なうための体系を構築するときに、次の基本原則が挙げられている*34。

① 伝達の経路は明確に知らされていなければならない(channels of communication should be definitely known)。つまり、フォーマルな伝達経路を確立し、その存在を組織メンバーに周知させること。

② 客観的権威は組織のあらゆる構成員に対する明確な公式的伝達経路を必要とする(objective authority requires a definite formal channel of communication to every member of an organization)。つまり、すべての組織メンバーをフォーマルな伝達経路に組み入れること。

③ 伝達のラインは、できるだけ直接的か、または短くなければならない(the line of communication must be as direct or short as possible)。つまり、伝達過程の各段階での情報の変形を避けるため、また伝達速度を速めるため、伝達の中継点を少なくすること。

④ 完全な伝達ラインが通常は用いられなければならない(the complete line of communication should usually be used)。つまり、伝達段階間の矛盾を回避するため、トップ経営者から現場従業員に至る情報の伝達は、伝達経路のすべての段階を通過すべきであり、「飛び越え」は極力避けること。

⑤ 伝達のセンターとしての役目を果たす人々、すなわち役員や監督者の能力は適格でなければならない(the competence of the persons serving as communication centers, that is, officers, supervisory heads, must be adequate)。つまり、伝達経路の中心位置にある人の情報処理能力、すなわち正確に、迅速に伝達する能力が重視されること。

⑥ 伝達のラインは組織が機能する間は中断されてはならない(the line of communication should not be interrupted during the time when the organization is to function)。つまり、仮に伝達経路の一環が一時的に中断したら、組織全体の伝達ラインが機能不全に陥る可能性がある。そのため、各段階の責任者が不在の間に、自動的にその職位を一時的に補充できるような周到な規定が必要とされること。

⑦ すべての伝達は認証されなければならない(every communication should be

---

*33 Barnard [1938], p.90(山本・田杉・飯野訳 [1968]、93頁).
*34 Barnard [1938], pp.175-180(山本・田杉・飯野訳 [1968]、184-189頁).

authenticated)。つまり、伝達の権威性を確保する必要がある。そのため、就任、公示、紹介、議事録の確認などの諸儀式は不可欠であること。

3要素の相関関係

バーナードによると、「組織は、①相互に意思を伝達できる人々がおり、②それらの人々は行為を貢献しようとする意欲をもって、③共通目的の達成をめざすときに、成立する（An organization comes into being when ① there are persons able to communicate with each other ② who are willing to contribute action ③ to accomplish a common purpose）」[*35]。つまり、組織が成立するための基本要素（elements）は、協働意欲、共通目的、意思伝達という3つである。いうまでもなく、この3要素は相互依存の関係にある。共通目的は組織全体の立場を表わし、協働意欲は個人の立場を表わし、そして、この2つは意思伝達によって結ばれる。

もともと、バーナードはこの3要素をすべての組織が成立するための必要かつ十分条件としてとらえていた（These elements are necessary and sufficient conditions initially, and they are found in all such organizations）[*36]。つまり、2人以上の人々の間にこの3要素が整えば、たとえ瞬間的だとしても、その場に公式組織が生まれるという。しかし、この見解への反論は非常に多い。なぜならば、バーナードの挙げる物的形態を持たない抽象的な3要素がそろっていても、ヒト、カネ、モノといった物的形態を持つ要素がなければ、ひとつの公式組織を形成するのは基本的に不可能ではないかと思われているためである。バーナード研究者の飯野春樹教授もこの3要素を「成立に当たって存在すればなお好ましいとしても、『必要にして十分』な条件とは言い難い」と述べている[*37]。したがって、より一般的な理解として、この3要素は組織成立の必要条件にすぎず、十分条件ではない、と修正されている。

5．組織存続の2要件

有効性（effectiveness）

有効性とは、組織目的が技術的（客観的）に達成される度合、あるいは組織目的

---

*35　Barnard [1938], p.82（山本・田杉・飯野訳 [1968]、85頁）.
*36　Barnard [1938], p.82（山本・田杉・飯野訳 [1968]、85頁）.
*37　飯野 [1992]、71頁.

を実現する能力である。つまり、「ある特定の組織目的の達成が客観的に確認されたときに、その協働体系の行為は『有効的』であり、その達成の程度は有効性の度合を示すものである（What we mean by "effectiveness" of cooperation is the accomplishment of the recognized objectives of cooperative action. The degree of accomplishment indicates the degree of effectiveness）[38]」。逆に、求められた組織目的が達成されていなければ、仮に組織メンバーの動機が満たされたとしても、組織の行動は「能率的（efficient）」ではあるが、「有効的ではない（non-effective）」と判断される。明らかに、有効性は、社会的（social）、客観的（objective）、非人格的な（non-personal）性格を有し、組織共通目的の達成に関連するものである。[39]

能率（efficiency）

能率とは、個人の動機が心情的（主観的）に満たされる度合、あるいは「組織の均衡が維持されるための誘因を十分に提供する能力（Efficiency of organization is its capacity to offer effective inducements in sufficient quantity to maintain the equilibrium of the system）[40]」である。

ある行為が有効的かどうかを問わず、その行為が個人の動機を満足させ、かつ新たな不満足を作り出さない場合には、その行動は「能率的（efficient）」である。逆に、ある行為が個人的な動機を満たさないか、または新たな不満足を作り出す場合には、その行為は、たとえ「有効的（effective）」であっても、「非能率的（in-efficient）」である。[41] 明らかに、能率は、個人的動機の満足度に関連し、本質的には個人的（individual）、主観的（subjective）、人格的（personal）なものである。[42] しかも、人々の欲求と価値観が異なるので、同じ組織行為あるいは同じ行動結果が人々の個人動機を満たす効果は一様ではない。

バーナードが有効性とともに、能率を強調したという点は、伝統理論と大いに異なっている。なぜならば、組織目的達成の過程で、個人にとって望まない結果が生じて能率に影響する可能性は大きいからである。たとえば利益目標を実現するプロセスに過剰労働や不良商品や環境汚染などの問題が発生すれば、それは有効性をめざすために能率が阻害されることになる。この意味では、バーナードは率先的に道

---

[38] Barnard [1938], p.55（筆者訳文）.
[39] Barnard [1938], p.60（山本・田杉・飯野訳 [1968]、62頁）.
[40] Barnard [1938], p.93（筆者訳文）.
[41] Barnard [1938], pp.19-20（山本・田杉・飯野訳 [1968]、20-21頁）.
[42] Barnard [1938], p.60（山本・田杉・飯野訳 [1968]、62頁）.

徳性を管理論の分野に取り入れ、その後のCSR（企業の社会的責任）理論の先駆けとなったのである。

バーナード以降の組織論では、能率の概念が大きく変化した。たとえばバーナードの後継者とされるサイモンは、「能率の基準は、一定の資源の使用から最大の結果を生む代替的選択肢の選択を命ずる（The criterion of efficiency dictates that choice of alternatives which produces the largest result for the given application of resources）」と述べている。また、「より正確に述べるならば、所与の機会費用で可能な限り最大の結果を達成するか、可能な最少の機会費用で所与の水準の結果を達成したならば、選択は能率的であると定義する（Stated more precisely, a choice could be defined as efficient if it achieved the greatest possible results with given opportunity costs, or if it achieved a given level of results at the lowest possible opportunity cost）」と説明している。

明らかに、サイモンの観点は、能率を産出物と投入物との比率で表わすという伝統的な見解に回帰している。ただし、組織均衡論あるいは動機づけ理論では、個人の動機が満足される度合という能率概念の規定は依然として生きており、誘因と貢献との比率で能率を計測することの有効性は認められている。こうして、バーナードの有効性概念は一般的な解釈や理解と一致しているが、彼の能率概念は一般的な解釈や理解と大きく異なっている。そのため、能率の概念をめぐって多くの混乱と誤解が生み出された。

組織存続の必要条件

共通目的と個人動機は必ずしも一致しないので、有効性と能率が同時に達成されるとはかぎらない。しかし、組織の存続には、この2要件を同時に満たさなければならない。また組織成立の3要素と同じ論理で、この2要件は組織存続の必要条件であって十分条件ではないとみなされている。

公式組織を成立させるのは簡単なことではなく、協働意欲、共通目的、意思伝達という3つの条件を同時に満たさなければならない。しかし、世の中に無数の組織が設立されるが、長寿の組織はきわめて少ない。明らかに、組織の成立よりも組織の存続のほうがはるかに難しいことである。バーナードによると、協働体系としての公式組織の存続可能性は、協働行為の有効性と能率という2つの基本条件に依存

---

*43 Simon [1945], p.179（松田・高柳・二村訳 [1989]、229頁）.
*44 Simon, Smithburg and Thompson [1950], p.493（岡本・河合・増田訳 [1977]、436頁）.

するものである。有効性と能率の中身は異なっているが、互いに大きな影響を与えるものである。組織が有効的であれば、配分可能な経済利益と昇進機会が増え、組織メンバーにより多くの誘因を提供し、より大きな満足感を与えることができるので、組織の能率もより容易に達成できる。また逆の方向からもこの論理は成立する。また、組織の存続は組織の成立を前提にしているため、組織が存続していること自体、組織内部に協働意欲と共通目的および意思伝達という3要素が充足されていることを意味するはずである。

6．組織均衡論

Barnard［1938］とSimon［1945］はともに組織均衡の問題を取り上げているが、バーナードに提起された組織均衡論（theory of organization equilibrium）は主にMarch and Simon［1958］によって補強され、精緻化された。[*45]

組織の均衡（organization equilibrium）

均衡の概念としていろいろな解釈がありうるが、組織外部の個人が組織へ積極的に参加しようとし、かつ組織内部の個人が自ら脱退しようとしない状態が組織均衡だとバーナードは考えている。それは、満員のラーメン屋や人気のサウナ浴室と同じように、外にたくさんの人が待機しており、ひとりがなかから出れば、すぐにひとりが外から入り、なかにいる人の数は一定で減らない、という現象である。物理学での均衡は通常、安定的、変化しない、静的状態を意味するのに対して、バーナードのいう組織均衡は不安定な、変動している、動的状態を意味し、非常にユニークな均衡概念といえよう。

誘因（inducements）

誘因とは、組織構成メンバーの組織参加によって個人の効用が増加する部分であり、すなわち個人が組織から得ようとするものである。そして、誘因は有形の物質的な誘因（tangible, material inducements）と無形の非物質的な誘因（intangible, nonmaterial inducements = non-economic inducements）の2種類に大きく分けられる。前者には、給与と賞与、良好な作業条件と福祉、肩書きと名誉称号などがあり、後者には、所属感、優越感、権力、仕事の誇り、自己実現意欲などがある。

[*45] March and Simon［1958］, pp.103-108（土屋訳［1977］、128-135頁）．

人々の暮らしが比較的に豊かになっている現代社会では、非物質的な誘因をともなわずに物質的な誘因だけでは、その効果は限定されたものである。また、多くの場合において、物質的な誘因と比べて非物質的な誘因がより大きなモティベーション効果を引き出すことができる。ただし、バーナード自身が指摘したように、「われわれが住むような金銭的社会では、貨幣は物質的な誘因以上のものである。貨幣は非物質的な動機を満足させるための間接的な手段として用いられることもあるし、それ自体が地位や成功の象徴でもある（Barnard points out, however, that in a pecuniary society such as ours, money is more than a material inducement. Money may be used as an indirect means of satisfying non-materialistic motives and is in itself a symbol of status and success）」。要するに、物質的な誘因と非物質的な誘因の両方はともに重要なものであり、その両方を同時に提供しなければならない。

貢献（contributions）

貢献とは、組織構成メンバーの組織参加によって個人の効用が犠牲にされる部分であり、すなわち個人が組織に支払うものである。そして、貢献は積極的貢献と消極的貢献の2種類に大きく分けられる。前者には、組織目標の達成への協力、売上増加やコスト削減への実績、体力と知力の支払い、職場人間関係の改善への努力などがある。後者には、組織規律の順守、私的時間の喪失、通勤と残業の苦労、個人の理想や価値観の放棄などがある。

組織均衡の条件：誘因≧貢献

組織均衡が実現される条件について、Simon［1945］は次のように説明している。「組織のメンバーは、組織が彼らに提供してくれる誘因と引き換えに組織に貢献している。ひとつの集団による貢献は、その組織が他の集団に提供する誘因の源泉である。もし、貢献を合計したものが、必要な量と種類の誘因を供給するのに、その量と種類において十分であるならば、その組織は存続し、成長するであろう。そうでなければ、均衡が達成されることなく、その組織は縮小し、結局のところ消えてなくなるであろう（The members of an organization, then, contribute to the organization in return for inducements that the organization offers them. The contributions of one group are the source of the inducements that the organization

---

*46　Wolf［1974］, p.78（日本バーナード協会訳［1975］、150頁）.
*47　Simon［1945］, p.111（松田・高柳・二村訳［1989］、144頁）.

offers others. If the sum of the contributions is sufficient, in quantity and kind, to supply the necessary quantity and kinds of inducements, the organization survives and grows; otherwise it shrinks and ultimately disappears unless an equilibrium is reached)」。

また March and Simon [1958] の説明によると、「それぞれの参加者は、彼に提供される誘引が、彼が行なうことを要求されている貢献と等しいかあるいはより大である場合にだけ、組織への参加を続ける（Each participant will continue his participation in an organization only so long as the inducements offered him are as great or greater than the contributions he is asked to make)」。[*48]

要するに、個人と組織の間に「take & give」の関係がある。個人が組織へ積極的に参加し、かつ組織から脱退しないという安定的な組織均衡状態が実現されるためには、組織内の全員にとって、誘因≧貢献が必要かつ十分条件となっている。

この均衡条件は、すべての参加者個人が同時に得をすることを意味する。しかし、この損得勘定における価値判断は、決してテイラー主義者が主張する金銭のみによるものではなく、メイヨーらが主張する人間関係や自己実現などの高次元欲求によるものである。実際、各個人の効用関数が異なっているため、組織参加者全員にとっての誘因≧貢献の同時成立は可能である。また組織内の各参加者の個人目標を共通的な組織目標に統合するときにも、参加者全員についての誘因≧貢献という組織均衡条件の同時成立はもっとも望ましい。この条件が満たされれば、組織メンバーの協働意欲が生成できるし、しかもつねに維持できるようになる。逆にこの条件が満たされていない場合、組織参加への拒否、組織行動の非有効性と非能率、さらに組織からの脱退、組織の崩壊といった現象が生じる可能性がある。

7．権限受容説

権限の概念[*49]

権限（authority）の概念について、さまざまな定義がなされている。そのなかで、「委譲された仕事の遂行を可能にするため委任された権利ないし権力の総和（Authority is the sum of the powers and rights entrusted to make possible the performance of the work delegated)」というアレンの定義、[*50]または「法的または合法的な力、命令または行為する権利（legal or rightful powers; a right to com-

---

[*48] March and Simon [1958], p.104（土屋訳 [1977]、128頁）。

mand or to act)」というクーンツ&オドンネルの定義がもっとも有名である。それに対して、バーナード理論では、公式組織における上司と部下間の関係を分析するときに、強制力を持つ命令・服従関係を強調する概念としての権力（power）や権利（right）と区別するために、強制力を持たない対等関係を強調する概念として、「権限とは、公式組織における伝達（命令）の性格（Authority is the character of a communication（order） in a formal organization）」、すなわち「権限＝コミュニケーション」と定義している。

権限委譲説

権限の源泉に関する見解はきわめて多岐的なものである。賞罰力説、暴力説、宗教力説といった旧来からの見解のほか、リーダーシップ能力説、職務権限説などの新しい見解もある。しかし、もっとも広く正当化されたものは権限委譲説である。

権限委譲説（authority delegation theory）とは、権限を他人の行動に命令を出す法的な力（legal power）と解釈し、権限の発生根拠を組織の上部から下部への公式的委譲（formal delegation）と解釈する学説であり、または公式権限説、上位権限説、権限法定説などとも呼ばれる。この学説では、権限が委譲される源はすべて、管理者の上方の職位に遡り、その究極的な根源は社会の所有制度にある。

権限委譲説は古くから認められ、現実の公式組織の権限関係を解明するにはもっとも役立つものであるが、その問題点も多い。たとえば権限が持つ権力的性格に対

---

*49 authority の概念解釈について、多数の争点があり、川端久夫［2004］が詳しい。たとえばバーナード研究者の飯野春樹教授は次のように説明している（飯野［1992］、51頁）。「authority は、伝統理論で用いられる場合には、組織における法律的、制度的な権力ないし権利としての『権限』を意味する。バーナードはこれに対して、権限が受容される必要性を説き、そこに新しい『権威』理論を構築した。両者の区別を明らかにするため、権限が現実に受容されている状態を権威と表現する」。つまり、部下が個人意思にもとづいて主観的に受け容れたものは「権威」であり、部下が主観的に受け容れたくないが、客観的な存在として組織のなかで法的、制度的に組み入れられたものは「権限」であると主張している。たとえば民衆に憎まれている独裁者は「権威なき権限」を持っており、また仲間たちに尊敬されている非公式組織のリーダーは「権限なき権威」を保有している。そのため、飯野氏は多くの訳書と著作のなかでわざと authority の訳語を「権威」と「権限」の2つに使い分けしている。それにもかかわらず、多くの経営学の一般的な文献では、権限と権威の違いを区別せず、「権限」に統一するケースが圧倒的に多い。というわけで、本書では、通例に従い、「権威」ではなく、「権限」という表現を使うことにした。

*50 Allen［1958］, p.118（高宮監訳［1960］、179頁）。
*51 Koontz and O'Donnell［1955］, p.47（大坪訳［1965］、72頁）。
*52 Barnard［1938］, p.163（山本・田杉・飯野訳［1968］、170頁）。

する無視、責任帰属の不明確さ、責任の不正回避、権限委譲における消極性・恣意性・非現実性などが指摘されている。また、上司の権限は部下にまったく依存せず、上司から部下へ一方通行する権限関係のなかでは、部下の異なる見解を組織行動に吸収するのは困難で、組織のトップ・リーダーが独裁者になる危険性がつねにともなっている。

権限受容説

　バーナードは、支配的地位にある権限委譲説に異論を唱え、権限受容説（authority acceptance theory）という斬新な学説を提起した。その基本的な考え方は、権限とはコミュニケーション（意思伝達）であり、「ひとつの命令が権威をもつかどうかの決定権は受令者の側にあり、『権威者』すなわち発令者の側にあるのではない（whether an order has authority or not lies with the persons to whom it is addressed, and does not reside in "persons of authority" or those who issue these orders）」[*53]、ということである。つまり、権限は、上司の公式委譲から生じたものではなく、部下の受容によってはじめて生まれてくるものである。この意味で、権限は有無をいわせない強制的な力ではなく、好ましい方向へ誘導するような非強制的なコミュニケーションの性格を持つものである。したがって、上司は自分から出される命令を権威あるものにしようとすれば、部下の能力を信頼し、部下の意見を尊重しなければならない。

　この権限受容説の正当性は、電話会社の組織管理の経験からだけでなく、戦時中のボランティア組織であるUSO（米軍奉仕協会）の会長職を務めた3年間でさらに証明された。このUSOはピーク時に3000以上のクラブと60万人のボランティアを束ねる組織であったが、強制力を持つ公式組織ではなかった。協力を求める相手は公式組織のなかでの部下ではなく、組織外部の対等な企業経営者と一般市民であったために、強制的な命令を出す権限がなかった。相手が納得したうえで権限を受け入れていなければ、見せかけの努力あるいはごまかしはいくらでも可能であった。バーナード自身はこの権限なき責任（responsibility without authority）の仕事はきわめて困難であったと述べた。[*54]

　USOの組織運営において、「権限は『受容』されなければならず、命令することはできない。……相手が受け容れなければ、それ以上押しつけることはできない。

---

*53　Barnard［1938］, p.163（山本・田杉・飯野訳［1968］、171頁）.
*54　Wren and Greenwood［1998］, p.169.

……ほぼすべてのことは道徳心に頼っている（Authority had to be "accepted"; it could not be dictated. …… If you don't accept it, it just doesn't work. …… Nearly everything depends upon the moral commitment）」[*55]。この状況下で、組織参加者からの協力と協調を実現するために、相手の道徳心に訴えて説得する（moral persuasion）ことがきわめて重要であり、権限受容説が唯一適用可能な理論であるとバーナードは明確に認識した。

もちろん、USOというルーズな非営利組織にふさわしい権限受容説を規則厳密な企業組織に適用するのは無理ではないかと心配される。しかし、実際には、どんな組織であれ、その内部原理は大体共通している。たとえばある自動車販売店の店長が営業マンに「外回りして車を売れ」と命令を下したところ、その営業マンは公園駐車場で居眠りをしただけで対応したとしよう。このケースでは、間違いなく、上司の命令が実効性あるいは権威を持つかどうかを決めているのは上司ではなく、部下である。

バーナードの権限受容説は、伝統的な権限委譲説とまったく相反する性格を有するので、多くの議論と論争を呼んだ。また権限受容説を実際の組織運営に応用するときに、上司の権限が部下に依存するようになれば、管理者の権限は不安定な地位に置かれ、組織行動の効率が低下し、組織の秩序さえも維持できなくなるという反対意見も根強い。しかし、バーナード本人は権限理論の論争にほとんど無関心であった。自分の主著のなかで、二次的、派生的な主題である権限（authority）を必要以上に強調しすぎ、より重要な、一次的、本質的な主題である責任（responsibility）に関する説明が十分ではなかったと彼は晩年に語った[*56]。

無関心圏
①無関心圏の概念

権限受容説では、上司の権限は部下の受容から生まれるので、たとえタテの権限関係が組織内部に公式に存在しているとしても、部下が必ずしも上司の指令に無条件に服従するとはかぎらない。しかし、さまざまな組織の実情をみればわかるように、部下は上司からの命令と指示に無抵抗に従うケースが圧倒的に多い。それはなぜかというと、組織内の各個人には、指令または伝達を権威あるものとして受容するための無関心圏（zone of indifference）、すなわち受容圏（zone of acceptance）

---

*55　Gabor [2000], p.74.
*56　Wolf [1972], p.15（飯野訳 [1978]、21頁）。

が存在しているからである。無関心圏とは、権限の効力が効果的に及ぶ範囲、すなわち部下が上司の指示を無条件に受け入れる範囲である。この圏内に入った指令に対して、部下はその指令の権威性の有無を意識的に反問することなく無条件に受容することになる。

②無関心圏が生まれる理由

バーナードの組織論では、組織のなかの個人を経済的と非経済的な動機、自由意志と選択力、社会的責任感などを持ち合わせる全人（total man）としてとらえている。こういう人間は高い教養を持ち、ひとりよがりのわがままな行動をとらない。また組織成立の3要素のうち、協働意欲と共通目的がある。したがって、組織の一員としての部下は、決してむやみに自分の好き嫌いで命令と指示を拒否したりするような自己中心的な人間ではなく、上司の命令を受け入れようという心構えを持つ良識のある社会人であり、それなりの大きさの無関心圏が自然に生まれることになる。

③無関心圏の大きさの決定要素

無関心圏の大きさは、組織内個人の誘因と貢献の均衡関係に応じて、すなわち「組織に対する個人の執着を決定する誘因が、負担と犠牲をどの程度超過するかに応じて、広くもなり狭くもなる（The zone of indifference will be wider or narrower depending upon the degree to which the inducements exceed the burdens and sacrifices which determine the individual's adhesion to the organization）[57]」。誘因が貢献を大幅に超過していると、個人が大いに満足するので、組織に貢献する意欲が高まり、組織への忠誠心が強く、その無関心圏もそれなりに広がる。逆に誘因が貢献とほぼ同じ程度であれば、組織に対する不満が募り、上司に対する不信感も高まり、その無関心圏もそれなりに縮まる。

なお、無関心圏の大きさに影響を与えるほかの決定要因は、部下の能力、仕事の性格、組織権力の構造などである。一般的にいうと、部下が有能であるほど、仕事の内容が創造的であるほど、また組織の分権化が進むほど、部下本人の自由裁量が大きくなり、無関心圏の範囲も狭くなる。

④無関心圏の適正範囲

無関心圏が狭すぎると、部下自身の自由裁量が大きくなり、上司の権限が弱体化し、組織全体の効率性が低下する恐れがある。逆に無関心圏が広すぎると、部下の判断力が不要となり、部下の能力が生かされず、上司が独裁的になってしまう。た

---

[57] Barnard［1938］, p.169（山本・田杉・飯野訳［1968］、177頁）.

とえば談合や賄賂などのスキャンダルを起こした企業を社会的責任と企業倫理の欠如という視点から批判することは多いが、無関心圏が広すぎたという組織構造上の問題は見落とされやすい。したがって、組織全体の運営を考えると、各個人の無関心圏の大きさを画一的なものにすることはできないし、またすべきではないが、その上限と下限を設定し、一定範囲に収まるように維持することが必要であろう。しかし、それはあくまでも理論的な発想で、実際、どれだけの範囲が適正かどうかについては、組織によって、時期によって、まさに千差万別である。

権限受容の条件

上司の命令と指示が無関心圏に入っている場合、部下は無条件にそれに従うこととなるが、無関心圏から外れた場合、部下はその命令と指示に服従するかどうかを自分の意思で判断することとなる。部下が命令を拒否すれば、組織の有効性と能率がともに低下し、組織の存続が危険にさらされる。したがって、上司は命令を出す前に、部下がこの命令を受容してくれるかどうかを考えておかなければならない。

バーナードによれば、組織内部の個人にとって、無関心圏から外れた上司の命令を受容するかどうかを判断する基準は、「権限受容の条件」と呼ばれる以下の4点である[58]。

① 伝達を理解でき、また実際に理解すること（he can and does understand the communication）。
② 意思決定に当たり、伝達が組織目的と矛盾しないと信ずること（at the time of his decision he believes that it is not inconsistent with the purpose of the organization）。
③ 意思決定に当たり、伝達が自己の個人的利害全体と両立しうると信ずること（at the time of his decision, he believes it to be compatible with his personal interest as a whole）。
④ その人は精神的にも肉体的にも伝達に従いうること（he is able mentally and physically to comply with it）。

「この4つの条件が同時に満足されたときに、はじめて上司の伝達（命令）を権威あるものとして部下が受容することとなる（A person can and will accept a communication as authoritative only when four conditions simultaneously obtain）」[59]。

---

[58] Barnard [1938], p.165（山本・田杉・飯野訳 [1968]、173頁）.

組織権威の維持

　無関心圏と権限受容の条件を合わせて考えると、組織指令システムの権威性を維持するために、指令を下す上司は以下の３点に特別な注意を払わなければならない。[*60]

①部下の無関心圏をある程度までの大きさまで維持する。
②できるだけ各々の部下個人の無関心圏に入るように発令する。
③権限受容に関する４つの条件に一致するように慎重に発令する。

　この３点を守っていれば、組織権限の源泉に関する解釈が委譲説から受容説へ180度変わっても、組織の秩序は乱れず、組織の権威は維持できるという。実際、４点目の条件として、バーナードは道徳的なリーダーシップ（moral leadership）の重要性を強調していた。[*61] つまり、部下の信頼を勝ち取るために、リーダーとなる人間は普段の職務遂行のなかで高いレベルの道徳規範を守り、高度の責任能力を示さなければならない。

---

*59　Barnard［1938］, p.165（山本・田杉・飯野訳［1968］、173頁）.
*60　Barnard［1938］, p.167（山本・田杉・飯野訳［1968］、175頁）.
*61　Barnard［1938］, p.270（山本・田杉・飯野訳［1968］、282頁）.

第 9 章

サイモンの意思決定論

1．サイモンの人物像[*1]

サイモン（Herbert Alexander Simon: 1916.6.15～2001.2.9）は、1916年6月15日にウィスコンシン州ミルウォーキー市（Milwaukee, Wisconsin）に生まれた。父（Arthur）はユダヤ系のドイツ人で、ドイツのダルムシュタット工科大学（Technische Hochschule of Darmstadt）を卒業後、1903年にアメリカに移住して電機メーカーで電気技師を務め、生涯に数十の特許を持つ発明家でもあった。母（Edna）はミズーリ州セントルイス市（St. Louis, Missouri）に生まれたドイツ系アメリカ人で、1910年に結婚してから専業主婦であったが、ピアノの達人として、地域の音楽活動で活躍し、幼いサイモンにもピアノを教えた。

次男坊のサイモンは少年時代から普通の子と多くの違いがみられた。3年半も飛び級をしてクラスで一番年下であったうえ、スポーツも得意ではなかったため、友人が少なく、性格は内向的であった。市の図書館兼博物館に頻繁に通い、昆虫学、経済学、心理学、古代史、数学、物理学などを独学して大変な物知りとなった。1933年に17歳のサイモンはシカゴ大学（University of Chicago）に入学したが、数学と会計学の講義に嫌気がさして専攻を経済学から政治学へ転向した。大学在学中

[*1] Simon [1991]（安西・安西訳 [1998]）. Gabor [2000], pp. 225-257. Wood and Wood (eds.) [2007]. http://en.wikipedia.org/wiki/Herbert_Simon 写真出所：http://en.wikipedia.org/wiki/Herbert_Simon

にあまり授業に出席せず、朝から夜まで読書と議論に明け暮れ、多くの専門分野の本を読み漁り、さまざまな外国語の勉強にも熱心であった。

　1935年に研究レポートを作成するために、故郷のミルウォーキー市に出かけて現地調査を行なった。市のコミュニティの運動場は、市の公共土木事業部門の運動場課（Playground Division of the Department of Public Works）によって建設されるが、運動場の維持管理および諸活動は、市の教育委員会の公開講座部門（Extension Department of the School Board）によって監督されていた。この背景下で、同じ自治体の異なる組織である教育委員会と公共土木事業部門の間に、予算配分と費用分担に関して激しい意見対立が存在していた。しかし、現実の問題を解決するために、双方の限界利益の均衡によって組織全体利益の最大化をめざすという伝統的な経済学モデルはまったく受け入れられず、双方は自分の部門利益の最大化のみを求めてまったく譲歩しないのであった。しかも、その部門利益の一部は旧来の慣習と価値観によって定義されたものであり、経済学の視点からみると、まったく非論理的、非合理的なものとなっている。この現地調査は、サイモンの意思決定問題への関心度を高め、「制約された合理性（bounded rationality）」と「満足できる解決案（good enough solutions）」を発見するきっかけとなった。

　1936年9月に20歳のサイモンはシカゴ大学政治学科を3年間で卒業した後、同大学の大学院で行政学を専攻し、リドレー（Clarence Ridley）教授の指導下で自治体の公共サービスの評価に関する共同研究を多数行ない、1937年2月から学術論文を次々と発表しはじめた。1937年のクリスマスの日にドロシア（Dorothea Isabel Pye）との結婚式を挙げた。1939年夏にロックフェラー基金会から3年間の研究資金を獲得し、カリフォルニア大学バークレー校（UC Berkeley）の行政学研究所（Bureau of Public Administration）の管理測定研究の責任者（director of Administrative Measurement Studies）となった。この時期のサイモンは、主として、地方政府の公共サービスのコストと福祉効果に関する計量的研究を行ない、多数の論文を書き上げたが、バーナードの『経営者の役割』［1938］を読み、権限受容、無関心圏、組織均衡、組織一体化などに関する彼の見解に強く共感した。そのため、組織のなかでの意思決定プロセスを自分の博士論文のテーマに決めた。

　バークレーでの研究プロジェクトが終了した1942年に、イリノイ工科大学（IIT: Illinois Institute of Technology）で政治学助教授の職を得た。シカゴに戻ったサイモンはシカゴ大学の研究者を中心とするコウルズ・コミッションという非公式の研究セミナーに頻繁に参加し、経済学の研究を本格的に始めた。このセミナーの参加者から多くの刺激を受け、サイモンの意思決定に関する研究は人間の理性という新

しい方向へ向かった。やがて仕事で遅れていた博士論文の執筆にとりかかり、1943年にシカゴ大学で政治学博士号を取得した。1946年に30歳のサイモン准教授はIITの政治・社会科学科（the Department of Political and Social Science）の学科長となり、翌1947年に正教授に昇進した。

サイモンの博士論文は、1947年に『経営行動（*Administrative Behavior*）』の題名で正式に出版され、のちに1978年のノーベル経済学賞の受賞作となった。この本の出版にともない、政治学と行政学を専門としていたサイモンは、経営学と経済学の分野での希望の星となった。複数の大学からオファーがきたが、サイモンはカーネギー・メロン大学（CMU: Carnegie Mellon University）で新設されるビジネス・スクール（GSIA: Graduate School of Industrial Administration）を選んだ。そして、1949年にサイモンは妻（Dorothea）と3人の子ども（Katherine, Peter, Barbara）を連れて、ピッツバーグ（Pittsburgh, Pennsylvania）に向かい、GSIAの創設リーダーのひとりに加わった。その後、2001年に亡くなるまでの52年間にわたって、ずっとCMUに務めていた。

サイモンは研究の天才だけでなく、人をみる目が鋭く、組織づくりが得意であった。GSIAに赴任した1949年から、産業経営学科長（Chairman of the Industrial Management Department）を務めた。その後、Franco Modigliani（1918～2003、1985年度ノーベル経済学賞受賞者）、Richard M. Cyert（1921～1998、1962～72年にGSIAの院長、1972～90年にCMUの学長）、James G. March（1928～）、H. I. Ansoff（1918～2002）、そしてOliver E. Williamson（1932～、2009年度ノーベル経済学賞受賞者）といった天才たちがGSIAで活躍し、カーネギー学派と呼ばれる行動経済学派（The School of Behavioral Economics）が形成され、組織論と企業行動論の黄金時代（1950～60年代）を築き上げた。

しかし、弁論好きの性格から、同僚との論戦も多かった。GSIAでは、多数派の

---

*2 コウルズ・コミッション（Cowles Commission for Research in Economics）はシカゴの名士であるAlfred Cowles（1891～1984）の寄付によって1932年に設立され、1939年からシカゴ大学に移管された。1955年にイェール大学に移されたときに、コウルズ財団（Cowles Foundation）と名称変更された。理論・計量経済学研究の重要拠点として知られ、このグループの参加者からTjalling Koopmans, Kenneth Arrow, Gerard Debreu, James Tobin, Franco Modigliani, Herbert Simon, Lawrence Klein, Trygve Haavelmo, Harry Markowitzの9人がのちにノーベル経済学賞を受賞した。

*3 Simon［1945］（松田・高柳・二村訳［1989］）。

*4 院長（Dean）のGeorge L. Bach、William W. Cooper、Herbert A. Simonという3人組は最初のリーダーであった。

経済学者は全知全能の人間と最適化基準を前提とするモデルの構築に熱心であり、制約された合理性と満足基準を主張するサイモンの存在は「本当（real）」の経済学理論の建設にとっての妨害物になっていた。やがて計量的研究しか認めない空気がGSIAに充満し、1951年7月に学科長職の自主返上を求められた。サイモンは辞職せず、のちに院長代理（associate dean）も務めたが、居心地は一向によくならなかった。1955年前後にサイモンは行政学、管理学、経済学などへの関心が薄くなり、認知心理学や人工知能、コンピュータ科学といった斬新な学問分野へ転向した。1961年に初代院長のバーク（George L. Bach）が引退し、5歳年下のサイアート（Richard M. Cyert）が院長になった後、数理一辺倒の雰囲気がますます強くなり、サイモンが感じるストレスは日増しに強まった。やがて1970年に「計量経済マフィア」にハイジャックされたGSIAを離れ、同大学の心理学部に移った。

　サイモンは、著名な研究者、教育者として、世界中の多くの大学で講義、講演、共同研究を行なっていた。それと同時に、彼はさまざまな政治活動にも強い関心を持っていて政府機関と民間団体の顧問を数多く務めた。たとえば大戦後にECA（Economic Cooperation Administration）のメンバーとして、ヨーロッパでのマーシャル・プラン（Marshall Plan）の実施を担当していたときに、さまざまな不確定性（uncertainty）の状況下で時間的な余裕のない現実問題を解決するためには、最適な解決案（optimal solution）ではなく、満足の解決案（good enough solution）しかないことをはっきり認識して実践した。また1967年から国立科学アカデミー（NAS）のメンバー（総数約1600名）に選ばれ、評議員と小委員会委員長として活躍した。さらにジョンソン大統領（Lyndon Baines Johnson、任期1963〜69）とニクソン大統領（Richard Milhous Nixon、任期1969〜74）の時代に大統領科学顧問委員会（President's Science Advisory Committee）のメンバー（総数約15名）を務めた。1970年代以降には中国の科学界と多くのかかわりを持ち、研究者を超越する外交官的な役割を果たした。

　サイモンの長い研究生活のなかで、組織論ないし経済学とかかわったのは比較的に短期間であったが、彼の研究は、定性的なアイデアとコンセプトだけがあって定量的なモデルがないという従来の経営学の欠陥を補い、組織行動理論と経済学の間に橋を渡した。1940年代に意思決定の理論を提起した後、組織メンバーが直面するさまざまな意思決定問題は組織のなかでいかに形成され、いかに解決されるかというプロセスに関心が向けられた。この種の問題を解決するために、1950年代後半からサイモンの興味は新しく生まれた認知心理学（cognitive psychology）、人工知能（artificial intelligence）、コンピュータ科学（computer science）などの分野に

移り、1960年代以降の研究は基本的にこれら新しい分野のものであった。しかし、そのすべてに共通した問題意識は一貫しており、それは人間行動の合理性を重視する「組織における意思決定過程」である。

組織内部の意思決定過程に関する先駆的研究として、合理的選択に関する人間行動の理論へ大きく貢献したことを理由に、サイモンは1978年度のノーベル経済学賞を受賞した。それによって、経済学者としての名声が世間一般に広がったが、実のところ、サイモンはマルチな学問領域にわたっての天才的な研究者であり、「正真正銘な社会科学者（a "social scientist" in the truest sense of that term）」と賞賛される[*5]。彼は20冊以上の著書と1000本以上の論文を公表し、その内容は哲学、数学、統計学、電気工学、エコノメトリックス、経済学、経営学、心理学、社会学、政治学、OR、経営科学、システム科学、コンピュータ科学、認知心理学、人工知能といった多くの学問分野に広がっている[*6]。しかも、そのひとつひとつの論文がそれぞれの分野で著しい影響力と発展性を有していることはまったく驚異である[*7]。ちなみに、サイモンの趣味はチェス、音楽、昆虫学、語学勉強などで、ヨーロッパの主要言語と中国語を含む約20カ国語を読めるほどの語学力を身につけていた。

サイモンの顕著な研究業績に対し、アメリカ心理学会、コンピュータ学会、アメリカ政治学会、アメリカ電気電子学会、アメリカ経済学会などから数々の賞が与えられた。そのなかでも、1969年の全米心理学協会卓越科学貢献賞（Distinguished Science Contribution Award of the American Psychological Association）、1975年のチューリング賞（A. M. Turing Award of the Association for Computing Machinery）、1978年のノーベル経済学賞（Alfred Nobel Memorial Prize in Economics）、1986年の国家科学賞（National Medal of Science）、1993年の全米心理学協会卓越終身貢献賞（Award for Outstanding Lifetime Contribution to Psychology）、1995年の人工知能国際共同会議傑出研究賞（Award for Research Excellence of the International Joint Conferences on Artificial Intelligence）などがとくに大変名誉な賞である。

こうして、サイモンは、現代科学の博識家（polymath）であり、組織行動論、

---

* 5　Fry, B. R., "Herbert A. Simon: A decision-making perspective," in Wood and Wood (eds.) [2007], p.76.
* 6　次の文献はサイモンの研究業績を分野別にリストアップしている。Cowan, Roberta A., "An Abbreviated Annotated Bibliography," in Wood and Wood (eds.) [2007], pp.9-72.
* 7　2007年に出版されたサイモン記念文集（全3巻、論文69本）の執筆者の専門分野をみれば、サイモン理論の影響範囲の広範性をうかがうことができる。Wood and Wood (eds.) [2007].

意思決定論、システム論、人工知能、認知心理学、コンピュータ科学といった学問領域の地平を切り開いた偉大な先駆者であった。情報化時代のレオナルド・ダ・ビンチ（The Leonardo da Vinci of the Information Age）と呼ばれ、20世紀の科学発展にもっとも大きな影響を与えた社会科学者のひとりとして広く認められている。2001年2月9日に、サイモンは手術後の合併症でピッツバーグの病院で亡くなった。享年84歳であった。

2．サイモンの著作

サイモンの論文と著書は膨大な数にのぼるが、経営学関連の主な著書は次のものである。

- Simon, H. A. and C. E. Ridley [1938], *Measuring Municipal Activities: A Survey of Suggested Criteria for Appraising Administration*, The International City Managers' Association（本田弘訳 [1999]、『行政評価の基準』北樹出版）.
- Simon, H. A. [1945], *Administrative Behavior: A Study of Decision-Making Processes in Administrative Organization*, 3rd ed., New York, NY: The Free Press, 1976（松田武彦・高柳暁・二村敏子訳 [1989]、『経営行動：経営組織における意思決定プロセスの研究』ダイヤモンド社）.
- Simon, H. A., D. W. Smithburg, and V. A. Thompson [1950], *Public Administration*, New York, NY: Alfred A. Knopf, Inc.（岡本康雄・河合忠彦・増田孝治訳 [1977]、『組織と管理の基礎理論』ダイヤモンド社）.
- Simon, H. A. [1957], *Models of Man*, New York, NY: John Wiley & Sons, Inc.（宮沢光一監訳 [1970]、『人間行動のモデル』同文舘）.
- March, J. G. and H. A. Simon [1958], *Organizations*, 2nd ed., Cambridge, MA: Blackwell Publishers, 1993（土屋守章訳 [1977]、『オーガニゼーションズ』ダイヤモンド社）.
- Simon, H. A. [1960], *The New Sciences of Management Decision*, revised edition, Englewood Cliffs, New Jersey: Prentice-Hall, Inc., 1977（稲葉元吉・倉井武夫訳 [1979]、『意思決定の科学』産業能率大学出版部）.
- Simon, H. A. [1967], *The Sciences of the Artificial*, 3rd ed., Cambridge, MA: The MIT Press, 1996（稲葉元吉・吉原英樹訳 [1999]、『システムの科学（第3版）』パーソナルメディア株式会社）.
- Simon, H. A. [1983], *Reason in Human Affairs*, Stanford, California: Stanford

University Press（佐々木恒男・吉原正彦訳［1987］、『意思決定と合理性』文眞堂）.
・Simon, H. A.［1991］, *Models of My Life*, Cambridge, MA: The MIT Press, 1996（安西祐一郎・安西徳子訳［1998］、『学者人生のモデル』岩波書店）.

3．意思決定論における基本概念

　意思決定（decision-making）に関する理論は、サイモンによって体系化・精緻化されたものであるが、サイモン以前にバーナードはすでに意思決定の概念を提起して論じていた。バーナードによると、「サイモンやその他の多くの人たちは、意思決定の重要性についての考えを私の本から得たと思っています。当時は誰ひとりとして意思決定について論じていませんでした。心理学者も社会心理学者も、さらには企業管理者も論じていませんでした。ご存知のように、私は意思決定をかなり力説しました（Now I think Simon and most of the others got the idea of the importance of decision making from my book. Nobody at that time was talking about decision making. The psychologists weren't, the social-psychologists weren't, and the business management people weren't; and I put a good deal of emphasis upon it）」[*8]。ただし、サイモンによれば、意思決定に関する理論的研究は、バーナードの著書が出版される1930年代までに、すでに統計学、ミクロ経済学、心理学などの分野において行なわれていたという[*9]。したがって、ここでは、意思決定のいくつかの重要概念に関して、サイモンまたはバーナードの見解を説明する。

意思決定の概念
　サイモンの理論は意思決定論と呼ばれるが、意外なことに、彼は意思決定の概念を厳密に定義していない。しかし、意思決定の中身について、彼は次のように説明している[*10]。「意思決定は、4つの主要な局面から成り立っている。すなわち決定のための機会を見出すこと、可能な行為の代替案を見出すこと、行為の代替案の中から選択を行なうこと、および過去の選択を再検討することなどがこれである（Decision making comprises four principal phases: finding occasions for making a

---

*8　Wolf［1972］, p.22（飯野訳［1978］、31頁）.
*9　Wolf［1974］, p.90（日本バーナード協会訳［1975］、200-201頁）.
*10　Simon［1960］, p.40（稲葉・倉井訳［1979］、55頁）.

decision, finding possible courses of action, choosing among courses of action, and evaluating past choices)」。また、意思決定の意味を説明するときに、合目的性（purposiveness）と選択（choice）の重要性を強調している[*11]。

サイモンのこれらの一連の見解にもとづき、われわれは、意思決定（decision-making）を、一定の目的を達成するために、いくつかの行動代替案のなかからそのひとつを合理的に選択する人間行動であると定義することができる。この定義を用いると、人間のあらゆる目的志向的な行動（goal-oriented action）は共通して意思決定という概念に統合されることになる。なぜかというと、その目的志向的な行動には、行動者の頭脳のなかで心理的・思考的行為、すなわち意思決定のプロセスがつねに先行しているからである。もちろん、人間はときにはまったく無目的な行動や衝動的な行動をとることもあるが、そのような行動はあくまでも例外的なものであり、通常の科学的分析の対象にされにくい。

意思決定の起因

バーナードによると、人間組織における意思決定が発生する原因はおおよそ以下の３つである[*12]。
①上位者からの権威ある意思伝達があった場合（from authoritative communications from superiors）。
②部下から意思決定を求められた場合（from cases referred for decision by subordinates）。
③当該管理者のイニシアチーブにもとづく場合（from cases originating in the initiative of the executive concerned）。

意思決定の構造

バーナードは、意思決定をひとつの連続する過程としてとらえたうえ、「意思決定の理想的過程は、過去の歴史、経験、知識に照らし、現状における行為の将来的結果の予想に基づき、戦略的要因を識別すること、および目的を再限定するか変更するか、である（The ideal process of decision is to discriminate the strategic factors and to redefine or change purpose on the basis of the estimate of future results of action in the existing situation, in the light of history, experience,

---

*11 Simon［1945］, pp.3, 4（松田・高柳・二村訳［1989］、5、7頁）。
*12 Barnard［1938］, p.190（山本・田杉・飯野訳［1968］、199頁）。

knowledge of the past)」と説明している。[*13]

　この考え方をさらに発展させたサイモンの意思決定論では、意思決定は、「やる」「決める」のような瞬間的に完了する行為ではなく、複数の段階を含むプロセスであり、また修正を加えたうえ循環するサイクルにもなりうる。つまり、意思決定の構造は一連の手段と目的のヒエラルキー（the hierarchy of means and ends）であり、そのヒエラルキーは次のようなステップに分けられる。[*14]

①目的の設定：経営理念や社是のようなものを打ち出し、組織行動の判断基準を決定する。

②情報の収集と分析：解決しようとする問題を明確に定め、それに関する情報を集めて分析する。

③代替案の探求：「問題中心的探索（problematic search）」を行ない、さまざまな代替案をみつける。

④結果の予測：各々の代替案の結果を正確に予測するために、確率、重要性、期待値などの概念を用いて数値計算をすることが多い。

⑤代替案の選択：限界探索成果の逓減と限界探索コストの逓増を考慮に入れれば、満足基準を用いて逐次的探索を行なうのはもっとも能率的な方法であるとされている。

⑥代替案の実施と統制：選んだ代替案を実施に移し、その案が計画通りに実施されることを確保するように努力する。

⑦フィードバック：実施過程において情報の収集と分析を行ない、目的達成の可能性を基準にして計画進行の継続性あるいは方向変更の必要性を検討する。

　この意思決定構造のなかで、目的（objective）、問題（problem）、代替案（alternatives）、結果（effects）、確率（probability）、重要性（importance）、期待値（expected value）、選択（choice）、実施（direct）、統制（control）、フィードバック（feedback）、検討（review）などの要素がとくに重要なものである。また、意思決定のこのサイクルは、情報活動（intelligence activity）、設計活動（design activity）、選択活動（choice activity）、再検討活動（review activity）の4段階に大きく分けられ、ファヨール理論を源流とする経営過程論の「計画‐組織化‐指揮‐統制」という管理サイクルに一致している。[*15] この意味で、意思決定とは管理の

[*13] Barnard [1938], p.209（山本・田杉・飯野訳 [1968]、220頁）.
[*14] March and Simon [1958], p.212（土屋訳 [1977]、291頁）.
[*15] Simon [1960], p.41（稲葉・倉井訳 [1979]、56頁）.

同義語であるとサイモンは主張している。

意思決定の本質

バーナードによると、意思決定は状況に応じて適切に決定されなければならないものである。具体的には、「管理的意思決定の真髄とは、現在適切でない問題を決定しないこと、機熟せずしては決定しないこと、実行しえない決定をしないこと、そして他の人がなすべき決定をしないことである（The fine art of executive decision consists in not deciding questions that are not now pertinent, in not deciding prematurely, in not making decision that cannot be made effective, and in not making decisions that others should make）」[16]。

4．制約された合理性

サイモンは、合理性の概念を「行動の諸結果を評価できるようなある価値体系によって、望ましい代替的行動を選択することに関係するものである（Rationality is concerned with the selection of preferred behavior alternatives in terms of some system of values whereby the consequences of behavior can be evaluated）」と定義する[17]。この種の合理性は、主観的（subjective）、客観的（objective）、意識的（conscious）、熟考的（deliberate）、組織的（organizational）、個人的（personal）といった形容詞と結びついて、複雑な意味を持つものである。

まず、「合理性の限界は、人間がある単一の意思決定をするときに、その決定に関係ある価値、知識、および行動のすべての側面を集中的に考慮することは人間の心にとって不可能であることから導き出される（The limits of rationality have been seen to derive from the inability of the human mind to bring to bear upon a single decision all the aspects of value, knowledge, and behavior that would be relevant）」[18]。そのため、実際の意思決定の合理性はさまざまな制約を受けざるをえない。

次に、「合理性の限界を個人の立場から見たとき、その限界は3つの範疇に当てはまる。すなわち、個人の合理性は、まず彼の無意識的な技能、習慣、および反射

---

*16　Barnard［1938］, p.194（山本・田杉・飯野訳［1968］、202頁）.
*17　Simon［1945］, p.75（松田・高柳・二村訳［1989］、95頁）.
*18　Simon［1945］, p.108（松田・高柳・二村訳［1989］、137頁）.

作用によって制限されている。ついで、組織の目標とは相違しているであろうその個人の価値観と目的の認識によってその合理性を制限されている。第3に、その個人の知識および情報の程度によって、その合理性を制限されている。個人は、彼がある特定の行為コースをたどることが**でき**、行為の**目標**を正しく認識し、また彼の行為を取り巻いている諸条件を正しく**知っている**範囲でのみ、組織の目標から見て合理的となりうる。これら3つの要因によって決められた限界内で、彼の選択は合理的、すなわち目標志向的となる（When the limits to rationality are viewed from the individual's standpoint, they fall into three categories: he is limited by his unconscious skills, habits, and reflexes; he is limited by his values and conceptions of purpose, which may diverge from the organization goals; he is limited by the extent of his knowledge and information. The individual can be rational in terms of the organization's goals only to the extent that he is *able* to pursue a particular course of action, he has a correct conception of the *goal* of the action, and he is correctly *informed* about the conditions surrounding his action. Within the boundaries laid down by these factors his choices are rational: goal-oriented）」[19]。

そのほか、合理性が制限される原因について、サイモンはさまざまな説明を展開している。たとえばSimon［1945］では、知識の不完全性（incompleteness of knowledge）、予測の困難性（difficulties of anticipation）、行動可能性の範囲（the scope of behavior possibilities）という3つを挙げている[20]。またSimon［1983］では、注意の限界（limits of attention）、価値の多元性（multiple values）、不確実性（uncertainty）という3つを挙げている[21]。

こうして、さまざまな制約要素が機能しているという前提条件のもとで行なわれる人間の合目的行動（purposive behavior）は、順応性（docility）、学習（learning）、記憶（memory）、習慣（habit）といった心理学的な要因に依存しており[22]、実際に達成できる合理性は非常に限定されたものである。要するに、現実の合理性は「制約された合理性（bounded rationality）」でしかありえないのである。

---

*19　Simon［1945］, p.241（松田・高柳・二村訳［1989］、304-305頁）．
*20　Simon［1945］, pp.81-84（松田・高柳・二村訳［1989］、103-107頁）．
*21　Simon［1983］, pp.79-87（佐々木・吉原訳［1987］、85-94頁）．
*22　Simon［1945］, pp.84-89（松田・高柳・二村訳［1989］、108-112頁）．

5．意思決定における人間モデル

バーナードの全人仮説
バーナードによると、「個人とは、過去および現在の物的、生物的、社会的要因である無数の力や物を具体化する、単一の、独特な、独立の、孤立した全体を意味する（We mean by the individual a single, unique, independent, isolated, whole thing, embodying innumerable forces and materials past and present which are physical, biological, and social factors）」[*23]。

この考え方から出発したバーナードは、意思決定を行なう人間主体を協働意欲、経済的と非経済的な動機、判断力と選択力、自由意志と社会的責任感などを持ち合わせる「全人（total-man, or whole-man）」としてとらえている。この全人仮説では、人間は物的・生物的・社会的な存在であるため、理性的で無限の可能性を秘めていると同時に、感情にも左右され、人間的な限界を持っている。また独特の、独立の主体として自由意志を持っているが、単一の、孤立した全体として個人の能力に限界があり、他人と協力しなければ自らの人間的な制約を克服できない。したがって、各々の個人は、組織という協働システムに参加し、自分の個人動機を組織全体の共通目標に統合させなくてはならない。

人間行動の前提仮説
サイモンの意思決定論は、バーナードの「全人」仮説を受け継ぎ、意思決定という人間行動について次のような前提仮説を想定している。
①組織内の個人はすべて意思決定を独自に行なう主体である。
②組織内の個人は、組織人格と個人人格をともに有する二重人格者（dual personality）として、個人動機と組織目的の均衡を図ったうえで個人の意思決定を行なう。
③人間行動には人間の意思が働いており、人間の行動は人間の意思決定の結果である。さらに人間行動がもたらした結果は社会現象をなしている。

これらの前提仮説から考えると、組織の経営管理とは、組織の共通目的を達成するために、組織内の人間活動と資源変換を有効的かつ能率的に行なうような環境を整備することである。そのためには、組織参加者の個人動機を組織の共通目的に統

[*23] Barnard [1938], p.12（山本・田杉・飯野訳 [1968]、13頁）.

合し、すなわち個人的な意思決定（personal decision）を組織的な意思決定（organizational decision）に統合することが必要である。この意味から「管理＝意思決定」と主張される。

経済人モデルと経営人モデル

上述した人間行動の前提仮説にもとづき、サイモンは、従来からの経済人モデルを批判し、バーナードの全人仮説を修正した形の経営人モデルを主張する。

①経済人モデル（model of economic man）：これはミクロ経済学やテイラー理論で想定された人間像である。この経済人モデルに対応している動機仮説では、人間は賃金報酬を中心内容とする経済的利益を唯一の動機とし、それを獲得するために行動する。

②経営人モデル（model of administrative man, or model of managerial man）：これはサイモンの意思決定論で想定された人間像である。この経営人モデルに対応している動機仮説では、人間は賃金などの経済的利益のほかに、自己満足や社会奉仕などの非経済的利益を同時に求めている。しかも、両者の獲得をともに求めながら、両者間の取捨選択を自分の自由意志と判断力で決定することができる。

この2つの人間モデルを比較すると、明らかに、経済的動機だけを持つ経済人モデルは非現実的な人間像であり、経済的動機と非経済的動機を持ち合わせている経営人モデルこそが現実的な人間像である。

6．代替案の選択基準

サイモンの意思決定論において、代替案を選択する際の判断基準の決定はもっとも重要な問題であり、その判断基準について、サイモンは従来からの最適基準を批判し、自分の満足基準を主張している。

最適基準（optimization standard）

伝統的な経済理論では、経済人モデルを前提に、人間は効用（利益）の最大化または犠牲（コスト）の最小化を追求すると想定している。そして、この最適化基準に対応している認知仮説（cognitive assumption）では、意思決定の主体は全知全能（omniscience and omnipotence）の意思決定者である。つまり、次のような前提条件が仮定されている。[24]

①あらゆる代替的選択肢の集合が「所与」として与えられ(the whole set of alternatives of choice is simply 'given')、苦労して情報と代替案を入手する必要はない。
②それぞれの代替的選択肢の実行によって生ずるあらゆる結果を正確に予測でき(the decision maker has complete and accurate knowledge of the consequences that will follow on each alternative)、将来的な状況変化の見通しができあがっており、すべての不確実要素を払拭することができる。
③意思決定者は、諸結果のすべての集合をもっとも好ましいものからもっとも好ましくないものまで順位づけるための「効用関数」あるいは「選好序列」を持っている(the decision maker has a "utility function" or a "preference-ordering" that ranks all sets of consequences from the most preferred to the least preferred)。つまり、すべての代替案の結果を数量化することができるとともに、意思決定者の価値観にもとづく一義的な評価基準(たとえば貨幣単位のような価値体系)がある。そして、数量化された各代替案の結果を一義的な評価基準をもって比較し、序列化することができる。

これらの前提仮定のもとで、すべての予測結果のなかからひとつのもっとも好ましい選択肢(optimal choice)を選ぶというのは最適化基準にもとづく意思決定であり、こうして行なわれた意思決定は確実に一番よい選択(best choice)で、客観的合理性(objective rationality)を有するものであるとされている。[*25]

満足基準(satisfying criterion)

サイモンは、経営人モデルを前提に、人間は効用の最大化または犠牲の最小化という最適化目標ではなく、「満足しうる(satisfactory)」、「十分に良い(good enough)」、「合理的で受け入れられる(reasonable and acceptable)」という程度の結果を現実の目標に設定しているととらえている。そして、サイモンは、このレベルの許容水準を「満足化(satisficing)」と名づけた。[*26] この満足化(satisficing)基準に対応している認知仮説では、意思決定の主体は制約された合理性を有する満足できる意思決定者(Satisficing Man)である。具体的には、次のような前提条件が

---

*24 March and Simon [1958], pp.158, 161(土屋訳 [1977]、208-209、213-214頁).
*25 Simon [1945], p.80(松田・髙柳・二村訳 [1989]、102頁).
*26 satisficingとは、満足(satisfy or satisfactory)と十分(suffice or sufficient)という2組の単語を合体させたサイモンの造語である。

想定されている。[*27]

① 「知識の不完全性（incompleteness of knowledge）」という人間の能力制約によってあらゆる代替案の集合を知り尽すのは不可能である。
② 現実問題として、情報収集と情報処理にかかる金銭的、時間的なコストは無視できないほど大きなものである。
③ 「情報の不確実性（uncertainty of information）」と「予測の困難性（difficulties of anticipation）」によって各代替案がもたらすあらゆる結果を正確に予測することは不可能である。
④ 人間は複数の目標を同時に求めているため、評価基準が不安定であり、すなわち一義的な評価基準は存在しないかもしれない。
⑤ 一義的な評価基準が存在しなければ、各代替案の結果を比較・評価してそれらを一義的に序列化するのは困難である。
⑥ 「行動の可能性の範囲（the scope of behavior possibilities）」という原理が働き、仮により望ましい代替的選択肢があっても、当事者本人にそれを実行する実力がないかもしれない。

これらの前提仮定のもとでは、たとえ主観的に合理的な、すなわち最適的な代替案を選んだつもりであっても、客観的には非合理的な、すなわち最適ではない代替案にしかならない。結局、かぎられた予測可能な選択肢のなかから「満足しうる（satisficing）」あるいは「十分に良い（good enough）」ものを選ぶしかない。このような満足基準にもとづいて行なわれた意思決定は、一番よい選択肢（best choice）にならないかもしれないが、「主観的合理性（subjective rationality）」を有するものである。

最適基準と満足基準の異同

人間は多くの選択肢と意思決定に迫られるが、限られた情報量と処理能力しか持っていない。どんな代替案があってどんな結果につながるかは正確に予測できず、まさに「人生で同じ川を2度渡ることはできない」。したがって、客観的合理性を求める全知全能の神としての意思決定者を想定した最適化基準は非現実的なものであり、主観的合理性で満足する人間としての意思決定者を想定した満足基準がより現実的な選択基準となる。

[*27] Simon［1945］, pp.80-84（松田・高柳・二村訳［1989］、103-107頁）. March and Simon［1958］, p.161（土屋訳［1977］、214頁）.

こうして、一般論として、満足基準と最適基準はまったく異なる発想から代替的選択肢を決め、異なる結果をもたらすことになる。しかし、ごく例外的な場合にのみ、満足基準＝最適基準で、同じ結果が得られることになる。March and Simon ［1958］が説明したように、[*28]「たいていの人間の意思決定は、それが個人的なものであってもまた組織内のものであっても、満足できる代替的選択肢を発見し、それを選択することと関係しており、例外的な場合にのみ、最適の選択肢の発見とその選択に関係している（Most human decision-making, whether individual or organizational, is concerned with the discovery and selection of satisfactory alternatives; only in exceptional cases is it concerned with the discovery and selection of optimal alternatives）」。

選択基準の妥当性
　サイモンは最適基準から満足基準への転換を呼びかけており、その理由について、次のように説明している。[*29]「人は、どんなにしたいと思っても、**できないことをやろうとはしない**であろう。現実の複雑さに直面して、企業は、最善の解が得られない問題に対し、十分に良い解を与える手続きに頼るのである。コンピュータを使おうが使うまいが、現実の世界で最適化は不可能である。そのため、現実の経済主体は、多いよりも少ないほうが良いからではなく、それ以外に選択の余地がないがゆえに、『十分良好な』代替案を受け容れる、そういう人間すなわち満足化を追究する人（satisficer）なのである（What a person *cannot* do he or she *will not* do, no matter how strong the urge to do it. In the face of real-world complexity, the business firm turns to procedures that find good enough answers to questions whose best answers are unknowable. Because real-world optimization, with or without computers, is impossible, the real economic actor is in fact a satisficer, a person who accepts "good enough" alternatives, not because less is preferred to more but because there is no choice）」。
　さらに、満足基準のレベルについて、サイモンは次のように述べている。[*30]「重要な意味で、すべての決定は妥協の問題である。最後に選ばれた代替的選択肢は、目的の完全無欠の達成を許すものでなく、その状況下で利用できる最善の解決である

＊28　March and Simon ［1958］, p.162（土屋訳［1977］、214頁）.
＊29　Simon［1967］, pp.28-29（稲葉・吉原訳［1999］、35頁）.
＊30　Simon［1945］, p.6（松田・高柳・二村訳［1989］、9頁）.

に過ぎない。環境の状況は、必然的に、利用できる代替的選択肢を限定し、したがって、目的の達成可能水準に最高限度を設ける（In an important sense, all decision is a matter of compromise. The alternative that is finally selected never permits a complete or perfect achievement of objectives, but is merely the best solution that is available under the circumstances. The environmental situation inevitably limits the alternatives that are available, and hence sets a maximum to the level of attainment of purpose that is possible)」。

サイモン以降に満足基準の仮説を擁護する学者が多く、高柳暁教授はその理由を適切に説明している[*31]。「現実の意思決定は、完全な情報を得ていないので、客観的な最大基準ではあり得ないことは明白であり、したがって、客観的ないし理論的には、現実の意思決定は最大基準ではなく、すべて満足基準であることになる。すなわち、主観的には最大基準であっても、客観的には満足基準でしかありえないのが現実の意思決定であり、この意味では、サイモンの主張は全面的に正しいといえる」。

一方、満足基準に関する問題点も多く残っており、その最大の欠陥は、満足基準の水準をどう決めるかという重大な問題について、サイモンは明快な説明を示していない、ということである。サイモンは最適基準と満足基準を完全に異なる発想と分けているが、実際、満足基準は制約された合理性や情報コストなどを計算に入れた最適基準であると理解することもできる。もしこの理解に立つと、制約された合理性と最適基準の両方を考慮した数式モデルを構築し、満足基準の水準を客観的に算出することができるので、サイモン理論の欠陥を克服することができるのではないかと思われる。

7．逐次的探索

1950年代半ばからサイモンは研究方向を人工知能とコンピュータ科学に転向し、人間に代わってコンピュータによる意思決定のプロセスを模索していた。GPS（General Problem Solver: 一般的な問題解決法）システムの構築において、さまざまな技法が開発された。そのうちで、確率理論や数量化理論などを応用した複雑な数学モデルを取り入れるOR（Operation Research）理論がもっとも高度な解決方法を提供しているようである。しかし、サイモンの満足基準を用いる複数の技法の

[*31] 高柳暁「経営管理と意思決定」、高柳編著［1983］、18頁。

うち、探索原理がもっとも簡単で、探索時間がもっとも短い技法は、いわゆる「逐次的探索法（sequential search）」である。

逐次的探索法とは、代替案の選択という段階で、満足基準を用いて逐次的に探索していくことである。具体的には、さまざまな可能性を想定し、事前の情報活動を綿密に行ない、できるだけ多くの代替案を作成し、それらを全部並べるという従来のやり方の代わりに、情報活動を小範囲で行ない、とりあえずひとつ以上の代替案をみつけて並べる。それからは、まずひとつの代替案を取り上げ、その結果を予測し、事前に想定した一定の満足基準（satisficing level）、すなわち許容水準を満たしているかどうかを照合する。満たさなければそれを却下して次の代替案に移る。その一定の満足基準を満たす最初の代替案に出会うと、それを採択して探索活動を終了する。[*32]

もし合格できる代替案がなかなか出てこなければ、情報活動に戻り、情報活動の範囲を少し拡げてより多くの代替案を捜すことは可能である。あるいは、もし当初に設定された満足基準のレベルが高すぎたのであれば、そのレベルを下げるように修正すれば、これまでに探索した代替案も含めてもう一度照合していくと、合格する代替案を早くみつけることが可能である。

逐次的探索法の最大のメリットは、意思決定の作業を簡単なものにし、速やかな意思決定を可能にする、というところにある。人間能力の制約性を考えれば、これは当然のやり方でもある。ただし、そのデメリットとして、「逃がした魚は大きい」といわれるように、早めに探索を中止したため、もっと条件の良い代替案を見逃す可能性は大きい。それにもかかわらず、最適基準による意思決定の場合、すべての代替案を一度に検討しなくてはならないので、情報収集と情報処理にかかる金銭的なコストが膨らむだけでなく、手間や時間なども当然多めにかかり、ビジネス・チャンスを逃がす恐れもある。したがって、現実には、満足基準を用いて逐次的な意思決定を行なっている日本企業は非常に多く、かつて高柳暁教授が調査した上場企業の60％はこれに当たるという。[*33]

[*32] 逐次的探索法はサイモン本人によって直接に提起されたものではなかったが、その探索原理はサイモンのGPSシステムの考え方に一致している。次の文献を参照。Simon［1967］, pp.30, 55, 122（稲葉・吉原訳［1999］、37、66、147頁）。

[*33] 高柳暁「経営管理と意思決定」、高柳編著［1983］、17頁。

8．意思決定における価値前提と事実前提[*34]

　サイモンは、管理活動において、「行為すること」と同様に、「決定すること」が日常的に行なわれており、とくに行為の前提となる選択過程の重要性を強調し、意思決定することを管理することと同義に考えている。しかし、選択の過程、すなわち意思決定の過程は、意思決定に先行する数多くの結合された諸前提から結論を引き出す過程である。なぜかというと、どんな目的をめざすかという意味で価値観や倫理観などが絡み、価値判断をしなければならないし、また各々の代替案は既定目的の達成に有効であるかという意味で客観的な裏付けが必要で、事実判断をしなければならない。そのため、意思決定における決定前提（decision premises）は、価値前提（value proposition）と事実前提（factual proposition）の2種類に分かれている。

価値前提

　価値前提は、「好ましい（preferable）」、「望ましい（desirable）」、「そうあるべきである（ought to be）」、「よい（good）」、「でなければならない（must be）」などの言葉によって表現されるものである。人間の主観的、価値観的、倫理的な判断によって決められるので、価値前提自体が正しいかどうかを科学的あるいは経験的に検証することは不可能である。そのため、価値前提にかかわる組織目的の決定は「政策問題（policy question）」として、科学的分析の対象から除外されるとサイモンは主張している。ただし、実際には、経営理念、経営目標、経営行動基準、企業の社会的責任、組織文化といった価値前提に関する諸問題は経営学の重要課題として研究されている。

事実前提

　事実前提は、「これは事実（true）である」、「これは虚偽（false）である」などによって表現され、「真実であるかどうか（What is fact?）」を表わすものである。個人の主観的な価値観と無関係に、経験的、客観的な真実にもとづいて事実前提の妥当性を科学的に判断・検証することができる。そのため、目的を所与とした場合、その目的を効果的に達成するためにどんな手段が適切なのか、という問題は、

[*34] Simon [1945], pp.45-60（松田・高柳・二村訳 [1989]、56-73頁）.

純粋に事実的な問題であり、「管理問題（administrational question）」である。サイモンの意思決定論において、科学的分析が対象とするものは、価値判断（value judgments）の問題ではなく、もっぱら事実判断（factual judgments）の問題だけである。つまり、組織の目的を所与前提（given premise）としてその科学性と妥当性を不問にし、その目的を達成するための合理的手段の選択だけを科学的分析の対象とする。

価値前提と事実前提の関係

すべての意思決定は価値前提と事実前提から成り立っているが、価値前提（目的と判断基準）と事実前提（代替案と結果予測）との関係は、目的と手段との関係である。つまり、価値前提は意思決定の目的をなしているのに対して、事実前提は意思決定の結果をなしている。意思決定には、少なくともひとつ以上の目的と手段のヒエラルキー（the hierarchy of means and ends）が含まれている。

事実前提は、事実的命題に相当し、経験的な観察可能性を持ち、真実か虚偽か、現実に起こるか起こらないかを検証することが可能である。一方、価値前提は、倫理的命題であり、かくあるべきという規範を主張するものである。この両者の性格はまったく異なるものであり、事実的命題の有効性を倫理的、価値観的に判断するのは困難であると同様に、倫理的な命題の正当性を経験的、客観的に検証することも難しい。

価値前提を問わないことの功罪

サイモンによれば、「第1に、管理科学はあらゆる科学と同様に、事実的な言明にのみ関係する。科学の本体には、倫理的な主張が入る場所はない（In the first place, an administrative science, like any science, is concerned purely with factual statements. There is no place for ethical assertions in the body of a science）」[*35]。このため、サイモンの意思決定論では、いわゆる「論理実証主義（logical positivism）」の立場を貫き、学問としての科学性を確保するために、意思決定過程における価値前提の妥当性を問わず、検証可能な事実前提だけを分析対象と限定している。つまり、価値前提にかかわる「目的の合理性（rationality of ends）」を追求せず、事実前提にかかわる「手段の合理性（rationality of means）」のみを追求する、ということである。

---

*35　Simon [1945], p.253（松田・高柳・二村訳 [1989]、320頁）.

こうすれば、一連の目的と手段の連鎖によって構成される意思決定の問題において、もっとも上位の目的すなわち組織共通目的の形成過程だけが価値前提にかかわるものである。その存在を所与要件とすれば、それ以外のすべての下位の目的と手段は価値前提と無関係に決められ、数学モデルやコンピュータ・プログラムやマニュアルなどの手段を用いて科学的（scientific）あるいは事務的（practical）に処理することが可能となる。サイモンのこの単純明快な考え方は実務的に非常に有効であるうえ、自然科学の道具を経営学問題の解決に持ち込み、経営学の「学術性（academics）」を飛躍的に高めたと高く評価されている。

一方、すべての科学理論で共通にみられているように、さまざまな仮説を立て、さまざまな前提条件を想定して現実の問題を理論的に抽象化・単純化すれば、多くの弱点も避けられずに発生する。たとえば目的設定を研究対象に含めるかどうかの違いで、「組織道徳の創造」を求めるバーナードの意思決定論は主にトップ・リーダー（社長と取締役）を対象としているのに対して、価値判断を避けて目的を達成する「手段の合理性」のみを求めるサイモンの意思決定論は、トップ・リーダーを除外した中間管理者（部課長）を対象としており、組織全体を包括する「一般理論（general theory）」にはなりえない。

また、実際の意思決定において、事実前提と価値前提の両方がともに影響を及ぼしている。たしかにサイモンのいうように、意思決定者の知識と経験、情報を獲得して処理する能力、コミュニケーション能力といった事実前提の側面は意思決定を大きく左右している。しかし、意思決定者の組織への忠誠心や権限関係への服従度といった価値前提の側面も意思決定に大きな影響を及ぼす。とくに組織全員にかかわるモティベーションとリーダーシップの問題においては、当事者の価値前提がより重要なポイントとなる。

そして、意思決定の全プロセスのうち、サイモンは価値前提にかかわる目的設定というステップを分析対象から外し、代替案の作成と選択に焦点を当てようとしているが、実際、選択基準の選定というステップは価値前提に密接にかかわるものである。最適基準ではなく、満足基準を採用すること自体がひとつの価値判断であるし、どの程度で満足するかという満足レベルの決定もまたひとつの価値判断でもある。また、目的と手段のヒエラルキーのうち、手段は価値前提から中立（value free）であることがありうるとサイモンは主張するが、実際はそう簡単ではない。たとえば慈善活動のためにネット詐欺をやるとか、戦争に勝つために核爆弾を使うとか、その手段の有効性は認められるかもしれないが、人類社会の一般的な価値前提から判断すれば、そういう手段の正当性が否定され、情報収集の最初の段階から

手段に関する代替的選択肢の集合に入れるべきではないと思われる。いいかえれば、サイモンは意思決定論の科学性を強めるために、バーナード理論に強くみられる道徳的要素をあえて排除したが、その結果、とうてい受け容れられないような非倫理的な代替案が選ばれる可能性が生じる。この点がサイモン理論の大きな欠陥となっている。

9．意思決定の分類

定型的意思決定（programmed decisions）

これは、日常的に繰り返して行なわれる行動にともなうものであり、ルーティン化された（routined）ものである。問題の構造はすでに明確になっており、問題解決のルールと問題解決策があらかじめ準備されている。つまり、ある種の刺激に対応する一連の行動は事前にプログラム化され、意思決定者に記憶される。その刺激が実際に与えられたときに、その一連の行動はすぐに意思決定者の記憶のなかから思い出され、行動の妥当性を改めて検討する必要がなく、一連の行動が自動的に実行されることになる。

定型的な意思決定について、サイモンは次のように説明している[36]。「意思決定は、それが反復的で常規的である程度に応じて、プログラム化される。換言すれば意思決定は、決定問題を処理する明確な手続きがすでに作られていて、問題発生のたびに新たにそれに対応する必要がない程度に応じてプログラム化される。プログラム化された意思決定が反復的なものになりやすく、また反復された意思決定がプログラム化されやすいことの明白な理由は、次のようなものである。すなわち、もしもある特定の問題の発生がしばしば繰り返されるならば、その解決のため、ふつう常規的な手続きが作り出されるであろうと、これである（Decisions are programmed to the extent that they are repetitive and routine, to the extent that a definite procedure has been worked out for handling them so that they don't have to be treated de novo each time they occur. The obvious reason why programmed decisions tend to be repetitive, and vice versa, is that if a particular problem recurs often enough, a routine procedure will usually be worked out for solving it）」。

この種の意思決定の過程をプログラムあるいはマニュアルにすることができるので、コンピュータやORなどの数理方法が役に立つことは多い。また、一般論とし

---

[36] Simon [1960], p.46（稲葉・倉井訳 [1979]、63頁）.

て、意思決定を定型化することによって、①意思決定の迅速化と能率化、②組織内行動の安定化と調整の促進、③教育と訓練上の効果、④意思決定の機械化と自動化といったメリットが生まれる。

非定型的意思決定（nonprogrammed decisions）

これは、過去に経験したこともなく、知識として学んだこともない、まったく新しい状況に直面するときのものであり、革新的意思決定とも呼ばれる。意思決定の対象となる問題自体が新しく、問題の構造、問題解決のルール、代替案などのすべてが定まっていない。この場合、通常は複数の代替案が提起され、どの代替案を選択するか否かは意思決定者の主観的判断によって変化することになる。つまり、環境からなんらかの刺激があったとき、複数の代替的選択肢が想起され、その結果を主観的に予測し、一定の選択基準によって評価し、ひとつの行動を選択するという意思決定の全過程をひとつも漏らさずに忠実に履行しなければならない。

非定型的な意思決定について、サイモンは次のように説明している[*37]。「意思決定は、それが稀にしか起こらず構造化されずまた特別に重大であるその程度に応じて、プログラム化することが困難となる。そのような場合、その問題を取り扱う定石というものはまったく存在しない。なぜならそのような事態はかつて生じたこともなく、またその正確な性質や構造が捉え難く複雑であり、さらにまたあまりにも重要であるため注文生産の取り扱いをしなければならない等々の、いずれかの理由があるからである（Decisions are nonprogrammed to the extent that they are novel, unstructured, and unusually consequential. There is no cut-and-dried method for handling the problem because it hasn't arisen before, or because its precise nature and structure are elusive or complex, or because it is so important that it deserves a custom-tailored treatment）」。

この種の意思決定の過程をマニュアルにすることはできないので、意思決定者の判断力、直感、創造力、経験と勘を含む知的（intelligent）、適応的（adaptive）、問題志向的（problem-oriented）な一般的能力（general capacity）が必要とされる。これらの能力を育成するために、人材の選抜と訓練は重要な意味を持つこととなる。

[*37] Simon［1960］, p.46（稲葉・倉井訳［1979］、63頁）。

意思決定類型化の目的：組織革新と能率向上の両立

　意思決定の類型は以上のように大きく2つに分けられるが、分けるときの基準はさほど明確ではない。常識的に考えると、世の中のものの大部分はグレーゾーンにあり、純粋な白または黒はわずかである。しかし、グレーゾーンにあるものを白または黒に分類することによって、われわれは対策をとりやすくなる。

　実際、組織の管理運営において、非定型的意思決定と比べて、定型的意思決定に分類されるものが圧倒的に多い。大量の意思決定をプログラムあるいはマニュアルに定型化することによって、現場の部下たちは多くの定型的意思決定をすばやく処理することができ、組織の能率は飛躍的に向上することとなる。それと同時に、多くの定型的な意思決定を部下に委ねたため、上司はより多くの精力と時間を非定型的な意思決定に集中的に取り組むことができ、新しい重大な事態に対応できるような組織革新の方策が練り出されると期待される。要するに、意思決定に関するこの二分法のもっとも重要な目的は、仕事能率（efficiency）の向上と組織の革新（innovation）を同時に図ることである。

　当然のことだが、定型的意思決定から革新が起きることは絶対にない。また組織の革新を起こすために、非定型的意思決定を行なわなければならない。新しい重大事態に対処する非定型的意思決定をやりやすくするために、組織革新を専門に担当する企画部門の設置や組織の分権化などの努力が必要とされる。そして、組織リーダーの重要な役割のひとつは、部下の受容範囲の拡大をはかり、無関心圏を適切に拡げ、無関心圏のなかに入る問題をすべてプログラム化し、自分の精力をプログラム化されない問題に集中することである。

意思決定の技術

　サイモンによると、「意思決定を二分する主な理由は、意思決定におけるそれら2側面を取り扱うのに、我々は互いに違った技法を用いているからである（The main reason for distinguishing between programmed and nonprogrammed decisions is that different techniques are used for handling these two aspects of our decision making）」[38]。つまり、表9-1で示されているように、異なる種類の意思決定に対して、異なる意思決定の技法が用いられる。しかも、意思決定の技法はさらに伝統的な技法と現代的な技法に分けられ、前者に比べて、後者のほうがより客観的、人間能力開発的、精密なものになる[39]。

---

[38] Simon［1960］, p.47（稲葉・倉井訳［1979］、65頁）．

表9-1 意思決定における伝統的技術と現代的技術 (Traditional and Modern Techniques of Decision Making)

意思決定の種類 (Types of Decisions)	意思決定の技術 (Decision-making Techniques)	
	伝統的 (Traditional)	現代的 (Modern)
プログラム化しうるもの (Programmed)：日常的反復的決定、これらを処理するために特別な処理規定が定められる (Routine, repetitive decisions, organization develops specific processes for handling them)	①習慣 (Habit) ②事務上の慣例：標準的な処理手続き (Clerical routine: standard operating procedures) ③組織構造：共通の期待、下位目標の体系、よく定義された情報網 (Organization structure: common expectations; a system of sub-goals; well-defined informational channels)	①オペレーションズ・リサーチ：数学解析モデル、コンピュータ・シミュレーション (Operations Research: mathematical analysis models; computer simulation) ②コンピュータによるデータ処理 (Electronic data processing)
プログラム化し得ないもの (Nonprogrammed)：一度きりの構造化しにくい例外的な方針決定、これらは一般的な問題解決過程によって処理される (One-shot, ill-structured novel policy decisions, handled by general problem-solving processes)	①判断、直感、創造力 (Judgment, intuition, and creativity) ②勘と経験 (Rules of thumb) ③経営者の選抜と訓練 (Selection and training of executives)	発見的問題解決法 (Heuristic problem-solving techniques)： ①人間という意思決定者の訓練 (Training human decision makers) ②発見的コンピュータ・プログラムの作成 (Constructing heuristic computer programs)

出所：Simon [1960], p.48 (稲葉・倉井訳 [1979]、66頁).

「グレシャムの法則 (Gresham's Law)」

　日常的に繰り返している意思決定を定型化することは、多くのメリットをもたらすが、重大な危険性もともなう。なぜかというと、簡単に想像できるように、組織のなかで、上司は非定型的な意思決定に対応することが多く、部下は定型的意思決定に対応することが多いが、上司であれ、部下であれ、どんな立場の個人にとっても、定型的と非定型的な意思決定を同時に抱える場面はよくある。その両方が同時に迫ってくる場合、重要性から考えると、理論的には、定型的より非定型的のほうを優先的に取り扱うべきである。しかし、個人能力の制約や責任の重大さなどの関係で、実際問題として、責任回避あるいは単なる習慣上のため、より簡単な問題を

---

*39　これらの諸技法に関する詳細は次の文献を参照。Simon [1960], pp.49-62 (稲葉・倉井訳 [1979]、67-84頁).

先に片づけようと考え、定型的意思決定、すなわち日常的な「業務的意思決定」に優先的に取り組み、より複雑な非定型的意思決定、すなわち重大な「戦略的意思決定」を先送りにすることが多い。

　このような対応は、貨幣経済学における「悪貨が良貨を駆逐する」という「グレシャムの法則」に当たることを意味する。つまり、質のよい金貨が大事に保管され、質の悪い金貨だけが市場で流通しているという現象と同様に、非定型的意思決定は定型的意思決定に圧迫され、排除されやすい。しかも、定型的意思決定は次々と新たに起きるので、その対応は永遠に終わらず、結局、重要性の大きい非定型的意思決定はいつまでも手付かずのまま放置され、本末転倒の現象が生じてしまう。

　実際、次々に発生する定型的意思決定を全部処理することは不可能なだけでなく、不必要という場合も少なくない。場合によって、日常業務の一部を適切に見過ごし、やり過ごすことも必要である。また、もし数少ない非定型的意思決定に優先的に対応すれば、その結果次第では、目の前の状況は大きく変わり、多くの定型的意思決定が一気に対応不要になることもありうる。

参考文献

本書の作成において、大量先行文献を参考にしているが、ここに挙げる文献は本書で取り上げたものに限定している。

英語文献

- Alderfer, C. P.［1972］, *Existence, Relatedness, and Growth; Human Needs in Organizational Settings*, New York, NY: Free Press.
- Allen, L. A.［1958］, *Management and Organization*, New York, NY: McGraw-Hill Book Company（高宮晋監訳［1960］、『管理と組織』ダイヤモンド社）.
- Barnard, C. I.［1938］, *The Functions of the Executive*（30th anniversary edition）, Cambridge, MA: Harvard University Press, 1968（山本安次郎・田杉競・飯野春樹訳［1968］、『経営者の役割（新訳）』ダイヤモンド社）.
- Barnard, C. I.［1948］, *Organization and Management: Selected Papers*, Cambridge, MA: Harvard University Press, 1969（飯野春樹監訳［1990］、『組織と管理』文眞堂）.
- Dickson, W. J. and F. J. Roethlisberger［1966］, *Counseling in an Organization: A Sequel to the Hawthorne Researches*, Boston, MA: Harvard University Press.
- Duncan, W. J.［1999］, *Management: Ideas and Actions*, New York, NY: Oxford University Press.
- Evans, H., G. Buckland, and D. Lefer［2004］, *They Made America: From the Steam Engine to the Search Engine, Two Centuries of Innovators*, New York, NY: Little Brown and Company.
- Fayol, H.［1916］, "Administration Industrielle et Générale," *Bulletin de la Societe de Industrie Minerale*, 5th Series, Vol.x. no.3, pp.5-162.
- Fayol, H.［1917］, *General and Industrial Management*（translated by Constance Storrs）, London, UK: Sir Isaac Pitman & Sons, LTD., 1949（山本安次郎訳［1985］、『産業ならびに一般の管理』ダイヤモンド社）.
- Ford, H.［1922］, *My life and Work*. Nu Vision Publications, LLC, 2007.
- Ford, H.［1926］, *Today and Tomorrow: Commemorative Edition of Ford's 1926 Classic*, Boca Raton, Florida: CRC Press, 2003（竹村健一訳［2002］、『藁のハンドル』中央公論新社）.
- Ford, H.［1929］, *My Philosophy of Industry*, London, UK: George G. Harrap & Co. Ltd.

- Ford, H. [1931], *Moving Forward*, London, UK: William Heinemann Ltd.
- Gabor, A. [2000], *The Capitalist Philosophers: The Geniuses of Modern Business, Their Lives, Times, and Ideas*, New York, NY: Crown Business.
- Goble, F. G. [1970], *The Third Force: The Psychology of Abraham Maslow*, New York, NY: Grossman Publishers, Inc.（小口忠彦監訳［1972］、『マスローの心理学』産業能率大学出版部）.
- Gulick, L. and L. Urwick（eds.）[1937], *Papers on the Science of Administration*, New York, NY: Institute of Public Administration.
- Henry, L. R. [1965], *Model T Ford: Restoration Handbook*, Lockport, NY: Lincoln Publishing Co. Inc.
- Herzberg, F., B. Mausner, R. O. Peterson, and D. F. Capwell [1957], *Job Attitudes: Review of Research and Opinion*, Pittsburgh, PA: Psychological Services of Pittsburgh.
- Herzberg, F., B. Mausner, and B. B. Snyderman [1959], *The Motivation to Work*, New York, NY: John Wiley & Sons, Inc.（西川一廉訳［1966］、『作業動機の心理学』日本安全衛生協会）.
- Herzberg, F. [1966], *Work and the Nature of Man*, New York, NY: Thomas Y. Crowell Publishers（北野利信訳［1968］、『仕事と人間性：動機づけ・衛生理論の新展開』東洋経済新報社）.
- Herzberg, F. [1968], "One More Time, How Do You Motivate Employees?" *Harvard Business Review*（January-February）.
- Herzberg, F. [1976], *The Managerial Choice: To Be Efficient and To Be Human*, Homewood, Illinois: Dow Jones-Irwin, Inc.（北野利信訳［1978］、『能率と人間性：絶望の時代における経営』東洋経済新報社）.
- Herzberg, F. [1993], "Happiness and Unhappiness: A Brief Autobiography," in Arthur G. Bedeian（ed.）[1993], *Management Laureates: A Collection of Autobiographical Essays*（vol.2）, Greenwich, Connecticut: JAI Press, Inc., pp.3-37.
- Hoffman, E. [1999], *The Right to Be Human: A biography of Abraham Maslow*（revised and updated edition）, New York, NY: McGraw-Hill（上田吉一訳［1995］、『真実の人間：アブラハム・マスローの生涯』誠信書房）.
- Koontz, H. and C. O'Donnell [1955], *Principles of Management: An Analysis of Managerial Functions*, 1st ed., New York, NY: McGraw-Hill Book Company（大坪檀訳［1965］、『経営管理の原則1：経営管理と経営計画』ダイヤモンド社）.
- Koontz, H., C. O'Donnell, and H. Weihrich [1980], *Management*, 7th ed., McGraw-Hill International Book Company（大坪檀訳［1979］、『経営管理1：経営管理の基礎』マグロウヒル好学社）.
- March, J. G. and H. A. Simon [1958], *Organizations*, 2nd ed., Cambridge, MA: Blackwell Publishers, 1993（土屋守章訳［1977］、『オーガニゼーションズ』ダイヤモンド社）.
- Maslow, A. H. [1943], "A Theory of Human Motivation," *Psychological Review*, vol.50, no.4.

参考文献

- Maslow, A. H. [1954], *Motivation and Personality*, 2nd ed., New York, NY: Harper & Row, Publishers, 1970（小口忠彦訳［1987］、『（改訂新版）人間性の心理学：モチベーションとパーソナリティ』産業能率大学出版部）.
- Maslow, A. H. [1962], *Toward a Psychology of Being*, Princeton, New Jersey: D. Van Nostrand Company, Inc.（上田吉一訳［1979］、『完全なる人間：魂のめざすもの』誠信書房）.
- Maslow, A. H. [1964], *Religions, Values and Peak-experiences*, New York, NY: Penguin Compass, 1976（佐藤三郎・佐藤全弘訳［1981］、『創造的人間：宗教、価値、至高経験』誠信書房）.
- Maslow, A. H. [1965], *Eupsychian Management: A Journal*, Homewood, Ill: Richard D. Irwin, Inc.（原年廣訳［1967］、『自己実現の経営：経営の心理的側面』産業能率短期大学出版部）.
- Maslow, A. H. [1966], *The Psychology of Science: A Reconnaissance*, New York, NY: Harper & Row, Publishers（早坂泰次郎訳［1971］、『可能性の心理学』川島書店）.
- Maslow, A. H. [1971], *The Farther Reaches of Human Nature*, New York, NY: Viking Press, Inc.（上田吉一訳［1973］、『人間性の最高価値』誠信書房）.
- Maslow, A. H. [1996], *Future Visions: The Unpublished Papers of Abraham Maslow*（edited by E. Hoffman), Thousand Oaks, California: SAGE Publications（上田吉一・町田哲司訳［2002］、『マスローの人間論：未来に贈る人間主義心理学者のエッセイ』ナカニシヤ出版）.
- Maslow, A. H. [1998], *Maslow on Management*, New York, NY: John Wiley & Sons, Inc.（金井壽宏監訳［2001］、『完全なる経営』日本経済新聞社）.
- Maslow, A. H. and B. Mittelmann [1941], *Principles of Abnormal Psychology: The Dynamics of Psychic Illness*, New York, NY: Harper and Brothers.
- Mayo, E. [1933], *The Human Problems of an Industrial Civilization*, New York, NY: The Viking Press, Inc., 1960（村本栄一訳［1967］、『（新訳）産業文明における人間問題』日本能率協会）.
- Mayo, E. [1949], *The Social Problems of an Industrial Civilization*, Oxon, UK: Routledge, 2000（藤田敬三・名和統一訳［1951］、『アメリカ文明と労働』有斐閣）.
- McGregor, D. M. [1960], *The Human Side of Enterprise*, annotated edition, New York, NY: McGraw-Hill, 2006（高橋達男訳［1970］、『（新版）企業の人間的側面：統合と自己統制による経営』産業能率大学出版部）.
- McGregor, D. M. [1966], *Leadership and Motivation: Essays of Douglas McGregor*（edited by Warren G. Bennis and Edgar H. Schein), Cambridge, MA: MIT Press（高橋達男訳［1974］、『（新版）リーダーシップ』産業能率大学出版部）.
- McGregor, D. M. [1967], *The Professional Manager*（edited by Caroline McGregor and Warren G. Bennis), New York, NY: McGraw-Hill（逸見純昌・北野徹・斉藤昇敬訳［1968］、『プロフェッショナル・マネジャー』産業能率短期大学出版部）.

- Roethlisberger, F. J. and W. J. Dickson［1939］, *Management and the Worker: An Account of a Research Program Conducted by the Western Electric Company, Hawthorne Works, Chicago*, Cambridge, MA: Harvard University Press, 1950.
- Roethlisberger, F. J.［1941］, *Management and Morale*, Cambridge, MA: Harvard University Press, 1965（野田一夫・川村欣也訳［1965］、『経営と勤労意欲』ダイヤモンド社）.
- Roethlisberger, F. J.［1968］, *Man-in-Organization: Essays of F. J. Roethlisberger*, Cambridge, MA: Belknap Press of Harvard University Press.
- Roethlisberger, F. J.［1977］, *The Elusive Phenomena*, Cambridge, MA: Harvard University Press.
- Simon, H. A. and C. E. Ridley［1938］, *Measuring Municipal Activities: A Survey of Suggested Criteria for Appraising Administration*, The International City Managers' Association（本田弘訳［1999］、『行政評価の基準』北樹出版）.
- Simon, H. A.［1945］, *Administrative Behavior: A Study of Decision-Making Processes in Administrative Organization*, 3rd ed., New York, NY: The Free Press, 1976（松田武彦・高柳暁・二村敏子訳［1989］、『経営行動：経営組織における意思決定プロセスの研究』ダイヤモンド社）.
- Simon, H. A., D. W. Smithburg, and V. A. Thompson［1950］, *Public Administration*, New York, NY: Alfred A. Knopf, Inc.（岡本康雄・河合忠彦・増田孝治訳［1977］、『組織と管理の基礎理論』ダイヤモンド社）.
- Simon, H. A.［1957］, *Models of Man*, New York, NY: John Wiley & Sons, Inc.（宮沢光一監訳［1970］、『人間行動のモデル』同文舘）.
- Simon, H. A.［1960］, *The New Sciences of Management Decision*, revised edition, Englewood Cliffs, New Jersey: Prentice-Hall, Inc., 1977（稲葉元吉・倉井武夫訳［1979］、『意思決定の科学』産業能率大学出版部）.
- Simon, H. A.［1967］, *The Sciences of the Artificial*, 3rd ed., Cambridge, MA: The MIT Press, 1996（稲葉元吉・吉原英樹訳［1999］、『システムの科学（第3版）』パーソナルメディア株式会社）.
- Simon, H. A.［1983］, *Reason in Human Affairs*, Stanford, California: Stanford University Press（佐々木恒男・吉原正彦訳［1987］、『意思決定と合理性』文眞堂）.
- Simon, H. A.［1991］, *Models of My Life*, Cambridge, MA: The MIT Press, 1996（安西祐一郎・安西徳子訳［1998］、『学者人生のモデル』岩波書店）.
- Taylor, F. W.［1903］, *Shop Management*, BiblioBazaar, 2007（上野陽一訳［1969］、『科学的管理法』産業能率短期大学出版部）.
- Taylor, F. W.［1911］, *The Principles of Scientific Management*, Akasha Publishing, 2008（有賀裕子訳［2009］、『(新訳)科学的管理法』ダイヤモンド社）.
- Taylor, F. W.［1947］, *Scientific Management*, Westport, Connecticut: Greenwood Press, Publishers, 1972（上野陽一訳［1969］、『科学的管理法』産業能率短期大学出版部）.
- Williamson, O. E. (ed.)［1990］, *Organization Theory: from Chester Barnard to the Present*

and Beyond, New York, NY: Oxford University Press（飯野春樹監訳［1997］、『現代組織論とバーナード』文眞堂）．
- Wolf, W. B.［1972］, *Conversations with Chester I. Barnard*, Ithaca, NY: Cornell University（飯野春樹訳［1978］、『経営者のこころ：チェスター・バーナードとの対話』文眞堂）．
- Wolf, W. B.［1974］, *The Basic Barnard: An Introduction to Chester I. Barnard and His Theories of Organization and Management*, Ithaca, NY: Cornell University（日本バーナード協会訳［1975］、『バーナード経営学入門：その人と学説』ダイヤモンド社）．
- Wolf, W. B. and H. Iino（eds.）［1986］, *Philosophy for Managers; Selected Papers of Chester I. Barnard*, Tokyo, Japan: Bunshindo Publishing Company, LTD（飯野春樹監訳［1987］、『経営者の哲学』文眞堂）．
- Wood, J. C. and M. C. Wood（eds.）［2007］, *Herbert A. Simon*（Ⅰ・Ⅱ・Ⅲ）, London, UK: Routledge.
- Wren, D. A.［1972］, *The Evolution of Management Thought*, 4th ed., New York, NY: John Wiley & Sons, Inc., 1994（佐々木恒男監訳［2003］、『マネジメント思想の進化』文眞堂）．
- Wren, D. A. and R. G. Greenwood［1998］, *Management Innovators: The People and Ideas That Have Shaped Modern Business*, New York, NY: Oxford University Press.
- Wren, D. A. and T. Sasaki（eds.）［2004］, *Henri Fayol and the Process School*, vol.1, London, UK: Pickering & Chatto.
- Zaleznik, A., C. R. Christensen, and F. J. Roethlisberger［1958］, *The Motivation, Productivity, and Satisfaction of Workers: A Prediction Study*, Cambridge, MA: Harvard University Press（磯貝憲一ほか共訳［1965］、『生産者集団の行動と心理：モチベーション・生産性・満足度』白桃書房）．

日本語文献

- 飯野春樹［1978］、『バーナード研究：その組織と管理の理論』文眞堂。
- 飯野春樹［1992］、『バーナード組織論研究』文眞堂。
- 井原久光［2000］、『テキスト経営学』ミネルヴァ書房。
- 上野一郎［1976］、『マネジメント思想の発展系譜：テイラーから現代まで』日本能率協会。
- 加藤勝康・飯野春樹編［1987］、『バーナード：現代社会と組織問題』文眞堂。
- 川端久夫［2004］、「責任・権威の理論と飯野春樹：バーナード理論研究散策（4）」『商学論集』第11巻第1号。
- 岸川善光［2000］、『経営管理入門』同文舘。
- グレイナー, S. 著、嶋口充輝監訳［2000］、『マネジメントの世紀：1901-2000』東洋経済新報社。
- 経営学史学会編［1995］、『経営学の巨人』文眞堂。
- 佐々木恒男［1984］、『アンリ・ファヨール：その人と経営戦略、そして経営の理論』文眞堂。
- ジェレドレイク, J. 著、斉藤毅憲ほか訳［2000］、『経営管理論の時代』文眞堂。

・高柳曉編著［1983］、『現代経営管理論』同文舘。
・原口俊道［1995］、『動機づけ・衛生理論の国際比較』同文舘。
・フォード, H. 著、豊土栄訳［2000］、『ヘンリー・フォードの軌跡』創英社/三省堂書店。
・三戸公［2005］、「科学的管理の世界（上・下）」『書斎の窓』有斐閣、6、7〜8月号。
・宮田矢八郎［2001］、『経営学100年の思想』ダイヤモンド社。
・矢沢サイエンスオフィス経済班編［2004］、『経営学のすべてがわかる本』Gakken。
・吉原正彦［2006］、『経営学の新紀元を拓いた思想家たち：1930年代のハーバードを舞台に』文眞堂。
・渡辺峻・角野信夫・伊藤健市編著［2003］、『やさしく学ぶマネジメントの学説と思想』ミネルヴァ書房。

索　引

【あ行】

アダム　159
アブラハム　159
甘い管理　94
アメとムチ　126
アメリカ機械技師協会（ASME）　3
安全・安定の欲求　104
ERG 理論　119
意思決定　206
意思伝達　184
偉大な福祉資本主義　48
一義的な評価基準　212
一番よい方法　11
一流労働者　14
移動組立て法　55
移動組立てライン　55
A型車　59
影響　132
衛生要因　156
X理論　125
エジソン照明会社　44
M-H 理論　151
エンパワーメント　169
親方職人　6
恩情主義　126
温情主義　126

【か行】

カーネギー学派　201
外部統制　134
科学の管理法　11
課業管理　13

価値前提　217
価値判断　218
感情の釈放　85
感情の論理　84
完全な人間性　110
完全なる経営　118
管理　29
管理学研究センター（CEA）　27
管理過程学派　40
管理原則論　40
管理職能　31
管理職能論　40
管理的活動　30
管理の科学　12
管理問題　218
機械的組織　137
企業家精神　65
技師　2
帰属と愛の欲求　104
客観的合理性　212
教育部　65
共通目的　183
協働意欲　182
協働体系　179
規律　35
苦痛回避者　160
グレシャムの法則　224
経営　29
経営活動　28
経営参加　143
経営人モデル　211
計画　31
経験から科学へ　18

231

経済人　93
経済人モデル　211
継電器組立て実験　81
欠乏欲求　107
権威　192
権威と責任　35
権限　128,191
権限委譲説　192
権限受容説　193
権限受容の条件　196
現実的成長　162
権利　192
権力　192
貢献　190
公式組織　179
公正　37
公正生産標準量　86
高賃金と低価格　48
行動科学　94
行動経済学派　201
行動主義心理学　112
合理性　208
合理性の限界　208
合理的な経済人　90
コウルズ・コミッション　200
互換性　54
顧客の創造　52
個人人格　184
個人動機　183
個別化　161
コマンボール社　26

【さ行】

最適基準　211
作業研究　15
差別的賃率　8
三方よしの経営　10
時間研究　15
指揮の統一　36
至高経験　111

自己啓発　134
自己実現　110
自己実現の欲求　105
自己統制　134
事実前提　217
事実判断　218
自然的怠業　7
社会システム論　92
社会人　90
社会的な技能　90
社会的有機体　32
社会部　64
従業員の安定　38
従業員の団結　38
集中　37
14の管理原則　35
主観的合理性　213
熟練の移転　14
熟練労働者　2
手段の合理性　218
受容圏　194
情報の変形　167
照明実験　80
職能的な職長制度　18
職務拡大　140
職務環境　155
職務交替　140
職務充実　165
職務充実の施策　169
職務内容　154
職務の再設計　160
職務背景　155
職務不満　157
職務満足　157
食欲と飢え　99
ショベル作業実験　9
審美欲求　103
人本主義　120
垂直生産体制　61
垂直的な職務負荷　165

水平的な職務負荷　165
スキャンロン・プラン　140
3S　54
性悪説　126
政策問題　217
精神革命　17
精神的成長　160
性善説　127
成長追求者　160
成長欲求　107
制約された合理性　209
生理的欲求　104
全人　195, 210
専制主義　126
全体利益の優越　36
選択肢　212
銑鉄実験　9
創意力　38
疎外　22
組織　31
組織均衡の条件　190
組織人格　184
組織成立の3要素　182
組織存続の2要件　186
組織的怠業　7
組織の階層化　37
組織の革新　222
組織の活性化　160
組織の均衡　189
尊重欲求　104

【た行】

第三の勢力　114
怠業　7
大衆奉仕主義　50
代替案　207
対立からハーモニーへ　18
大量生産と大量消費　60
知恵の発達　161
逐次的探索法　216

知識経営　120
秩序　37
調整　33
賃率　7
Ｔ型車　46, 58
定型的意思決定　220
テイラー・システム　63
テイラー協会　5
テイラーリズム　21
伝記分析法　119
動機　183
動機仮説　211
動機づけ　162
動機づけ要因　156
動機づけ理論　93
統合　130
動作研究　15
統制　34, 129
道徳的なリーダーシップ　197
動物の欲求　159
トップ・ダウンの意思決定　126
取引　132

【な行】

内部請負制度　6
仲間集団　86
成行き管理　7
ニコポン主義　94
二重構造理論　156
二重人格　184
ニュージャージー・ベル電話会社（NJBT）
　174
2要因理論　156
人間関係論　90
人間主義心理学　114
人間的欲求　159
認知仮説　211
認知欲求　103
能率　187
能率の論理　85

ノルマ 10

【は行】

バーナード革命 178
パイオニア精神 66
バンク巻き線作業観察実験 86
非公式組織 87, 180
非定型的意思決定 221
標準作業時間 15
標準作業量 9
非倫理的な代替案 220
ファヨールの法則 30, 39
フォーディズム 48
フォード・システム 54
フォード主義 48
不満 155
不満要因 155
ブラックフット・インディアン 100
フランス管理協会(CNOF) 27
フロイト主義心理学 112
分業 35
米軍奉仕協会(USO) 177, 193
ベスレヘム・スチール社 3
ベルト・コンベア 55
報酬 36
ホーソン効果 89
ホーソン実験 79
ポスト・フォーディズム 68
ボトム・アップの意思決定 127
凡庸の大衆 126

【ま行】

満足 155
満足化 212
満足基準 212
満足要因 154
3つの規格化 54
3つの標準化 63

ミッドベール・スチール社 2
無関心圏 194
無職務不満 157
無職務満足 157
無不満 155
無満足 155
命令 32
命令の一元性 35
面接調査実験 84
目的と手段のヒエラルキー 218
目的の合理性 218
目標による管理 143

【や行】

唯一最善の作業方法 16
誘因 189
有機的組織 137
有効性 186
欲求階層 102
欲求階層説 105
4つの掟 88
四輪自転車 44

【ら行】

リーダー育成 137
リーダーシップ 136
利潤至上主義 62
利潤分配制度 141
臨界事象法 151
臨床実験室 91
レウィン方程式 140
労働者離職率 64
論理実証主義 218

【わ行】

Y理論 126
ワンマン経営 67

喬晋建（キョウ　シンケン）

・中国山西省太原市生まれ
・天津大学工業工程管理系卒業　工学士
・筑波大学大学院社会工学研究科博士後期課程単位取得退学　修士（経営工学）
・神奈川大学大学院経営学研究科　博士（経営学）
・九州共立大学経済学部講師、助教授を経て
・熊本学園大学商学部助教授、教授（現在に至る）

［主著］
・『覇者・鴻海の経営と戦略』ミネルヴァ書房、2016年。
・『シャープ再建の軌跡』中央経済社、2019年。
・『経営戦略論の源流』中央経済社、2020年。

経営学の開拓者たち：その人物と思想

2011年9月15日／第1版第1刷発行
2023年1月25日／第1版第4刷発行

著　者　喬晋建
発行所　株式会社 日本評論社
　　　　〒170-8474 東京都豊島区南大塚3-12-4
　　　　電話 03(3987)8621（販売）8595（編集）
印刷　精文堂印刷株式会社
製本　株式会社難波製本
装幀　菊地幸子
©2011　J. Qiao　検印省略
Printed in Japan
ISBN 978-4-535-55689-8

JCOPY ＜(社)出版者著作権管理機構　委託出版物＞

本書の無断複写は著作権法上での例外を除き禁じられています。
複写される場合は、そのつど事前に、(社)出版者著作権管理機構（電話 03-5244-5088、FAX 03-5244-5089、e-mail: info@jcopy.or.jp）の許諾を得てください。
また、本書を代行業者等の第三者に依頼してスキャニング等の行為によりデジタル化することは、個人の家庭内の利用であっても、一切認められておりません。